Norbert Servos

PINA BAUSCH TANZTHEATER

Fotos von Gert Weigelt

K·Kieser

Diese Publikation wurde ermöglicht durch Unterstützung der
Bayer Kulturabteilung in Leverkusen.

Cover: Silvia Farias in *Masurca Fogo*. Rückseite: *1980*

© K. Kieser Verlag · Dr. Klaus Kieser, München 2003
Alle Photos © Gert Weigelt (www.gert-weigelt.de)
Einband- und Buchgestaltung: Thomas Betz und Sara Hoffmann
Satz: Uwe Steffen, München
Druck: Ulenspiegel, Andechs
Alle Rechte vorbehalten
Printed in Germany
ISBN 3-935456-05-0

Pina Bausch TANZTHEATER

Inhalt

»Manchmal steht man ganz schön nackt da«.
Über die Arbeit des Tanztheaters Wuppertal | 213

INTERVIEWS

ANHANG

Vorwort

Fast 25 Jahre ist es her, daß in dem von mir mitbegründeten damaligen Ballett-Bühnen-Verlag ein Buch über Pina Bausch und das Tanztheater Wuppertal zum erstenmal in deutscher Sprache erschien. Damals stand das Ensemble, im eigenen Land noch heftig umstritten, an der Schwelle zu internationalem Erfolg und Anerkennung. Inzwischen sind nicht nur die Stimmen der Gegner fast völlig verstummt, ist der Begriff Tanztheater lexikonfähig geworden. Das Wuppertaler Modell hat ein an Formen und Farben, Stimmungen und bewegten Bildern ungeheuer reiches Welttheater geschaffen, in dem sich über die elementaren Hoffnungen und Sehnsüchte, Ängste und Nöte sprechen läßt. Es wird – inzwischen weltweit – über alle Grenzen hinweg verstanden, weil es einen Schlüssel gefunden hat, der es erlaubt, die verschiedensten kulturellen Einflüsse in sich aufzunehmen und doch hinter den unterschiedlichen Färbungen und Tönungen das Gemeinsame und Verbindende zu finden.

Zu Recht hat Pina Bausch immer wieder darauf bestanden, daß es in ihrer Arbeit um die Beurteilung von Choreographie nicht gehen könne. Ihr Tanztheater ist keine Technik, sondern es verkörpert eine bestimmte Haltung zur Welt, die mit unbestechlicher Ehrlichkeit und Genauigkeit die Menschen und ihr Verhalten anzuschauen vermag, ohne sie zu bewerten. Es zeigt Menschen, wie sie sind, und nicht, wie sie sein sollten. Es richtet keine Ideale auf, denen es nachzustreben gilt, und schon gar nicht behauptet es sich als moralische Instanz. Sein sich von Stück zu Stück fortschreibendes »work in progress« versteht sich als ein nimmermüdes Erproben des Glücks zwischen Versuch und Irrtum, das auch im Scheitern nicht den Humor verliert. Denn unbeirrbar hält es an der Hoffnung fest, daß das Menschenrecht auf Glück und Liebe sich einlösen läßt. Daß, geht man nur beharrlich durch alle Irrtümer und tragikomischen Verwicklungen hindurch, man an einem Ort anlangt, an dem man ganz bei sich selbst und zugleich ganz in der Welt sein kann – ohne die Nöte der Verzweiflung und Einsamkeit, ohne konventionelle Beschränkungen und ohne die absurden Verrenkungen der Selbstdressur.

Die Haltung ist so aktuell wie vor 30 Jahren, als das Wuppertaler Ensemble seine Forschungsreise gemeinsam mit seiner Choreographin begann. Tatsächlich haben die Stücke, die Pina Bausch neben den Neukreationen kontinuierlich wiederaufnimmt, nichts von ihrer emotionalen Wucht und physischen Direktheit eingebüßt. Sie sprechen die gleiche unvermindert radikale Sprache, und sie stehen ein für eine andere, von Ideologien freie Orientierung. Sie setzen ein Modell, in dem der Prozeß der Menschwerdung ein fortdauernder Prozeß der Individuation ist – einer Selbstwerdung, die von ichversessener Selbstverwirklichung so weit entfernt ist wie von kollektiven Heilslehren.

Der Wert eines solchen Modells – inmitten weltweiter Migrationsbewegungen und kultureller Verwerfungen – ist kaum zu unterschätzen. Es beweist nicht nur, daß der Tanz seine ureigene Sprache für das Politische und Soziale hat. Es etabliert darüber hinaus eine gesellschaftliche Orientierung, die vom einzelnen ausgeht und ihn in eine offene und allseits flexible Beziehung zu anderen setzt. Dazu bedarf es keines ideologischen Korsetts und keiner dogmatischen Allgemeinverbindlichkeit. Dazu bedarf es nur einer ausdauernden Unbeirrbarkeit, die nicht müde wird herauszufinden, was von unseren täglichen Verhaltensweisen uns einander näher bringt und was uns voneinander entfernt.

Daß dieses großangelegte Forschungsunternehmen über die menschlichen Sehnsüchte auch nach so langer Zeit immer wieder neue, ebenso faszinierende wie verstörende Fundstücke zutage fördert, bestätigt allein schon seinen überragenden Rang. Es führt den Zuschauer jedesmal wieder zurück an den Punkt einer ungebrochenen Kreativität, an dem die Welt noch einmal erlebt werden kann wie nie gesehen und Entscheidung – mag sein zum Besseren – möglich wird.

Dieses Buch – konzipiert als Werkmonographie – zeichnet den Entwicklungsweg des Tanztheaters Wuppertal von seinen Anfängen bis in die jüngste Gegenwart nach. Neben speziellen Kapiteln, die sich mit den künstlerischen Mitteln und der Arbeit mit den Akteuren beschäftigen, besteht es in seinem Kern aus 35 einzelnen Stückbeschreibungen, die jedesmal versuchen, einen bestimmten Aspekt der Arbeit (Kostüm, Bühnenbild, Musik, Sprache etc.) zu beleuchten. Es verzichtet dabei bewußt auf jede Wertung oder den Vergleich der Stücke untereinander – nicht zuletzt aus Respekt vor einem Werk, das selbst in seinen, am eigenen Maßstab gemessen, schwächeren Momenten noch weit über dem Durchschnitt liegt.

Pina Bauschs Arbeit hat die Grundfragen des Tanzes und die elementaren Probleme menschlicher Verständigung noch einmal neu gestellt. Sie kann nur als ein Ganzes, als eine fortwährende und in vielen Facetten schillernde Untersuchung über das Prinzip Sehnsucht verstanden werden. Insofern ist dieses Buch eine Annäherung an ein Werk, dem der Tanz seine vielleicht wichtigste Öffnung in die Moderne verdankt.

Niemand, man weiß es, schreibt ein Buch allein, ohne Unterstützung. Darum will auch ich mich an dieser Stelle bei all jenen bedanken, die zum Entstehen dieses Buches beigetragen haben. Mein erster Dank gebührt dabei Pina Bausch, die mir in Interviews und vielen privaten Gesprächen Auskunft über ihre Arbeit, aber auch über ihre Art, die Welt zu sehen, gegeben hat. Von unserer Freundschaft habe ich – auch über dieses Buch hinaus – viel gelernt. Wichtige Hinweise und Verständnishilfen verdanke ich auch Ronald Kay, der sich in ausführlichen Diskussionen mit den Texten beschäftigt hat. Während der Recherchen traf ich in Bénédicte Billiet, Claudia Irman, Marion Cito und Matthias Schmiegelt auf allzeit geduldige und hilfsbereite Partner. Grigori Chakov hat mir, wann immer es nötig war, aus dem umfangreichen Archiv der Kompanie Videos zur Verfügung gestellt. Matthias Burkert hat mir aus seinem enzyklopädischen Gedächtnis alle Fragen zur Musik beantwortet und wichtige Hinweise gegeben. Urs Kaufmann verdanke ich eine sorgfältige Prüfung des Manuskripts auf sachliche Richtigkeit und viel Spaß an seinem unerschütterlichen Humor. Nicht zuletzt danke ich vielen Mitgliedern der Kompanie für die gemeinsamen Gespräche bei Essen und Wein. Sie haben dazu beigetragen, daß ein Buch zu schreiben zwar Arbeit ist, aber zugleich auch eine Lust sein kann.

Berlin, im Sommer 2003   *Norbert Servos*

9

Aus der mythischen Zeit – aus der Gegenwart
Wovon das Tanztheater handelt

Pina Bausch hat nicht nur einen neuen Tanzstil geschaffen. Das hat sie auch. Sie hat nicht nur einen neuen Stücktypus erschaffen, den es vor ihr so nicht gab: das Tanztheater. Sie hat – mehr als das – mit ihrem Tanztheater den Begriff des Tanzes selbst revolutioniert und neu definiert. Seine Einflüsse reichen weit über den Tanz hinaus, erstrecken sich auf Theater, Oper, auch den Film. Weltweit lassen sich inzwischen die Anregungen nachweisen, die das Tanztheater in den verschiedenen Kunstsparten gegeben hat: vom bloßen Epigonentum bis zur eigenständigen Aus- und Weiterentwicklung. Eine Form ist hier gefunden, die die Gegenwart exemplarisch in sich aufzunehmen und zu spiegeln versteht. Offen wie kaum eine andere Form vor ihr, stil- und spartenübergreifend, im freien Spiel mit allen verfügbaren Genres, verbirgt sich darin jedoch auch eine bestimmte Haltung zur Welt.

Bei aller Realitätsnähe schöpft das Tanztheater aus dem Fundus der Märchen, Mythen und des Traums. Dabei sind durch die Art der Komposition die Ebenen des sogenannten Wirklichen und des sogenannten Unwirklichen derart miteinander verwoben, daß sich eine trennscharfe Linie zwischen ihnen kaum mehr ziehen läßt. Keineswegs ist es so, daß die Ebene der »Realität« dem Wachen, die der Sehnsucht nur dem Traum zuzuordnen wäre. Gelassen läßt das Tanztheater die Welt solch sicherer Zuordnungen hinter sich. Das wache Träumen kann ebensoviel über Menschen sagen, wie sie wirklich sind, wie das Zerschellen ihrer Sehnsüchte an der Wirklichkeit. Die Abgeklärtheit des Geists, oberstes Gebot seit der Aufklärung, erhält eine wichtige Kurskorrektur. Was einmal nötig war, um den Geist aus der Gebundenheit des Okkulten zu befreien, darf sich nun wieder neu vermählen. Im Tanztheater mit seinen phantastisch-realen Grenzgängen arbeiten Herz und Verstand Hand in Hand. Es ist, als beherzige Pina Bausch einen Satz von Antoine de Saint-Exupéry aus dem *Kleinen Prinzen*: »Nur mit dem Herzen sieht man gut.«

Mit dieser Maxime erhält das Projekt der Moderne eine neue Wendung. Was die Surrealisten im versuchten Zugriff auf die Gesetze des Unterbewußten anstrebten, was die Expressionisten in emotionaler Farbigkeit freizusetzen suchten – hier erscheint es in den Gefühlen prägnant und zugleich ins helle Bewußtsein des Begreifens gehoben. Die Welt der Vorstellung wird in den poetischen Exkursionen des Tanztheaters als ebenso wirklich und wirksam begriffen wie das sogenannte Reale. Der Fähigkeit zur Imagination wird eine eigene – und äußerst wirkungsvolle – Kraft zugebilligt. Was vorgestellt werden kann, so könnte die Losung lauten, kann auch wirklich werden: im Vorgriff so gut wie im Rückgriff, auf die Zukunft ausblickend ebenso wie in der Rückschau auf die Vergangenheit. Eine Freiheit wird hier gesetzt, die spielerisch mit der Wirklichkeit umzugehen versteht: genau in der Beobachtung und doch frei zu allzeitiger Veränderung. Die wird nicht nach Maßgabe politischer Einsichten angestrebt, sondern in ebenso spielerischen wie präzisen Versuchsanordnungen ausprobiert. Keiner weiß im Tanztheater mehr als das Publikum, weder die Choreographin noch ihre Akteure, und keiner erhebt hier einen belehrenden Zeigefinger. Man kann nur, gemeinsam tastend und versuchend, nach gangbaren Wegen suchen. Das Tanztheater unternimmt nichts Geringeres als eine großangelegte Rehabilitation der Poesie: nicht als selbstgenügsames L'art pour l'art, sondern als Verschwisterung des Wirklichen mit dem Möglichen.

Dahinter steht ein denkbar vorurteilsfreier Blick auf die Welt, die in all ihren Erscheinungen menschlichen Verhaltens angeschaut wird. Die Welt, kann man sagen, ist in dieser Anschauung erst einmal alles, was der Fall ist. Sie ist aber auch, was alles der Fall sein könnte. Bei der Annäherung an diese beiden Pole ist stets äußerste Vorsicht und Rücksicht am Werk. Nichts wird hier vorschnell auf den Begriff gebracht. Das Tanztheater bedient sich einer vielseitigen und vielschichtigen Sprache der Metaphern, der die Zwischen- und Nebentöne wichtiger sind als das pure Bezeichnen und Benennen. Folgerichtig spricht Pina Bausch immer wieder vom Ahnbar-werden-Lassen in ihrer Arbeit. In ihrer Weltwahrnehmung geht es ähnlich zu wie in Platons berühmtem Höhlengleichnis: In der Welt der Erscheinungen sind nur die Abbilder der Ideen sichtbar, nicht aber die Ideen selbst. So tappen ihre Akteure – im Verein mit allen Zeitgenossen – erst einmal im dunkeln. Erst das Erproben und Erfahren dessen, was geht und nicht geht, was einen dem Glück näher bringt und was einen von ihm entfernt, klärt die Lage. Vorsichtige Annäherung ist deshalb geboten, damit keine mögliche Lösung übergangen wird.

12

Hier erhält die stete Gratwanderung zwischen Wachen und Träumen ihren Sinn. Planvoll wird die Grenze verwischt, um überhaupt zu neuen Möglichkeiten jenseits der konventionellen Festlegungen vorzudringen. Dabei beziehen sich die träumerischen Sequenzen, die verfremdenden Verschiebungen und Irritationen immer auf etwas, was im Wachen bereits gewußt und gekannt ist. In diesem Sinn ist – mit Pina Bauschs eigenen Worten – »Tanz die einzig wirkliche Sprache«. Sie bezieht sich auf etwas, was »immer schon gewußt«, aber so vielleicht noch nicht angeschaut worden ist. Ihre Stücke phantasieren nicht bloß, sie lassen bereits Gewußtes anklingen und ins Bewußtsein des Begreifens aufsteigen. Hier werden Schätze gehoben, die immer schon nahebei liegen und nicht in der weiten Ferne einer Utopie gesucht werden müssen. Was der Mensch zum Glück braucht, will das sagen, trägt er schon bei sich, er muß es nur erkennen.

Die Haltung ist im Projekt der Moderne neu: Sie verbindet einen neugierig forschenden Realitätssinn mit einem Prinzip Hoffnung, das nicht mehr in der Zukunft angesiedelt wird, sondern in der Gegenwart aufzusuchen ist. Gleich mehrere Sackgassen werden dabei planvoll umgangen. Pina Bausch spricht in ihren Stücken weder von der Unbehaustheit in der Welt noch von der Sinnlosigkeit des Daseins. Zugleich bietet sie aber auch keine Gewißheiten, Antworten oder gar Lösungen an. Die Gratwanderung, die hier absolviert wird, ist komplexer: einerseits die gelassene Anschauung all dessen, was ist, andererseits ein Erproben dieser innewohnenden Möglichkeiten. Damit bleibt der Weg in die Zukunft offen. Versperrt ist er nur der Resignation und jedwedem eifernden Fanatismus. Noch bevor sich das Zeitalter der Ideologien seinem Ende zuneigte, hat Pina Bausch angefangen, ein Theater zu entwickeln, in dem eine andere Haltung zur Welt möglich wird: skeptisch und kritisch zwar, aber nicht hoffnungslos. Im Gegenteil: Immer wieder klingen in den Stücken Momente an, die bezeugen, daß ein Einruhen in der Welt, ein Aufgehobensein möglich ist. Darin geht es nicht anders zu als in den Märchen. Wesentlich unterscheidet sich das Tanztheater von den Impulsen der 68er- und Nach-68er-Bewegung. Es will nicht konfrontieren, sondern den Dingen auf den Grund gehen. Es will nicht belehren, sondern Erfahrungen herstellen. Es will nicht verändern, sondern es läßt Veränderung geschehen.

Möglich wird dies, weil es sich jenseits der Dualismen ansiedelt. Sowenig das Tanztheater die Trennung von Realem und Irrealem, von Traum und Wirklichkeit, Sichtbarem und Unsichtbarem akzeptiert, so wenig läßt es die tradierte Spaltung von Leib und Seele, Körper und Geist gelten. Pina Bauschs Stücke handeln vom beseelten und begeisterten Leib, der sich genau im Schnittpunkt zwischen den Polaritäten aufhält. Stets wird die Spannung, die sich so erzeugt, ausgehalten und aktiv gestaltet. Es ist, als destilliere sich in diesem aktiven Aushalten Stück für Stück ein Zugang zum Selbst heraus, jenem ebenso individuellen wie kollektiven Fundus, durch den allein die existentielle Einsamkeit des einzelnen gelindert wird. Die träumerisch schönen wie die hart zuspitzenden Szenen greifen auf den Fundus der Archetypen zurück. Zugleich präsentieren sich diese Archetypen in einem absolut zeitgenössischen Gewand. So wurzeln die Stücke tief in der menschlichen Kulturgeschichte und sprechen doch vom Hier und vom Heute. Daß sie überall auf der Welt verstanden werden können, ist somit kein Zufall und auch nicht dem wie auch immer gearteten Genie der Choreographin allein geschuldet. Sie siedeln sich mühelos an einem Ort an, der eine Brücke zwischen Vergangenheit und Gegenwart schlägt. Indem sie die Kraft der Vorstellung, die menschliche Phantasie rehabilitieren und ernst nehmen, tun sie jedoch noch ein weiteres: Sie erlauben, daß im freien Spiel der Imagination eine mögliche Zukunft schon einmal erprobt wird.

Mit kaum etwas anderem hat sich das Tanztheater so intensiv beschäftigt wie mit den tradierten konventionellen Vorstellungsbildern und sie auf ihre Tauglichkeit hin befragt. Allerdings geschieht diese Auseinandersetzung mit den sozialen Leitbildern eindeutig unter dem Blick der Choreographie. Wie diese in Zukunft zu betrachten ist – auch darüber gibt das Tanztheater Aufschluß. Im Tanz, versteht man da, schlägt sich die Kraft der Vorstellung vor allem energetisch nieder: als physische, emotionale und mentale Energie, deren Konzentriertheit und Klarheit von jeder Bewegung und jeder Geste abzulesen sind. Choreographie in diesem Sinn ist die Kunst, diese Energien so zu führen und zu fügen, daß sie von einer möglichst großen Zahl von Menschen zu erfahren und zu begreifen ist. Ein Choreograph wird die Wirklichkeit immer als ein dynamisches, sich wechselseitig beeinflussendes und veränderndes Gefüge begreifen, in dem die Festschreibung, das Stillstellen und Auf-den-Begriff-Bringen tatsächlich der Todfeind alles Lebendigen und aller Bewegung ist.

Nun mag die Energie, von der Choreographie handelt, ihrer Natur nach neutral sein, doch äußert sie sich sichtbar und fühlbar immer polar:

14

in den Gegensätzen Leben und Tod, hell und dunkel, Schöpfung und Zerstörung. Das Tanztheater begibt sich ins Zentrum dieser Polaritäten und vermeidet dabei jede moralische Wertung in Gut und Böse. Deshalb ist ihm eine endgültige Aufhebung der Polarität weder nötig noch erstrebenswert. Ein anderer Begriff vom Glück wird hier gesetzt: nicht als Befriedung der Gegensätze, sondern als ihr fruchtbares, aktives Gestalten. Gerade dazu wird der Zuschauer in den Stücken der Pina Bausch manchmal herausgefordert, manchmal mit einem charmanten Augenzwinkern eingeladen. Indem das Tanztheater die Welt der Vorstellungen an der leibhaftigen Wirklichkeit mißt, erzeugt es eine Reibung, an der der Funke der Einsicht sich entzünden kann. Derlei Erfahrung am eigenen Leib richtet sich nicht mehr gegen eine schlecht eingerichtete Welt, sondern wirkt auf die Gründe ein, die unser aller Handeln bestimmen. Was die Traditionen des Ostens immer schon bewahren, die wechselseitige Abhängigkeit von geistigem Ausblick und leiblicher Haltung, von emotionaler Balance und mentalem Erfassen, ist im Tanztheater augenfällig beherzigt. Daß der Geist wohl willig, das Fleisch aber schwach sei, ist ein Ammenmärchen der Christenheit. In der leiblichen Wirklichkeit sind alle Grundkonstanten schon vorgeprägt, in der sinnlichen Wahrnehmung ist alle Voraussetzung der Einsicht gelegt. Der alte Gegensatz von klugem Geist und dummem Fleisch ist außer Kraft gesetzt.

In der Traumzeit der Poesie betritt der Zuschauer des Tanztheaters eine andere als die geschichtliche Zeit. Erstmals hat er Gelegenheit, aus dem schlechten Kontinuum der Geschichte auszutreten und sich selbst und seine Verhältnisse noch einmal anders anzuschauen. Denn die Traumzeit der Poesie ist an keinen linearen Fortgang gebunden. Frei durchstreift sie die unterschiedlichen Zeitebenen, lotet in die Welt der Archetypen hinab und bringt sie als neue Fundstücke wieder ans Licht. Mythische Zeit und aktuelle Zeitgenossenschaft schließen einander nicht aus, sie bedingen einander. Der Zuschauer wird aus der Welt des Gewohnten, Bekannten entführt und in eine neue Freiheit der Entscheidung gesetzt.

Es ist nicht zuviel gesagt, wenn man behauptet, das Tanztheater habe es auf eine durchaus kathartische Wirkung angelegt. Es zerlegt den alten Körper gesellschaftlicher Konvention, zerschlägt ihn und setzt aus den Überresten die Ahnung neuer Übereinkünfte wieder zusammen. Darin mag es jener Idee Antonin Artauds eines Theaters der Grausamkeit nahekommen, das den Zuschauer mit dem Verlust altgedienter Sicherheiten konfrontiert und das ihn – mit Heiner Müller zu reden – zwingt, ins »Weiße im Auge der Geschichte« zu sehen. Dort nämlich liegen alle unerlösten Wünsche der vorangegangenen Generationen, die weiterhin auf Einlösung warten. Daraus nährt sich bei den Akteuren des Tanztheaters ein beständiges Gefühl des Mangels, das keine Ruhe gibt und sie immer aufs neue das Glück versuchen läßt.

Für den Zuschauer geht es darum, sich von diesem Mangel, dieser Hypothek der Geschichte, ergreifen zu lassen, um daraus mit veränderter Bewußtheit hervorzutreten und die Dringlichkeit und Not der Situation zu begreifen. Die erfahrene Not jedoch stiftet keine Resignation oder Depression – im Gegenteil: Sie fordert zur aktiven Gestaltung heraus. Sie macht jenen Mut – von dem Pina Bausch spricht –, »das Leben wieder anzupacken« und zu gestalten. Kein anderer Sinn muß darin liegen, als sich ins lebensstiftende Zentrum der gegenläufigen Kräfte zu begeben und mit allen Sinnen in der Welt zu sein. Keine Metaphysik, keine Esoterik sind hier am Werk, sondern ein genaues sinnliches Erfassen und Gestalten von Gegenwart. Einer Gegenwart allerdings, in der Vergangenheit mitklingt und Zukunft schon sich andeutet.

Dabei geht es nicht nur darum, den auf eine lächerliche Linearität zusammengeschnurrten Begriff der Geschichte zu überwinden. Es geht darum, sich ins Zentrum aller gleichzeitigen Gegensätze zu stellen und aus ihnen den befeuernden Funken zu schlagen, der wieder motiviert, aktiv ins Leben einzugreifen. Das Tanztheater stiftet die Zusammenhänge weit größer, als es die individuelle Befindlichkeit des Zeitgenossen wohl ahnen läßt, und fordert ebenso freundlich wie nachdrücklich zur Gestaltung auf. Interessanterweise gelingt dies oft gerade durch das Aufdecken des scheinbar Intimsten und Persönlichsten. Aber dadurch, daß es nie privat, sondern gleichsam als Beispiel vorgeführt wird, ist es aus allen klammen Psychologismen gelöst. Das Tanztheater ordnet die individuelle Erfahrung in den größeren Zusammenhang eines sozialen Mythos ein, an dem alle teilhaben können.

In diesem Vorgang ist tatsächlich der Prozeß wichtiger als das Resultat, oder, wie Pina Bausch es formuliert: »Die Dinge, die wir für uns selbst entdecken, sind das Wichtigste.« Dies ist nicht als elitäres Bewußtsein einer Künstlertruppe mißzuverstehen. Denn dieses »wir« bezieht sich auf die Akteure so gut wie auf die Zuschauer. Der Prozeß des Er- und

16

Durchlebens reinigt und weitet den Blick für das, worauf es wirklich ankommt.

So kehrt das Tanztheater in vielfacher Hinsicht die gewohnten Blickrichtungen um. Es gesteht dem Leiblichen eine geistige Dimension zu und verschwistert die mythische wieder mit der aktuellen Zeit. In manchen Momenten spürt man eine Gelassenheit, als schaute die Choreographin vom Ende her auf das Leben, so viel den Menschen zugewandter Humor nimmt da auf der Bühne Platz. Denn das, »worüber man gemeinsam lächeln könnte« (Bausch), stellt sich nur ein, wenn man um die zu Ende gekommene Zeit weiß. Dann nämlich erscheint das Leben des Menschen tragisch und komisch zugleich. Unlösbar vielleicht, aber mit allen Sinnen zu genießen.

Von der Erfahrung am eigenen Leib
Wie sich das Tanztheater erzählt

> Wie hören wir uns zuerst? Als endloses vor sich Hinsingen
> und im Tanz. Diese beiden sind noch namenlos. Sie leben
> nicht an sich und niemand hat hier persönlich geformt. Sie
> besitzen, wo man sie vorfindet, den Reiz des ursprüng-
> lichen Anfangens. Doch erst mußte man durch Anderes
> hindurch, das den Ausdruck breit und fest zurüsten ließ.
> Ernst Bloch, *Zur Philosophie der Musik*[1]

Mit Pina Bauschs Übernahme des Tanzensembles der Wuppertaler Bühnen zur Spielzeit 1973/74 trat eine Wende in der stagnierenden Entwicklung der deutschen Ballettszene ein. Zwar hatten schon andere
Choreographen vor ihr – wie Johann Kresnik in Bremen und Gerhard
Bohner in Darmstadt – begonnen, aus dem engen Ausdrucksrahmen
des klassischen wie des modernen Tanzes auszubrechen und nach neuen,
zeitgemäßen Formen zu suchen. Aber erst dem Wuppertaler Ensemble
unter Pina Bausch gelang es, den Begriff Tanztheater, der bis dahin gele-
gentlich als Name für Kompanien benutzt wurde, als Synonym für eine
eigenständige Gattung zu etablieren. Tanztheater, jene Mischung aus
tänzerischen und theatralischen Mitteln, eröffnete dem Theater wie dem
Tanz eine neue Dimension. Programmatisch stand die Bezeichnung für
ein Theater, das formal und inhaltlich auf anderes aus war.

Das Wuppertaler Tanztheater entfaltete und ertastete seine unge-
wohnten Spielräume inmitten einer Ballettkultur, die sich – abgesehen
von wenigen experimentellen Zentren wie Bremen, Darmstadt und
Köln – im wesentlichen in der Pflege und zögernden Aktualisierung des
klassischen Erbes oder dem Umgang mit dem aus den USA importierten
Modern Dance genügte. Die eigene ausdruckstänzerische Tradition, die
sich mit Namen wie Mary Wigman, Rudolf von Laban, Harald Kreutz-
berg oder Gret Palucca verbindet, war seit dem Zweiten Weltkrieg so gut
wie tot. Um apolitisches, vermeintlich zeitloses Theater bemüht, mied
man die Auseinandersetzung mit den provokanten Ahnen, deren radikale Absage an Spitzenschuh und Tutu schon in den zwanziger Jahren auf
ein neues Körperverständnis drängte. John Cranko, ein Neuerer immerhin von klassischer Seite, blieb die Ausnahme.

Mit Pina Bausch nun schien sich erstmals wieder – zumindest indirekt – ein Kontakt zur fast vergessenen revolutionären Tradition herzustellen: ohne deren Ecce-homo-Pathos, ohne menschheitsumspannende Schicksalhaftigkeit und auf gänzlich eigenständige Weise. Etwas, was die Ausdruckstänzer wohl schon angestrebt, so jedoch nicht erreicht hatten, brach sich in der Entwicklung des Wuppertaler Tanztheaters von Stück zu Stück allmählich Bahn: die Befreiung des Tanzes aus den Zwängen der Literatur, seine Ausnüchterung von allen märchenhaften Illusionen und seine Hinführung zur Wirklichkeit. Durch ihre Ausbildung an der Essener Folkwang-Hochschule unter Kurt Jooss mit dem ausdruckstänzerischen Bewegungsverständnis wie durch Studienaufenthalte in New York mit dem Modern Dance vertraut, schuf Pina Bausch mit ihren ersten Stücken, deren herausragendstes vielleicht die Choreographie zu Igor Strawinskys *Le Sacre du printemps* ist, eine eigenwillige Synthese aus deutscher Tradition und amerikanischer Moderne. Und schon in diesen durchaus noch im gewohnten Rahmen liegenden Werken zeigte sich die besondere Qualität ihres Tanztheaters. Ihre Tänzer entfesselten auf der Bühne eine bislang ungekannte Energie, die Körper erzählten die Geschichten unverstellt, von keiner übergestülpten Bedeutung behindert. Obwohl sich Bauschs *Sacre*-Version, die Christoph-Willibald-Gluck-Opern *Iphigenie auf Tauris* und *Orpheus und Eurydike* wie auch der spätere *Blaubart* nach Béla Bartók noch an einer Handlungsvorgabe orientierten, überschritt Pina Bausch schon hier all das, was man bis dahin unter der Umsetzung eines Librettos verstand. Sie »vertanzte« keinen Stoff, sondern nutzte einzelne Elemente der Handlung als Ausgangspunkt für den eigenen Assoziationsreichtum. Wo andere Choreographen sich mit der Übersetzung der Musik und Geschichte in Bewegung mühten, handelte das Tanztheater direkt von und mit den körperlichen Energien. Es erzählte seine Stoffe als Körpergeschichte, nicht als getanzte Literatur.

Schon früh kündigte sich ein solcher Wechsel des choreographischen Selbstverständnisses an. Noch 1969, in dem kurzen Stück *Im Wind der Zeit*, mit dem Pina Bausch den choreographischen Wettbewerb der »Internationalen Sommerakademie des Tanzes« in Köln gewann, gab sie eher eine Probe ihres – allerdings enormen – choreographischen Talents im konventionellen Rahmen des Modern Dance. Doch schon ein Jahr später kündigte sie das »schöne Tanzen« auf. *Nachnull* erzählte in eckigen, sperrigen Bewegungen von einer gerade überstandenen Katastrophe,

20

nach der die Tänzerinnen durch ihre Kostüme in Skelette verwandelt auftraten.

Die neue, zeitkritische Richtung verfolgte Pina Bausch auch im Folgejahr 1971 weiter. In ihrem ersten Stück für ein Stadttheater, der Gastchoreographie *Aktionen für Tänzer*, die auf Einladung des Wuppertaler Intendanten Arno Wüstenhöfer zustande kam, repräsentierten die Tänzer wiederum deformierte Gestalten. Rund um ein Mädchen im Totenhemd, in einem Eisenbett aufgebahrt, entwickelte die Choreographin einen grotesken Totentanz, der Eros und Thanatos auf skurrile Art miteinander vermählte. Erstmals finden sich hier auch jene szenisch-theatralischen Elemente, die Pina Bausch in der Folge mehr und mehr in ihre Stücke integrieren sollte.

Zwar griff sie danach mit ihrer – von der Kritik hochgerühmten – »Venusberg«-Choreographie (1972) für Richard Wagners *Tannhäuser* sowie *Iphigenie auf Tauris* (1974) und *Orpheus und Eurydike* (1975) noch einmal auf das etablierte Bewegungsrepertoire des modernen Tanzes zurück. Aber schon hier kündigte sich jene Mischung aus emotionaler Wucht und formaler Klarheit an, die die gesamte Arbeit des Tanztheaters Wuppertal bis heute auszeichnet. Zudem wurde durch die beiden Tanzopern ein Stücktypus vorgestellt, den es bis dato noch nicht gab.

Mit ihrem kurzen Wuppertaler Antrittsstück *Fritz* aus dem Frühjahr 1974 unternahm Pina Bausch einen Ausflug in die problembeladene Welt der Kindheitsängste, den sie so jedoch nicht wiederaufgreifen sollte. Ein Durchbruch zur neuen Form, die unter dem Markenzeichen Tanztheater einmal Weltgeltung erhalten sollte, kündigte sich eher in der halbstündigen Revue *Ich bring dich um die Ecke* im Dezember 1974 an. Hier ließ sie ihre Darsteller erstmals nicht nur tanzen, sondern auch singen und spielen. Der Aufhänger Revue bot nicht nur Anlaß für unterhaltsame Qualitäten, er wurde auch kritisch unter die Lupe genommen. Pina Bausch näherte sich dem an, was in Zukunft ihr Kernthema werden sollte: das Verhältnis der Geschlechter und ihr tragikomisches Erproben des Glücks. Daß die Trivialform der Revue sich sehr wohl für die Erkundung zwischenmenschlicher Beziehungen eignet, ist die eigentliche Entdeckung dieses Abends. Die poetische Gegenüberstellung von Alltagswirklichkeit und massenhaft verbreiteten Leitbildern sollte für die kommenden Jahre zum bestimmenden Motiv des Wuppertaler Tanztheaters werden.

So liegt die eigentliche Bedeutung von Pina Bauschs Arbeit in der Ausweitung des Tanzverständnisses, das den Begriff Choreographie von der engen Definition einer zusammenhängenden Bewegungsfolge löste. Mehr und mehr wurde der Tanz selbst zu einem Gegenstand, den man befragte, dessen überkommene Ausdrucksformen nicht weiter selbstverständlich waren. Das Tanztheater bildete sich aus zu etwas, was man als ein Theater der Erfahrung bezeichnen könnte, zu einem Theater, das Wirklichkeit ästhetisch vermittelt, in direkter Konfrontation als Körperwirklichkeit erlebbar macht. Indem das Wuppertaler Tanztheater den Zwang zur Literatur abstreifte und zugleich die tänzerische Abstraktion konkret machte, brachte es den Tanz – erstmals in seiner Geschichte – sich selbst zum Bewußtsein, emanzipierte ihn zu seinen eigenen Mitteln.

Die Mühen der Ebenen: das Theater der Erfahrung

Schon Pina Bauschs erster Wuppertaler Tanzabend erfuhr durch die Kritik eine äußerst zwiespältige, kontroverse Aufnahme. Dieses Debüt tanztheatralischer Innovation ließ sich nicht widerstandslos in den Kanon bestehender Werte und Kategorien eingliedern, hob sich ab von dem, was man bisher unter Tanz zu verstehen gewohnt war. Die Reaktionen reichten von befremdet-ratloser Kenntnisnahme bis zu schroffer Ablehnung. Das irritierend Neue der Arbeiten Pina Bauschs verlangte offensichtlich – das belegen die folgenden Stücke immer deutlicher – nach einem neuen Tanzverständnis. Die Überschreitung der Spartenbeschränkung, die Aufhebung der Demarkationslinie, die traditionsgemäß zwischen Tanz, Sprechtheater und Musiktheater verläuft, entzog sich allen üblichen Zuordnungsversuchen. Die Stücke stellten sich quer zum Theaterbetrieb, erzeugten Reibung, die anfänglich kaum einer produktiv verstehen wollte. So spiegelt die Rezeption einen langwierigen Durchsetzungsprozeß gegenüber einer Kritik, die ihre gewohnten Aneignungsmuster und festgefügten Sehgewohnheiten nur widerwillig änderte. Auf der einen Seite war man durchaus bereit, der »Künstlerin Bausch« Phantasie, Einfallsreichtum, bisweilen sogar Genialität zu bescheinigen. Andererseits blieben die Inhalte ihrer Arbeiten weitgehend rätselhaft und unzugänglich. Die Trennung von (begabter) Persönlichkeit und (»hermetisch-verschlossenem«) Werk erwies sich als bestimmendes Merkmal

22

der Rezeption. Sie lieferte bei der zunehmenden Popularität des Tanztheaters Wuppertal die Argumente für die gleichzeitige Anziehung und Abstoßung.

Ein Grund für die Irritation liegt im Prinzip der Montage, das sich zum beherrschenden Stilprinzip des Tanztheaters entwickelt hat. Die freie assoziative Verknüpfung von Szenen, die sich an keinen Handlungsfaden, keine Psychologie von Figuren und keine Kausalität gebunden fühlt, versagt sich auch allen üblichen Entschlüsselungsversuchen. Weder kann ein Stück von *einem* übergreifenden Gesichtspunkt in allen seinen Einzelheiten erschlossen werden, noch gelingt ein Zirkelschlag, der die Einzelmomente aus dem Zusammenschluß zu einem eindeutigen »Sinn« erklärt. Zu vielschichtig sind die Inhalte und Formen, die sich in den Stücken zu einer kaum auf einen Blick zu überschauenden Gleichzeitigkeit verzahnen.

Ebensowenig erbringt die bloße Auflistung der chronologischen Szenenfolge. Was alles auf der Bühne geschieht, läßt sich in der Sprache kaum rekonstruieren. Man kann es beschreiben und muß sich mit Annäherungen zufriedengeben. Die Komplexität all dessen, was den lebendigen Bühnenvorgang ausmacht, ist nicht auf *eine* Bedeutung festzulegen. Da Pina Bauschs Stücke keine »Fabel« im Sinn Bertolt Brechts besitzen oder der systematischen Variation *eines* Themas folgen, ergibt sich ein Zusammenhang erst im Prozeß der Rezeption. Sie sind in diesem Sinn »unvollkommen«, keine unabhängigen Kunstwerke, weil sie, um sich entfalten zu können, den aktiven Zuschauer voraussetzen. Der Schlüssel liegt beim Publikum, das auf sein Interesse und seine Alltagserfahrungen hin befragt wird. Sie wollen und müssen mit dem Geschehen auf der Bühne verglichen, in Beziehung gesetzt werden.

Erst wo die auf der Bühne ausgestellte Körperlichkeit (das dargestellte Körperbewußtsein) mit der Körpererfahrung des Zuschauers korreliert, läßt sich ein »Sinnzusammenhang« herstellen. Er ist abhängig von dem konkreten (körperlichen) Erwartungshorizont des Zuschauers, den die Aktionen auf der Bühne enttäuschen oder bestätigen, irritieren und damit für neue Erfahrungen öffnen. Abseits der Literatur setzt das Tanztheater mit seinen gesamten körperlich-mimisch-gestischen Gestaltungsmöglichkeiten Theater als Kommunikation der Sinne in Gang.

Pina Bauschs Arbeiten gehen aus von der alltäglichen gesellschaftlichen Körpererfahrung, die sie in objektivierende Bild- und Bewegungssequenzen überträgt und verfremdet. Was der einzelne tagtäglich an körperlicher Zurichtung, Reduzierung bis hin zu tragikomischer Selbstdressur erlebt, wird auf der Bühne durch provokante Wiederholung, Verdopplung und so weiter ausgestellt und damit erfahrbar gemacht. Ausgangspunkt ist die authentische, subjektive Erfahrung der Akteure, die ebenso vom Zuschauer eingefordert wird. Eine bloß passive Rezeption der Stücke schließt sich so aus. Das »Theater der Erfahrung« mobilisiert die Affekte und Emotionen, weil es von und mit ungeteilten Energien handelt. Es spielt nicht, tut nicht nur »als ob«, es ist. Und indem der Zuschauer von dieser ebenso Sinn und Sinne verwirrenden wie lustvollen Echtheit der Gefühle mitbewegt wird, muß er sich auch entscheiden und seinen eigenen Standort klären. Er ist nicht länger der Konsument folgenloser Erbauung oder Zeuge einer Interpretation der Wirklichkeit. Er wird hineingenommen in eine ganzheitliche Erfahrung, die ihn die Realität in einer Erregung der Sinne miterleben läßt. Trotzdem verführt das Tanztheater nicht zur Illusion; es verführt zur Begegnung mit der Wirklichkeit. Sein Bezugspunkt ist die allgemeine gesellschaftliche Affektstruktur, die sich jeweils historisch konkret lokalisieren läßt[2]. Nachdem das Theater der sechziger Jahre die Mühen begrifflicher Höhen zu nehmen versucht hat, macht sich das Tanztheater nunmehr an die »Mühen der Ebenen«.

Von der Kunst, einen Goldfisch zu dressieren: Wie sich das Tanztheater erzählt

Mit dem Tanztheater Wuppertal erhält die Frage, was Realismus auf der Ballettbühne bedeuten könnte, erstmals Ansatzpunkte zur Diskussion. Nicht nur verändert ein solches »Theater der Erfahrung« die Rezeptionsbedingungen, indem es den Zuschauer mit allen Sinnen beteiligt; die Überführung des Tanzes von der Ebene ästhetischer Abstraktion auf die alltäglichen Körperverhaltens ist nicht allein eine Sache des Stils, sie meint auch inhaltlich anderes. Galt bislang Tanz als Domäne des schönen Scheins, als Refugium einer selbstgenügsamen Technik oder abstrakter Verarbeitung existentieller Themen, so verweisen die Arbeiten Pina Bauschs den Zuschauer direkt auf die Realität zurück. Den Tanz sich selbst zum Bewußtsein zu bringen bedeutet auch, ihn mit der ganzen

Bandbreite wirklicher Erscheinungen zu konfrontieren. Die besondere Qualität des Tanzes, sich durch sinnliche Präsenz der Körper zu erzählen, wird der Darstellung einer Wirklichkeit eröffnet, die durch Körperkonventionen bestimmt ist. Eine Ahnung von diesen Möglichkeiten muß schon Brecht gehabt haben, als er im *Kleinen Organon für das Theater* notierte: »Auch die Choreographie bekommt wieder Aufgaben realistischer Art. Es ist ein Irrtum jüngerer Zeit, daß sie bei der Abbildung von ›Menschen, wie sie wirklich sind‹, nichts zu tun habe [...] Jedenfalls kann ein Theater, das alles aus dem Gestus nimmt, der Choreographie nicht entraten. Schon die Eleganz einer Bewegung und die Anmut einer Aufstellung verfremdet, und die pantomimische Erfindung hilft sehr der Fabel.«[3] Auch wenn das Bewegungstheater der Pina Bausch seine Inhalte nicht über eine Fabel vermittelt, ja sich gerade durch die Ablehnung des literarischen Handlungsfadens auszeichnet, schließt das die Verwendung von Mitteln des epischen Theaters nicht aus. Auf den einzelnen Vorgang, die einzelne Szene angewandt, sind sie wie für Brecht wesentliche Elemente eines realistischen (Tanz-)Theaters. So lassen sich einige Kernbegriffe des didaktischen Theaters, wenngleich ohne den lehrstückhaften Anspruch, im Wuppertaler Tanztheater wiederfinden: der Gestus des Zeigens, das bewußte Ausstellen von Vorgängen, die Technik der Verfremdung sowie eine besondere Verwendung der Komik haben sich mehr und mehr zu bestimmenden Darstellungsmitteln entwickelt. Gemeinsam mit den der alltäglichen Erfahrungswelt entnommenen Motiven dienen sie der von Brecht postulierten »Abbildung von ›Menschen, wie sie wirklich sind‹«.

Pina Bauschs Montageprinzip, das sie nicht etwa dem Sprechtheater oder der Literatur entliehen, sondern aus der Trivialtradition des eigenen Mediums, aus Vaudeville, Music Hall und Revue, entwickelt hat, eignet sich Wirklichkeit in einzelnen Ausschnitten, Situationen an. Dabei sieht es von jeder konventionellen Handlungsdramaturgie ab. Statt vollkommener Interpretierbarkeit aller Details überwiegen in den Stücken Vieldimensionalität und eine komplexe Gleichzeitigkeit von Aktionen, die ein weitgefächertes Panorama von Phänomenen anbieten. Die Stücke behaupten nicht jene Geschlossenheit, in der sich alle Elemente am Leitfaden einer Handlung nach ihrer Bedeutung abfragen lassen. Vielmehr ähnelt das Tanztheater in seiner Struktur musikalischen Prinzipien, indem es einen Gedanken mit Themen und Gegenthemen, Variation und Kontrapunkt umspielt. Anfang und Ende markieren nicht den zeitlichen Rahmen einer psychologischen Entwicklung von Personen. Das herrschende Prinzip ist das der Nummerndramaturgie, das die Motive in freier, gleichwohl genau kalkulierter und auch choreographierter Reihung verarbeitet.

Es sind Feldforschungen, die in die Tiefe der Körperkonventionen und Gefühle zielen und von dort ihre Fundstücke ans Licht bringen. So lassen sich Motivkomplexe von verschiedenen Blickpunkten aus beleuchten, kann man sich aus unterschiedlichen Richtungen annähern. Dabei gibt das Tanztheater jene Eindeutigkeit des Standpunkts auf, die immer schon eine unzweifelhafte Interpretation der Wirklichkeit voraussetzt. Es gibt nicht vor zu wissen, wo es doch eigentlich nicht wissen kann. Statt dessen macht es das, was es vorfindet, im besten Sinn fragwürdig. In Pina Bauschs Tanztheater erlebt man den Umgang mit dem Material aus der Wirklichkeit gleichsam auf offener Szene und kann beobachten, wie es sich in wechselnden Konstellationen verändert. Theater erscheint in einem ursprünglichen Sinn: als Ort der Verwandlung. Doch wollen die Verwandlungen den Zuschauer nicht im Stil schlechter Taschenspielertricks täuschen, und sie wollen auch nicht trösten oder irgend etwas vergessen machen. Das Tanztheater betäubt nicht die Sinne, es schärft sie für das, »was wirklich ist«. Theater funktioniert wieder als ein Labor, in dem die Choreographin die verschiedenen Reagenzien aufeinander wirken, einander widersprechen, ergänzen und zu neuen Einsichten verbinden läßt. Der Zuschauer hat an dem ganzen Vorgang teil, wird nicht, wie in einem auf unterhaltende Schauwerte angelegten Theater, mit bloßen Effekten abgespeist. Und doch sind die Expeditionen des Wuppertaler Tanztheaters lustvolle Unternehmungen. Ihre Unterhaltung lebt jedoch aus der Neugier, aus dem Hunger nach Erfahrung und nicht aus der Bestätigung des längst schon Gewußten.

Sein Hunger nach Erfahrung ist frei von Moral. Wo die konventionelle Handlungsdramaturgie ihr Personal mit einer wie auch immer gearteten Ethik ausstattet, sei sie nun politisch motiviert oder allgemein menschlich, enthält sich das Tanztheater jeglicher Wertung. Es führt vor, was es vorfindet, und der Zuschauer kann selbst erleben, was seine ursprünglichen Bedürfnisse entstellt oder ihnen Geltung verschafft. Die Feldforschungen, die dem Alltag immer wieder Stichproben entnehmen, um die allgemeinen Verkehrsformen auf ihre Tauglichkeit hin zu überprüfen, gehen nicht von vorgefaßten Meinungen aus. Sie besitzen die Freiheit des Experiments, die eine Neugier erst wieder entstehen läßt. Pina Bausch stellt Fragen; ihre Stücke zeigen, was die gemeinsam mit dem Ensemble unternommenen Erkundungen zutage gefördert haben.

Die Übungen, Variationen zu einem Thema sind dabei keiner logischen Stringenz verpflichtet. So entfällt auch die übliche Verknüpfung nach Prinzipien der Kausalität. Kein straff zwischen Anfang und Ende gespannter erzählerischer Faden nimmt das Publikum bei der Hand und führt es auf ein von der Choreographin vorbestimmtes Ziel zu. Wie und warum die Menschen auf der Bühne handeln, treibt keine Psychologie als Motor voran. Die freien Bild- und Handlungsassoziationen bilden Ketten und Analogien, spinnen ein Netz weitverzweigter Eindrücke, die quasi »unterirdisch« miteinander verbunden sind. Wenn es eine Logik gibt, dann nicht eine des Bewußtseins, sondern eine des Körpers, der nicht den Gesetzen der Kausalität folgt, sondern dem Prinzip der Analogie. Die Logik des Gefühls und der Affekte hält sich nicht an die Vernunft.

Folgerichtig fehlt im Tanztheater Wuppertal die übliche Rollendifferenzierung in Haupt- und Nebendarsteller. Wo Protagonisten auftreten – wie in *Le Sacre du printemps* oder *Blaubart* –, sind sie gleichsam anonymisiert, steht ihr Schicksal für alle Männer und alle Frauen. Der Zuschauer kann sich nicht länger mit dem individuellen Werdegang einzelner Personen identifizieren. Dadurch ist er genötigt, die Spannung im Stück anderswo als gewohnt aufzusuchen. Sie ergibt sich nicht mehr im Hinblick auf den einen spannungslösenden Wendepunkt, sondern in jedem einzelnen Moment aus der Kombination der unterschiedlichen Mittel und Stimmungen: wenn laut mit leise, schnell mit langsam, Trauer mit Freude, Hysterie mit Ruhe, Einsamkeit mit zögernder Annäherung kontrastiert. Pina Bausch erforscht nicht, *wie* sich Menschen bewegen, sondern *was* sie bewegt. Und sie knüpft diese Beweggründe nicht an die individuelle Psychologie einer Figur.

Das weitet den Blick für die größeren Zusammenhänge. Keine Bühnenfigur übernimmt mehr die Funktion des Stellvertreters, der exemplarisch handelt. Das Individuelle und das Gesellschaftliche spiegeln direkt in das Panorama der Leidenschaften hinein. Es bedarf keiner Interpretation, um hinter der Figur auf der Bühne ihre gesellschaftlichen Bedingungen zu begreifen. Die unerlösten Wünsche, von denen die Stücke Pina Bauschs handeln, formulieren sich unmittelbar. Die Tänzer erscheinen erstmals nicht als technisches Ausführungspersonal von Rollen; sie zeigen sich ungeschützt, mit ihrer ganzen Persönlichkeit. Ihre Ängste und Freuden besitzen die Nachdrücklichkeit authentischer Erfahrung. Während das Tanztheater von der allgemeinen Körpergeschichte erzählt, erzählt es immer auch ein Stück weit von der aktuellen lebendigen Geschichte der Menschen auf der Bühne. Wenn Pina Bausch sich spartenübergreifend die unterschiedlichen Theatermittel verfügbar macht, bleibt dabei doch die Eigenständigkeit der einzelnen Medien gewahrt. Ihre Dissonanzen, Reibungen werden – ganz im Sinn Brechts – nicht zu einem »Gesamtkunstwerk« geeint, sondern »ihr Verkehr miteinander besteht darin, daß sie sich gegenseitig verfremden«[4].

Jedoch erhält Verfremdung in einem Theater, das nicht so sehr an die kognitiven als an die emotionalen Fähigkeiten des Zuschauers appelliert, eine andere Funktion. Da das Bewegungstheater keine Fabel als »Herzstück der theatralischen Veranstaltung«[5] zur Vermittlung von Wissen benutzt, kann sein Ziel nur in der Vermittlung einer am eigenen Leib erfahrenen Wirklichkeit liegen. Unmittelbares Erleben geht vor rationale Aufklärung. Dient das epische Theater Brechts der Erzeugung eines »richtigen Bewußtseins«, so bietet das Tanztheater intensive Erfahrung an. Es organisiert nicht den Widerstand aus rationaler Einsicht, sondern den Aufruhr der Affekte. Hat das didaktische Theater zuerst den gesellschaftlichen Zusammenhang im Blick und gliedert die Erscheinungen nach einer zuvor erworbenen Weltsicht, setzt Pina Bausch bei den verinnerlichten Normen und Konventionen an. In ihrem Bewegungstheater lassen sich die gesellschaftlichen Verhältnisse direkt am physischen Verhalten der Menschen ablesen.

Wie bei Brecht nimmt das Tanztheater »alles aus dem Gestus«. Jedoch ist der Gestus hier auf das Feld der Körperaktionen konzentriert. Er stützt oder kontrastiert nicht eine literarische Aussage, sondern spricht durch sich selbst. Der Körper ist nicht mehr Mittel zum Zweck; er wird selbst zum Thema. Etwas beginnt, was für die Tanzgeschichte neu ist: Der Körper erzählt seine eigene Geschichte. Wenn etwa ein Mann eine Frau wie einen Schal um den Hals gelegt trägt als Zeichen dafür, daß sie ihm lediglich als dekoratives Zubehör dient, dann benötigt eine solche Szene keine Interpretation mehr. Immer wieder erscheint in den Stücken der Pina Bausch der Körper in seiner Reduzierbarkeit, der gesamte Bereich menschlicher Affekte in seiner Zurichtung, Einengung auf Kon-

28

ventionen, aber auch in seiner Lust, die einschnürenden Tabugrenzen zu sprengen. Verfremdung macht die eingefleischten Beschränkungen augenfällig. Was als unwidersprochene Norm gilt, wird aus seinem gewöhnlichen Zusammenhang herauspräpariert und dadurch neu erfahrbar gemacht. Die alltägliche, nicht selten deformierte Sprache des Körpers läßt die verfremdende Abbildung »zwar erkennen […] aber doch zugleich fremd erscheinen«[6]. Was im Alltag zur zweiten Natur geworden ist, wird in der Entfernung einer neuen Fremdheit erst erkannt.

Oft wird Verfremdung durch eine Komik erreicht, die sich cineastischer Mittel bedient. Bewegungsabläufe erscheinen in Zeitlupe gedehnt oder laufen in Slapstickmanier überdreht ab. Doch macht sich die Komik nie auf Kosten einer Person auf der Bühne lustig. Sie denunziert nicht deren tatsächliche Bedürfnisse, sondern bringt etwas hervor, was unter der Deformation verlorengegangen ist. So schwingt in den komischen Momenten immer auch eine Trauer mit, die den grotesken Eiertanz kleinbürgerlicher Umgangsformen in Tragik umschlagen läßt. Die selbstgerechte Logik der Konventionen wird durchbrochen, die Selbstverständlichkeit von Gesten aufgehoben, um einen Verlust anzuzeigen und eine Sehnsucht freizulegen, die es zu bewahren gilt. Lachend erkennt der Zuschauer seine eigene Verhaltenswirklichkeit auf der Bühne wieder. Und anders als im Boulevard ist es nicht das Schicksal eines anderen, auf dessen Kosten er sich amüsiert. Pina Bausch hebt die Distanziertheit auf und bringt die wahren Wünsche beunruhigend nahe. Da kann es schon entlarvend sein, wenn Öffentliches und Privates – im Alltag sorgsam getrennt – in einem Moment unvermittelt aufeinandertreffen. So steht ein Paar an der Rampe, freundlich lächelnd, während es sich hinterrücks mit kleinen Bösartigkeiten wie Kneifen, Treten etc. malträtiert. Die komisch-ernste Szene desavouiert, in einfachster Form auf den Punkt gebracht, den Widerspruch von geheuchelter Harmonie in der Öffentlichkeit und der Realität des privaten Kleinkriegs. Die lächelnde Maske ist nicht das wahre Gesicht. Die Erkundungen des Tanztheaters kommen einem beständigen Überprüfen eingelernter, blindlings übernommener Verhaltensweisen gleich.

Immer wieder greift Pina Bausch in ihren Stücken die Trivialmythen auf, wie sie durch Hollywoodfilm, Comic strip, Schlager oder durch verwandte Gattungen wie Operette und Revue verbreitet werden. Sie entnimmt ihnen nicht nur die choreographischen Grundelemente ihres

Bewegungstheaters (wie Chorus line, Revueformation, das Prinzip der Wiederholung); sie nimmt auch deren Leitbilder von Schönheit, Partnerschaftlichkeit und Glück beim Wort. Doch halten die idealistischen Vorstellungen den Vergleich mit der Wirklichkeit nicht aus. In ihnen entdeckt sich die verinnerlichte Anpassung als körperliche Selbstdressur. Die Umarmungshaltung, die im Stil Hollywoods emphatisch einstudiert wird, mißlingt. Die steifen Gesten der Partner passen nicht zusammen. Die trivialen Mythen halten ihr Glücksversprechen nicht ein; die stillschweigenden Übereinkünfte werden als komische Lachnummer enttarnt. Dahinter jedoch scheint die wahre Bedürftigkeit auf, die von der glänzenden Fassade nicht mehr verdeckt werden kann. Augenzwinkernd wird der Zuschauer zum Komplizen der Demaskierung gemacht; im gemeinsamen Lachen streift man den Zwang ab – mit Leichtigkeit.

Aber nicht nur die Welt außerhalb des Theaters, auch das Theater selbst ist in die Reflexion einbezogen. Die Konventionen des Theaterapparats mit seiner Spaltung in Bühnenaktion und Parkettpassivität werden durch furiose Anläufe gegen die Rampe und Ausweitung des Spiels in den Zuschauerraum hinein angegangen und direkt auf der Bühne thematisiert. »Komm, tanz mit mir«, locken die Tänzer am Ende des gleichnamigen Stücks das Publikum.

Das Wuppertaler Tanztheater widersetzt sich den Forderungen nach vordergründigen Schauwerten, nach folgenloser Erbauung. Ähnlich dem Ausdruckstanz, der zugunsten einer auf den Körper konzentrierten Ausstattung auf aufwendige Bühnenbilder und Kostüme verzichtete, ordnet Pina Bausch Bühne und Requisite ihren Aussagezwecken unter. Schon die schlichten, poetischen Bühnenräume – in den ersten Jahren von Rolf Borzik, inzwischen von Peter Pabst entwickelt – verweigern sich einer passiv-kulinarischen Konsumentenhaltung. Sie sind von einer oft gefährdeten Schönheit wie etwa das Blumenfeld in *Nelken*, das von angeleinten Hunden bewacht wird. Es sind »reale« Räume (der originale Abguß einer Wuppertaler Straße, ein überdimensionales Altbauzimmer, ein Kinosaal) fernab von jedem Naturalismus. Es sind poetische Spielräume (eine echte Wiese, ein erstarrtes aufgemaltes Meer, eine im Wasser schwimmende Insel), die den Realismus des Tanztheaters in eine utopische Realität, eine reale Utopie weiten. Vor allem aber sind es Bewegungsräume, die den Tänzern durch ihre Beschaffenheit Bewegungsmöglichkeiten vorgeben, die Geräusche bei der Bewegung hörbar machen (etwa durch Laub oder

Wasser auf dem Boden) oder den Körpern einen Widerstand (etwa durch Erde) entgegensetzen.

Die Kostüme – auch sie in den frühen Jahren von Borzik, nach dessen Tod 1980 von Marion Cito entworfen – sind einfache Kleider, Anzüge, Stöckel- und Straßenschuhe oder schillernde, kostbare Abendgarderoben. Es sind die typischen Kleider von Männern und Frauen, die sich darin in wechselnden gesellschaftlichen Rollen gegenübertreten. Auch hier fragt das Tanztheater nach der Funktion eines jeden Kleidungsstücks. Gerade in den frühen Stücken hat Pina Bausch die Frauen immer wieder als männermordende Vamps oder naive Kindfrauen gezeigt – Abziehbilder männlicher Phantasien, auf einem schmalen Grat zwischen Selbstentfremdung und Selbstfindung balancierend. Kleider machen Leute, aber vor allem trägt man in ihnen seine Haut zu Markte. Ihre Funktion als zwängende Hüllen wird oft ins Groteske hinein verlängert. Da erscheint die gesellschaftliche Maske dann als absurde Maskerade, wenn ein kräftiger Mann im Lurex-Minikleid den Liebespfeile schießenden Gott Amor gibt. Kindliche Verkleidungslust ist in solchen Szenen ebenso am Werk wie der dramaturgisch genau berechnete Spaß an der Irritation. Niemand sollte allzu sicher sein, was er im Tanztheater sieht. Es kann auch immer noch ganz anderes bedeuten. Bei aller kritischen Befragung gönnt Pina Bausch jedoch ihrem Publikum, ihren Tänzern und nicht zuletzt sich selbst auch die pure Lust an der Eleganz. Schönheit ist nach wie vor im Tanztheater ein wichtiges Ingredienz: nicht als Selbstzweck, sondern als ein Teil der menschlichen Sehnsucht.

Von ihr erzählen auch die enorm reichhaltigen Musiken, die Matthias Burkert und Andreas Eisenschneider für jedes Stück neu zusammentragen und die aus aller Herren Länder stammen. Kein Stildiktat verbietet ihre Kombination. Jazz mischt sich mit Volksmusik, Heavy Metal kann klassischer Musik begegnen. Die Unterscheidung zwischen sogenannter ernster und Unterhaltungsmusik ist längst aufgehoben. Ausgewählt werden sie allein nach ihrem emotionalen Gehalt und ob sie den Grundton einer Szene – ob leise, ob laut, schnell oder langsam – befördern. Auch hier ist der Blick der Choreographin weit gestellt: auf einen Respekt, der grundsätzlich alle Kulturen und alle Formen gleich anschaut. Offenheit ist oberstes Gebot und Maßstab allein, ob denn eine Musik, präzise und authentisch, Auskunft gibt über die Vielgestalt menschlicher Gefühle.

Offenheit und Gelassenheit sind zwei der Schlüsselwörter für die Grundhaltung des Tanztheaters, das sich beharrlich den Vorzeigezwängen und der stummen Erwartungshaltung des Publikums widersetzt und es statt dessen zu einer gemeinsamen Erkundung lebendiger Innenwelten einlädt. Theater, will das bedeuten, steht nicht außerhalb der Realität. Gegen das, was es als Institution verkörpert, gegen seine stetig drohende Erstarrung, geht das Tanztheater an, um es als lebendigen Ort der Erfahrung wieder in Kraft zu setzen. Dabei wird auch die Grenze zwischen Probenprozeß und Aufführung nicht länger akzeptiert. Das Gemachte, Entwickelte tritt ganz offensichtlich auch als solches auf. Die Schauspieler/ Tänzer erklären sich auf der Bühne die nächste Tanzpassage, beraten die nächste Szene, zeigen Unlust oder Frust bei der Arbeit, treten verlegen mit dem Satz »Ich muß etwas machen« nach vorn. Indem es seine Entstehung und seine Mittel offenlegt, zerstört das Tanztheater die glatte Bühnenillusion. Theater als aktueller Prozeß der Aneignung von Wirklichkeit tritt so wieder in Funktion. Es lädt sich mit den Widersprüchen der Realität auf und trägt sie auf offener Szene aus.

In einer Szene erzählt einer der Tänzer von der tragikomischen Dressur des Goldfischs zum Landgänger, so daß das seinem Element entfremdete Tier am Ende im Wasser zu ertrinken droht. Nicht anders − so scheint es − läßt der Prozeß der Zivilisation den Menschen zurück: in einer Körperwirklichkeit wie im falschen Element.

Aufrechter Gang: Körpersprache und die Geschichte des Körpers

In dem eingangs zitierten Buch *Zur Philosophie der Musik* bezeichnet Ernst Bloch Tanz und Musik als ursprüngliche Elemente menschlicher Selbstvergewisserung − vor der Literatur. Doch »leben [sie] nicht an sich«, »mußte man [erst] durch Anderes hindurch, das den Ausdruck breit und fest zurüsten ließ«. Mag sein, der Tanz mußte eine solch lange Wegstrecke zurücklegen, um zu sich selbst zu kommen, um sich zu seinen eigenen Mitteln zu emanzipieren und wieder an seine Ursprünge zurückzukehren.

Doch der zurückgelegte Weg läßt sich nicht allein an tanzimmanenten Marksteinen abmessen, auf die Tanzhistoriker so gern ihr Augenmerk richten. Denn endlich ist es müßig geworden, von Technik zu

sprechen, wo vom Menschen die Rede ist. Das Wuppertaler Tanztheater durchtrennt die Kontinuität einer Tanzgeschichtsschreibung, die sich
mit fest verschlossenem Blick von einer technischen Innovation zur nächsten hangelt, als stünde ausgerechnet der tanzende Mensch außerhalb
aller gesellschaftlichen Entwicklung. Will man die Bedeutung von Pina
Bauschs Arbeit für die ganze Kunstgattung erfassen, muß man ein wenig
weiter ausholen. Der Durchbruch zum bewegten Körper als Gegenstand
des Tanztheaters hat weiterreichende Konsequenzen. Wo der Verhaltens-
alltag des Menschen in den Blick gerät, ist die allgemeine Geschichte
des Körpers gemeint, die Herausbildung einer bestimmten Körperbeherrschung. Wie kein anderer hat der Soziologe Norbert Elias den
Zusammenhang zwischen Körperlichkeit und sozialen, ökonomischen
Gesellschaftsstrukturen untersucht.

Elias geht davon aus, »daß der Aufbau des ›zivilisierten‹ Verhaltens
aufs engste mit der Organisierung der abendländischen Gesellschaften in
der Form von ›Staaten‹ zusammenhängt«[7]. »Denn das Werden von Per-
sönlichkeits- und Gesellschaftsstrukturen vollzieht sich im unlösbaren
Zusammenhang beider miteinander.«[8] Im Zentrum steht für Elias die Entwicklung der »inneren Natur« des Menschen, die den gesamten Bereich
menschlichen Verhaltens, die Veränderung seiner körperlichen Affekte
und seines Trieblebens umfasse. Der Prozeß der Zivilisation stellt sich ihm
vor allem dar als »Strukturwandel von Menschen in Richtung auf eine
größere Festigung und Differenzierung ihrer Affektkontrolle, und damit
also auch ihres Erlebens«[9]. Im historischen Prozeß läßt sich eine verstärkte
Abhängigkeit der Menschen voneinander feststellen, die eine immer kom-
pliziertere Selbstbeherrschung des einzelnen erfordere: Dieser »Wandel
der menschlichen Individualisierung« vollziehe sich in Abhängigkeit zu
»dem langfristigen Wandel der Figurationen, die Menschen miteinander
bilden, in Richtung auf einen höheren Standard der Differenzierung und
Integrierung«[10]. Gleichzeitig mit der Unterwerfung der »äußeren Natur«,
die sich insbesondere durch die Industrialisierung mehr und mehr in einzelne technische Bereiche verzweige, gehe eine zunehmende Kontrolle
des Trieblebens und der körperlichen Äußerungen einher.

Ein deutlicher Hinweis auf diesen Wandel in der Affektstruktur findet
sich in der Differenzierung menschlicher Verkehrsformen: eine zunehmende Verfeinerung der Tischsitten (wie etwa in der Einführung von
Eßwerkzeugen) sowie ein Vorrücken der Scham- und Peinlichkeits-

schwellen. Die Transformation der »gesellschaftlichen Figurationen« – wie Elias sie nennt – hat ein Anwachsen und eine Komplizierung der alltäglichen Verhaltensregeln zur Folge. Triebwünsche können sich immer weniger der direkten Äußerung bedienen, sondern werden dem anwachsenden Kodex der Konventionen unterworfen. Der Bereich der Affekte unterliegt mit der Zeit einem differenzierten Netz von Kontrollinstanzen, das den Seelenhaushalt des Menschen entscheidend verändert. Technisierung und Industrialisierung entwickeln eine komplexe Beherrschung der »äußeren Natur«, die ebenso für die »innere Natur« erforderlich wird.

Individuum und Gesellschaft bilden eine untrennbare Einheit wechselseitiger Beeinflussung, die durch sogenannte Interdependenzketten miteinander verbunden sind. So haben sich auch die Verhaltensweisen der Menschen, insbesondere die Beherrschung ihrer Affekte, unter dem Druck der allgemeinen gesellschaftlichen Bedingungen herausgebildet. Zentrale Bedeutung kommt hierbei dem Problem der Gewaltmonopolisierung zu: Der zunehmenden Konzentrierung der Gewalt vom einzelnen weg auf Institutionen und der endgültigen Delegation auf den Staat steht ein Prozeß der Verinnerlichung von äußeren Zwängen zu Selbstzwängen gegenüber. Bindeglied zwischen »außen« (Staatsgewalt) und »innen« (individuelle Affektstrukturen) sind die Ängste. Sie übertragen die allgemeine Struktur der Gesellschaft auf das individuelle psychische Funktionieren des einzelnen.

In demselben Wechselverhältnis ist Tanz anzusiedeln. Im Tanz erscheint der Einfluß der äußeren Bedingungen auf die psychische Verfassung des Menschen und wie sie sich körperlich niederschlägt. Wenn das Tanztheater sich mit den konventionellen Umgangsformen befaßt, geht es um mehr als um Fragen des guten Geschmacks, von Sitte, Anstand und Moral. Es zielt auf die Geschichte in ihrer Tiefenstruktur, wie sie sich in die Körper eingeschrieben hat. Das wirft – notgedrungen – auch auf die Tanzgeschichte ein anderes Licht.

Der strenge Regelkanon des Balletts, seine abgezirkelte Ordnung stehen als Sinnbild der gesellschaftlichen Ordnung seiner Zeit und sind beispielhaft für die vom modernen Menschen verlangte Beherrschung seiner Affekte. Idealtypisch verkörpert die Danse d'école mit ihrer Favorisierung technischer Perfektion die hochdifferenzierte Körper- und Gefühlskontrolle, der sich der Mensch des industriellen Zeitalters unterwerfen muß. Doch spiegelt der klassische Tanz die Eingrenzung des Körpers

34

gleichsam bewußtlos wider. Im Tanztheater dagegen wird diese unbewußte Kontinuität plötzlich angehalten. Die unerlösten Wünsche, die den Fortgang der Geschichte im Körper überwintert haben, verlangen nach ihrem Recht. Der Tanz des schönen Scheins wird stillgestellt, um endlich zu fragen, was denn den tanzenden Körper bewegt, warum er sich bewegt.

Gerade dort liegen die Möglichkeiten des Tanztheaters, wo die Beherrschung von Menschen den sprachlich und rational faßbaren Rahmen verläßt, wo die Unterwerfung der »äußeren« mit der »inneren Natur« einhergeht. Neben die Analyse der großen geschichtlichen Prozesse, für die sich das Schauspiel so viel besser eignet, tritt deren Niederschlag im konkreten physischen Bereich. Der rationalen Erkenntnis wird das körperliche Begreifen beigefügt, Bewußtsein findet im Körperbewußtsein einen gleichwertigen Partner. Sehnsucht, ohne die Hoffnung nicht bestehen kann, ist schmerzhaft empfundener Mangel, der ein Heimatrecht im Körper genießt. Die Ideale des Kopfs allein rühren keine Hand. Im Tanztheater vervollständigt sich die Utopie: der aufrechte Gang. Blochs Synonym für die Emanzipation des Menschen will mit dem ganzen Körper, mit allen Sinnen erlernt sein.

Anmerkungen

1 Ernst Bloch, *Zur Philosophie der Musik*, Frankfurt a. M. 1974, S. 7.
2 Der soziologische Begriff der Affektstruktur entstammt Norbert Elias, *Über den Prozeß der Zivilisation. Soziogenetische und psychogenetische Untersuchungen*, 2 Bde., Frankfurt a. M. 1976. Elias faßt darunter die Dimension der »inneren Natur« des Menschen, die Wandlung des Körperverhaltens und Trieblebens, in Relation zur »äußeren Natur«, den sozialen, ökonomischen Verhältnissen bestimmter Gesellschaftsformen.
3 Bertolt Brecht, *Kleines Organon für das Theater*, in: ders., *Werke. Große kommentierte Berliner und Frankfurter Ausgabe*, hg. v. Werner Hecht / Jan Knopf / Werner Mittenzwei / Klaus-Detlef Müller, Bd. 23, Berlin / Weimar / Frankfurt a. M. 1993, S. 96.
4 Brecht, S. 96.
5 Brecht, S. 92.
6 Brecht, S. 81.
7 Elias, Bd. 1, S. LXXVI.
8 Elias, Bd. 1, S. XX.
9 Elias, Bd. 1, S. XI.
10 Elias, Bd. 1, S. X.

Werke

Frühlingsopfer

Der dreiteilige Strawinsky-Abend »Frühlingsopfer« knüpft am deutlichsten an die Tradition des deutschen Ausdruckstanzes an und enthält zugleich schon die wesentlichen Stilmittel, die Pina Bausch in ihren folgenden Arbeiten variiert und weiterentwickelt hat. Der letzte Teil, betitelt *Le Sacre du printemps*, wurde bald nach der Uraufführung allein gegeben und entwickelte sich – unter dem Titel *Frühlingsopfer* – zu einem der meistgespielten und erfolgreichsten Stücke der Wuppertaler Kompanie. Mit Ausnahme des mehr am Tanztheater orientierten zweiten Teils ist es das bislang letzte im traditionellen Sinn durchchoreographierte Stück. Es markiert den gleichzeitigen End- und Wendepunkt einer Entwicklung, die in einer zunehmenden Radikalisierung der theatralischen Mittel und Überschreitung des traditionellen Tanzverständnisses liegt. Mit »Frühlingsopfer« ist sozusagen der Schlußpunkt einer im engeren Sinn choreographischen Phase erreicht. Darauf folgt die kontinuierliche Herausbildung dessen, was als Wuppertaler Tanztheater Begriff geworden ist. Das Prinzip der Montage, die Einbeziehung von Sprache, die Verarbeitung der Kunstentwicklung in den sechziger Jahren werden zu bestimmenden Stilmerkmalen. Insofern erscheint es gerechtfertigt, eine Darstellung des Wuppertaler Tanztheaters mit »Frühlingsopfer« zu beginnen, das Pina Bausch eine erste breite Anerkennung brachte.

Das erste Stück, *Wind von West* zu Igor Strawinskys *Kantate* aus dem Jahr 1952, stellt in statuarischer Manier Variationen über das Thema zwischenmenschlicher Beziehungen vor. Existentieller Schmerz, Sehnsucht und die Unmöglichkeit einer vertrauten Nähe in den Beziehungen sind die vertanzten Motive. Die Bühne ist in der Tiefe durch angedeutete Türen und dazwischengespannte Gazefelder in vier Raumebenen unterteilt. Im zweiten Raum steht ein filigraner, stilisierter Tisch, der auch wie ein Bett benutzt wird – ein Demonstrationsobjekt im Geschlechterkampf entfremdeter Partnerschaft.

Immer wieder wird der einzelne – in seiner Verlorenheit wie in seiner ausbrechenden Sehnsucht – der Gruppe gegenübergestellt. Sie verkörpert, auf wenige expressive Bewegungselemente reduziert, den Rhythmus der umgebenden Wirklichkeit mit ihren Zwangsmechanismen. In einer Sequenz bricht eine in der Gruppe der Frauen zusammen, ohne daß der Rhythmus des Tanzes unterbrochen wird. Die Männer nehmen die Frauen und schütteln sie wie leblose Puppen. Eine Frau und ein Mann tanzen einander gegenüber fast spiegelgleich, jedoch durch einen der raumteilenden Schleier getrennt. Eine Berührung gelingt nicht, da sich beide in verschiedenen Räumen aufhalten.

Das gleiche Prinzip der Trennung bestimmt auch das Verhältnis von einzelnen und Gruppe, die nicht in einem Feld zusammentreffen. Neben den immer wiederkehrenden gruppentänzerischen Einlagen bildet die Raumvariation ein weiteres choreographisches und inhaltliches Element, aus dem Spannung resultiert. Die Gruppe, die unter dem Dogma ihres vehementen Lebensrhythmus steht, und der einzelne, der selbst noch in seinen Ausbruchsversuchen unter dessen Einfluß bleibt, bilden die Spannungspole. Ebenso die versuchte Nähe und die räumliche Trennung, die für Entfremdung und individuelle Festlegung steht. Sie bestimmen sowohl die formale als auch inhaltliche Dynamik des Stücks.

Auch hier ist bereits die Problematik männlicher und weiblicher Rollenfixierung skizziert. Die Macht geht vom Mann aus, dem die Frau verfügbares Material ist, dessen er sich nach Belieben bedient. Doch hat das Rollendiktat nicht nur einseitige Auswirkung. Isolation und die Unmöglichkeit, zueinander zu kommen, sind leidvolle Wirklichkeit für beide Geschlechter, auch wenn die Macht ungleich verteilt ist.

Mit chaplinesker Komik behandelt das zweite Stück, betitelt *Der zweite Frühling*, das Thema. Der Blick geht in einen kleinbürgerlichen Salon, in dem ein in Ehren ergrautes Paar beim Essen sitzt, im Hintergrund die amourösen »Erinnerungen«, die vornehmlich die des Manns sind: die Braut, madonnenhaft reine Inkarnation der Unschuld, der Vamp, Verkörperung verführerischer Laszivität, und seine selbstbewußte, männermordende Variante. Diese drei Stereotypen, neben einem jüngeren Doppelgänger des Ehemanns, breiten das Spektrum männlicher Vorstellungswelt aus. In ihr kann die Frau nur eines der von ihm erträumten Rollenklischees übernehmen, bleibt kein Raum für eine eigene weibliche Identität. Auch *Der zweite Frühling* bezieht seine Dynamik aus einem Dualismus: das erstarrte Ritual des ehelichen Alltags einerseits und die Erinnerungen, der Wunsch des Manns nach einem zweiten Frühling der Eheleute, andererseits.

Das zeigt auch die Handhabung der Musik. Während des in Zeitlupe ablaufenden Diners versucht er sich ihr anzunähern. Sobald er ihr zu nahe kommt, setzt eine schnarrende »Uhrwerksmusik« ein. Sie dreht sich aus seiner Umarmung und flüchtet mit schnellen Trippelschritten zu ihren »hausfraulichen Pflichten«. Durch derartige cineastische Szenen entsteht eine Art Slapstick-Komik, die kleinbürgerliches Eheleben als tragikomische Stummfilm-Story vorführt. Den gleichen Effekt hat das historische Zitat. So erscheint der männermordende Vamp im roten Flatterkleid einer Isadora Duncan und überführt durch übertriebenes Imponiergehabe die Männerphantasie der Lächerlichkeit.

Dabei bleiben Phantasie und Wirklichkeit nicht streng voneinander getrennt. Ebenso wie die Annäherungsversuche des Manns immer wieder durch die »Uhrwerksmusik« unterbrochen werden, mischen sich die Erinnerungen plötzlich in den Alltag ein. Die Verführerische betätigt sich als Naschkatze und löffelt mit dem Finger Sahne aus einer Schüssel; die Braut steigt dem Paar beim Essen über die Stühle. Die Komik, die so entsteht, dient der Verfremdung, der Sichtbarmachung verinnerlichter Zwänge und chauvinistischer Männermoral.

Ganz so versteht sich auch das Schlußbild. Nachdem alle männlichen Verführungskünste versagt, die Erinnerungen sich wieder beruhigt haben, ist die Idylle wiederhergestellt: Mann und Frau sitzen einander, sich bei den Händen haltend, am Tisch gegenüber − ein Bild trauriger Resignation.

Pina Bauschs Choreographie *Le Sacre du printemps*, letztes Stück des dreiteiligen Abends, hält sich im wesentlichen an die originale Szenenfolge des Librettos, ohne jedoch Bezug auf das heidnische Rußland zu nehmen. Der Kampf der Geschlechter entwickelt sich nicht erst aus dem Ritual der Erdanbetung; die Trennung ist bereits vorgefundene Wirklichkeit und Ausgangspunkt der Handlung. Die Realisierung konzentriert sich ganz auf die Opferung einer jungen Frau. Als einzige Ausstattung ist der Bühnenboden mit einer Schicht Erde (Torfmull) bedeckt, die den Raum in eine zeitlos archaisch wirkende Arena verwandelt: eine Kampfstätte auf Leben und Tod. Wie viele spätere schafft auch dieser Bühnenraum den Tänzern ein »physisches« Aktionsfeld. Die Erde ist nicht nur stückbezogene Metapher, sondern beeinflußt direkt die Bewegungen, verleiht ihnen eine erdhafte Schwere und zeichnet die Spuren des brachialen Opferrituals auf. So schreibt *Le Sacre du printemps* mit den Körpern die Geschichte noch einmal in den Boden ein: Die anfänglich glatte Fläche ist am Ende ein wüster Kampfplatz. Die Erde haftet an den dünnen

Trägerkleidern der Frauen, schmiert sich in die Gesichter, klebt an den nackten Oberkörpern der Männer.

Im Tanztheater der Pina Bausch geschieht nichts »als ob«; die Tänzer spielen ihre zunehmende Erschöpfung nicht: Sie ist, gegen den Widerstand der knöcheltiefen Erde getanzt, wirklich. Die Energien, die *Sacre* den Tänzern abverlangt, treffen den Zuschauer unmittelbar. Anstrengung verbirgt sich nicht hinter einer lächelnden Maske, sie wird im schweren Atem hörbar gemacht. Die vehemente sinnliche Präsenz, die die Akteure mit ihrem uneingeschränkten körperlichen Einsatz schaffen, beglaubigt die Geschichte ganz physisch und läßt die Opferung hautnah miterleben.

Gleich die erste Szene zeigt eine der Frauen auf dem roten Kleid liegend, in dem sich später das erwählte Opfer zu Tode tanzen muß. Sie wird in die Tänze der Frauen mit einbezogen, aus deren Gruppe immer wieder eine auszubrechen versucht. Männer und Frauen formieren sich zum magischen Zeichen des Kreises und beginnen in einer dem ethnischen Tanz entlehnten Bewegungssprache das Ritual der Erdanbetung. Dieser Rückgriff auf heidnische Beschwörungsformeln teilt jedoch nicht den Atavismus des Originals. Pina Bausch übernimmt nur die Grundmuster einer archaischen patriarchalen Gesellschaft und übersetzt sie in die Gegenwart.

So liest sich die Anbetung der Erde eher wie ein Gemeinschaftsritual, nach dem sich die Geschlechter wieder in die gehabte Trennung zurückziehen. Männer und Frauen werden durch ein stark ausdruckstänzerisches Bewegungsmaterial (die Männer durch aggressive Sprunggewalt) unterschiedlich charakterisiert. Beide sind jedoch auch hier von der Gewalt eines übergreifenden zwanghaften Rhythmus gebannt.

Panik und Entsetzen kennzeichnen die bevorstehende Wahl des Opfers, die sich im wiederholten Aufnehmen des Kleids durch eine der Frauen ankündigt. Mehrmals erfolgt dieser »Test«, der deutlich macht, daß jede das Opfer sein kann, das Los aller Frauen gemeint ist. Dann trennen die Geschlechtergruppen sich. Während die Männer abwartend im Hintergrund stehen, drängen die Frauen sich angstvoll zu einem engen Kreis zusammen, aus deren Mitte immer wieder eine auf den Anführer der Männer zugeht, um das Kleid in Empfang zu nehmen. Er liegt auf dem Kleid: Zeichen seiner Macht, das Opfer zu bestimmen.

Noch einmal löst sich der Kreis der Frauen zum Tanz, um sich danach erneut zusammenzuschließen. Eine tritt heraus, nimmt das Kleid auf, das

42

in der Gruppe weitergereicht wird, bis der Anführer das Opfer bezeichnet. Es ist das Zeichen für die Gruppe, einen orgiastischen Fruchtbarkeitsritus zu beginnen, der den sich steigernden Rhythmus des Koitus zelebriert. Doch geschieht auch dies wie unter Zwang, ähnelt in seiner Gewaltsamkeit eher einer Vergewaltigung der Frauen als einem Akt lustvoller Befreiung. Nachdem das Opfer vom Anführer der angstvoll starrenden Gruppe präsentiert wurde, beginnt es unter deren furchtsamen Blicken seinen Todestanz.

Insgesamt ist der dreiteilige Abend »Frühlingsopfer« eine dreifache Variation des gleichen Motivs, das jeweils unterschiedlich choreographisch verarbeitet wird: mehr statuarisch der Anfang; der zweite Teil – mit tragikomischen cineastischen Mitteln – als Kontrapunkt und *Le Sacre du printemps* schließlich als existentielle Erweiterung des Themas. Im Zentrum stehen der Antagonismus der Geschlechter und die Entfremdung zwischen Männern und Frauen. Dabei liegt der Akzent deutlich auf der Rolle der Frau, die als Objekt und Opfer gezeigt wird.

Doch behält das Opferritual – trotz aller Aktualisierung – eine unausweichliche Schicksalhaftigkeit. Pina Bausch spitzt in ihrer *Sacre*-Version ihre Mittel auf eine kreatürliche Leidenssituation des Frauenopfers zu, das sich brutal und mit größter Selbstverständlichkeit vollzieht. Das Stück versteht sich als Metapher für den Zustand einer Wirklichkeit, die ohne Pardon ihre (vornehmlich weiblichen) Opfer fordert. Dabei nimmt *Le Sacre du printemps* – wie auch ihre übrigen Stücke – eine Haltung des Konstatierens ein. Anders als das Tanztheater des Johann Kresnik geht es ihr nicht darum, gesellschaftliche Hintergründe offenzulegen. Das Wuppertaler Tanztheater will kompromißlos mit dem Leiden konfrontieren und mit der ganzen emotionalen Wucht des Tanzes den Zuschauer in das Geschehen hineinnehmen.

So ist an dieser Bearbeitung nicht nur die Abkehr vom atavistischen Ritual, ihre Hinwendung zu zeitgenössischen Themen wie Geschlechterkampf und Entfremdung neu; neu ist auch ihre Radikalisierung und Emotionalisierung. Statt der üblichen Abstrahierung und Aussparung individueller Ängste und Sehnsüchte wird hier das radikale Erleben der Gefühle zum Ausgangspunkt genommen. An ihm muß der Zuschauer sich entscheiden. Wie kaum ein anderer Choreograph hat Pina Bausch die alltägliche Erfahrung, die nicht nur ihre eigene, persönliche ist, zum Ausgangspunkt ihrer Arbeit gemacht. Mündeten die Stücke im Gefolge

Brechtscher Didaktik allzuoft in der wohlfeilen Formel »Doch leider, ach, die Verhältnisse, sie sind nicht so«, zielt das Bewegungstheater der Pina Bausch auf den Affekt, von dem nur voreiliger Vernunftglaube behaupten kann, er wäre blind.

Zunehmend alltagsnah und konkret, dabei voller Poesie schafft sich dieses Theater der Erfahrung in assoziativer Montage seine aus der Tiefe der Gefühle bewegenden Mittel. Es formiert den Aufruhr der Affekte und verleiht rationaler Einsicht erst die körperliche Substanz, die diese wirken läßt.

Die sieben Todsünden

Ein erster Schritt auf diesem Weg ist der zweiteilige Brecht/Weill-Abend mit den Stücken *Die sieben Todsünden der Kleinbürger* und *Fürchtet Euch nicht*, zu einer von Pina Bausch zusammengestellten Collage der populärsten Songs aus *Aufstieg und Fall der Stadt Mahagonny*, *Happy End*, der *Dreigroschenoper* und dem *Berliner Requiem*. Die Tänzer des Ensembles treten zugleich als Schauspieler und Sänger auf; die Spartentrennung wird aufgehoben, die verschiedenen Ausdrucksmittel des Tanztheaters werden eingegliedert.

Bertolt Brecht schrieb den Text *Die sieben Todsünden der Kleinbürger* – wie der Titel im Original lautet – im Frühjahr 1933 in Paris, bereits auf der Flucht vor dem Nationalsozialismus. Kurt Weill hatte den zunächst in die Schweiz emigrierten Autor nach Paris eingeladen und ihn um ein Libretto gebeten. In Paris waren gerade die Ballets 1933, eine Kompanie unter Leitung von Boris Kochno, gegründet worden, und Weill war beauftragt, für diese ein Stück zu komponieren. Die Uraufführung fand am 7. Juni 1933 in der Choreographie von George Balanchine am Pariser Théâtre des Champs-Élysées statt. Im Bühnenbild Caspar Nehers spielten die Hauptrollen Lotte Lenya und die Tänzerin Tilly Losch, die mit dem Gründer der Ballets 1933, Edward James, verheiratet war. Der erhoffte Erfolg blieb jedoch aus. Eine Durchsetzung gelang erst 1958 mit einer erneuten Balanchine-Produktion für das New York City Ballet. Zur deutschen Erstaufführung kam es sogar erst 1960, choreographiert von Tatjana Gsovsky.

44

Das Stück für eine Sängerin, eine Tänzerin sowie ein Männergesangs-quartett, das die Familie verkörpert, beschreibt den Weg zweier Schwe-stern (Anna I und Anna II) von den Südstaaten in die Metropolen. Sie sind aufgebrochen, um bei einer Tournee durch sieben Städte das nötige Geld für ein kleines Haus in Louisiana zu verdienen. »Die eine der bei-den Annas ist die Managerin, die andere die Künstlerin; die eine (Anna I) ist die Verkäuferin, die andere (Anna II) die Ware«, charakterisiert sie Brecht. Alles Geld, das die beiden Annas verdienen, kommt der Fami-lie zugute, Vater, Mutter und zwei Brüdern. Anna I ist das zweite Ich ihrer tanzenden Schwester und folgt ihr als mahnender Schatten bei all ihren Handlungen. Sie kennt die Gesetze des Markts und weiß, wie man sich verkaufen muß. Verkaufen heißt für die Frau in erster Linie: ihren Körper, ihre Jugend anbieten. Anna II verkörpert dagegen das natür-liche Glücksverlangen, das durch den Zwang, sich verkaufen zu müssen, immer wieder vereitelt wird. Mehrfach muß Anna I ihre Schwester davor bewahren, eine der sieben Todsünden zu begehen und damit den Profit zu gefährden. Den Forderungen eines natürlichen, menschenwürdigen Lebens kann der Kleinbürger, der unter den Verhältnissen des kapitalisti-schen Marktes lebt und Eigentum erwerben will, nicht nachgeben.

Brecht demonstriert an der Spaltung der beiden Annas die Wider-sprüche eines Gesellschaftssystems, das dem einzelnen, der gut sein will, Schlechtigkeit abverlangt, um zu überleben. Bei den sieben Todsünden bezieht er sich auf die Definition des Scholastikers Petrus Lombardus. Danach gelten Trägheit des Herzens, Hochmut, Zorn, Völlerei, Wollust, Geiz und Neid als Todsünden, die die ewige Verdammnis nach sich zie-hen. Was nach dem christlichen Moralkodex als Verfehlung gilt, erklärt Brecht jedoch zur Tugend. Solange allerdings die Gesetze eines Mark-tes gelten, auf dem die eine als Verkäuferin die andere als Ware anbietet, bleibt kein Raum für solche »Tugenden«.

Pina Bausch legt in ihrer Inszenierung den Akzent – anders als Brecht – nicht auf die Darstellung der gesellschaftlichen Bedingun-gen. Bei ihr steht das Schicksal der Frau im Zentrum, die ihre Haut zu Markte tragen muß. Ware ist Anna II vor allem für die Männer. Ihr Kör-per und ihre Jugend sind ihr einziges Kapital, das sie einsetzen kann, um zu Eigentum zu gelangen. Ausbeutung bedeutet hier Ausbeutung durch den Mann. Der gesellschaftliche Hintergrund, der beide Geschlechter bestimmt, bleibt zwar erhalten, doch eher vage.

Die Bühne, bis zu den Brandmauern offen, demonstriert Milieu. Den Boden bedeckt ein originalgetreuer Abguß einer Straße, beleuchtet mit einer Kette fahler Neonlampen. Schwarz und Grau sind die vorherrschenden Farben. Die Requisite bleibt auf das Nötigste beschränkt. Statt im uneinsehbaren Orchestergraben sitzt das begleitende Orchester im Bühnenhintergrund. Diese offene Plazierung der Musiker wie auch der demonstrativ aufgestellte Scheinwerfer im Vordergrund zielen nicht auf Illusion. Die Bühne ist – ganz im Sinn Brechts – ein Ort offen ausgestellter, gespielter Wirklichkeit. Damit umgeht Pina Bausch auch die Gefahr, die wohlbekannten Lieder in nostalgischer Verklärtheit zu präsentieren. Dennoch haben ihre *Sieben Todsünden der Kleinbürger* nicht den Charakter einer Brechtschen Parabel.

Erklärt bei ihm die ökonomische Wirklichkeit ein Leben nach natürlichen Bedürfnissen zu Todsünden, stellt sich bei Pina Bausch der Widerspruch von individueller Selbstverwirklichung und allgemeinem Zwang zur Anpassung. Entlarvt Brecht die moralische Askese als Instrument unmenschlicher Verhältnisse, so sieht sich Pina Bauschs Anna vor die Wahl eigener Kreativität oder aufopferungsvoller Arbeit für die Familie gestellt.

Damit verschiebt sich der Konflikt in den Bereich individueller Entscheidung. Der gesellschaftliche Zusammenhang tritt hinter den privaten zurück. Anna II ist ganz allgemein eine Frau, die nichts gelernt hat, die nichts anderes verkaufen kann als ihren Körper. Sie erleidet als Frau die Bedingungen einer Wirklichkeit, die von Männern – und ihrer Schwester als zweitem Ich – repräsentiert wird. Sie muß sich den Vorstellungen der Männer beugen, um ihre einzige Ware, die »Liebe«, verkaufen zu können.

Brecht hingegen dient die Geschichte der gespaltenen Anna als Beispiel für den gesellschaftlichen Stellenwert des Kleinbürgers, dem die herrschenden Verhältnisse eine rigide Zwangsmoral abverlangen. Faulheit im Begehen des Unrechts, Stolz auf die eigene Unkäuflichkeit, Zorn über die Gemeinheit im alltäglichen Kampf ums Überleben gelten danach als Untugenden; sie schädigen das Geschäft. Der sinnliche Genuß der Sättigung wird zur Völlerei erklärt, und als Unzucht wird die selbstlose Liebe gewertet, die sich nicht als Ware gegen Geld hergibt. Aber auch Habsucht, sofern sie den Betrug offenbart, und Neid auf die Glücklichen sind für den Kleinbürger unverzeihliche Todsünden.

Pina Bausch hat ihr Stück gänzlich ins Ambiente einer kaputten Revuewelt verlegt. Anna I, die Managerin, die die Gesetze des von Männern dominierten Marktes kennt, richtet ihre Schwester für die Rolle des Sexualobjekts her. Mit Gewalt kämmt sie ihr die Haare zurecht, streift ihr Hurenkleid und Pumps über und präsentiert sie der zahlenden Männerwelt.

In Baltimore wartet geduldig eine Reihe von Männern, legt ordentlich das Jackett ab, bevor sie einer nach dem anderen Anna vergewaltigen. In einer anderen Stadt der Reise nimmt der Freier erst Maß, bevor er seine Ware in Besitz nimmt.

Die anfängliche Naivität und Unbekümmertheit der zweiten Anna weicht allmählich einem verbissenen Durchhaltelächeln. Unter der steten Kontrolle ihrer Schwester, die sie einem Pressefotografen in der richtigen Weise, nämlich dümmlich und sexy, anzubieten versteht und auch ein geschäftsschädigendes Liebesintermezzo mit »Fernando« zu vereiteln weiß, kommen beide endlich ans Ziel: zum Haus in Louisiana. Doch Anna II hat inzwischen ihren Hang zum Tagträumen, all ihre Sehnsüchte verloren.

Was sie immer wieder aus der marktgängigen Rolle fallen läßt, ist ihre Verweigerung gegen den Zwang, sich als Frau verkaufen zu müssen. Pina Bausch verweist damit − anders als Brecht − nicht primär auf soziales Unrecht, sondern auf die Verhinderung individuellen Lebensglücks.

Diesem zentralen Motiv bleibt sie auch im zweiten Teil des Abends treu. »Fürchtet euch nicht, fürchtet euch nicht, sitzest du auch im Sündenpfuhl, Gottes Auge verläßt dich nicht, er setzt dich auf den goldenen Stuhl, fürchtet euch nicht, fürchtet euch nicht.« Dieses Zitat aus dem Heilsarmeechor in *Happy End* durchzieht die lose Folge von insgesamt 25 Nummern wie ein Leitmotiv. Gesungen von einem jungen Mann in der Rolle eines Vorstadtcasanovas, wird es mehrfach paraphrasiert. *Fürchtet euch nicht* variiert einmal mehr die Erlebnisse eines jungen Mädchens, dessen romantische Vorstellungen von Liebe mit der Wirklichkeit kollidieren. Verbunden werden die einzelnen Nummern durch eine frei assoziierende Revuedramaturgie, die Pina Bausch hier zum erstenmal zu ihrer speziellen Art des Tanztheaters verdichtet: zu einem Bewegungstheater, das es ermöglicht, ein Motiv ohne stringente Handlung zu variieren und von verschiedenen Blickpunkten aus zu beleuchten. Die Revue wird zum dramaturgischen Mittel und zugleich zum Thema.

Zur Chorus line Arm in Arm untergehakt, exerziert die Kompanie mit fast schon brutaler, aber auch trotziger Heftigkeit ihre Revueformationen, unternimmt furiose Anläufe gegen die Rampe und flirtet augenzwinkernd mit dem Publikum. Die Konfrontation ist direkt, energisch, und doch bleibt die Situation in der Schwebe. Pina Bauschs Revuetruppe bewegt sich wie auf einem Exerzierfeld vergangener Glamourposen und bringt doch zugleich eine ganz ursprüngliche Tanzlust herüber.

Es ist, als ob die tausendmal gesehenen Tanzmuster des Unterhaltungsgewerbes in der Zuspitzung plötzlich noch einmal eine elementare Vitalität entfalten. Exekutierten die Girltruppen der zwanziger Jahre eine maschinenhafte Geometrie, entfesselt Pina Bausch in der überkommenen Form eine lustvolle Energie, die die stupide Mathematik entkörperlichter Tanzautomaten weit hinter sich läßt. Die Grenze des Zwanghaften wird mit Leichtigkeit überschritten. Zunehmend entwickeln sich die Mittel der Revue, derart verwandelt, in den folgenden Stücken zum prägenden Stilelement der Wuppertaler Tanztheaterarbeit. Dabei gewinnt Pina Bausch diese Form nicht – wie oftmals mißverstanden – aus dem Schauspiel, sondern aus der (Trivial-)Tradition des eigenen Mediums. In Music Hall, Vaudeville, Cabaret und Revue liegt – das decken die Stücke mehr und mehr auf – eine mitreißende Sprengkraft verborgen, die im klassischen Tanz längst zu unnahbarer Virtuosität geronnen ist.

Doch bei aller aus- und aufbrechenden Tanzlust spart *Fürchtet Euch nicht* Kritik nicht aus. Die mit Klischeevorstellungen gefüllten Jungmädchenträume, die sich aus dem Glamour der Schlager- und Showwelt nähren, können der Wirklichkeit nicht standhalten. Die Glitzerwelt deformiert die wahren Bedürfnisse und beutet sie aus, ohne ihnen Geltung zu verschaffen. Zwei Ebenen kommen dabei zum Vorschein: die Welt des individuellen Erlebens und die Welt des Theaters mit seinen Vorzeigezwängen, die später in *Kontakthof* zum bestimmenden Thema wird. Pina Bausch greift in *Fürchtet Euch nicht* die Mittel wieder auf, die bereits im *Zweiten Frühling* angelegt waren. Komik kann immer auch in Tragik umschlagen.

Das Lied vom Surabaya-Johnny, der nicht Liebe wollte, sondern Geld, steigert sich zu einer hysterisch-aggressiven Lachsalve, voller Verzweiflung und voller Wut.

»Die Ballade vom angenehmen Leben« mit dem Motto »Nur wer im Wohlstand lebt, lebt angenehm« führt Kleinbürgerdasein als Stummfilm-Comic vor: Zwei ältliche Damen in schwarzen Kleidern mit Spitzenkragen zeigen einen gezierten Gestentanz gegenseitiger Behinderung und gegenseitigen Trosts. Händchenhaltend hüpfen sie im Trippelschritt über die Bühne, lächeln einander verschämt an, zupfen die Kleider zurecht, immer darauf bedacht, daß die äußere Erscheinung in Ordnung ist.

Zum Matrosentango werden lebende weibliche Puppen wie auf einem Jahrmarktskarussell um ein Schaukelpferd gruppiert. Nicht Umsetzung, Bebilderung des Texts ist hier das Ziel; die Bilder kontrastieren die Songs, setzen ihnen eigenen Assoziationen entgegen.

Dazwischen versucht der junge Galan mit seinem süßlichen »Fürchtet euch nicht« die Auserwählte in die sanfte Verführung zu nötigen. Er ist die Inkarnation aller romantischen Schlagerhelden – mit zwei Gesichtern. Als seine Verführungskünste versagen, nimmt er sich mit Gewalt, was er freiwillig nicht bekommt. Das Mädchen wird in die Hurentruppe integriert.

Das Eifersuchtsduett zwischen Polly und Lucy aus der *Dreigroschenoper* erweitert Pina Bausch zum Quartett. Auf ihren teuren Pelzen liegen vier Frauen, Demonstrationsobjekte männlichen Reichtums und machohafter Potenz, und machen sich gegenseitig ihren Rang streitig.

Solche Szenen werden durch gruppentänzerische Einlagen durchsetzt. Gegen Ende vertanzt die Gruppe »Das Lied von der Unzulänglichkeit menschlichen Strebens« in Zeitlupe, die Männer gemeinsam mit den Frauen, en travesti. Längst sind sie alle zu Huren geworden, grotesk kostümiert und grell geschminkt. Dem Zwang zur Prostitution kann sich keiner entziehen. Allen anfänglichen Mißverständnissen einer feministischen Parteinahme zum Trotz beharrt Pina Bausch darauf, daß auch in der Machtungleichheit der Geschlechter der Konflikt nicht einfach auf einen Zusammenhang von Täter (Mann) und Opfer (Frau) reduziert werden kann. Immer geht es ihr um das Lebensglück von Männern und Frauen.

Blaubart. Beim Anhören einer Tonbandaufnahme von Béla Bartóks Oper »Herzog Blaubarts Burg«

Was sich im Abend »Frühlingsopfer« als Gestaltungsmittel andeutete, im Brecht/Weill-Abend zum Stilprinzip wurde, erwächst in *Blaubart* zum wesentlichen Instrument der choreographischen Darstellung: das spartenübergreifende Bewegungstheater. Die Kombination von Elementen des Tanzes, der Oper, des Schauspiels, der Pantomime und des Films etabliert sich als kompromißlose Tanztheaterkunst.

Zum erstenmal fehlt im Programmheft ein Hinweis wie »Tanzoper« (so bei den Choreographien zu Opern Christoph Willibald Glucks) oder die Bezeichnung »Ballett« *(Le Sacre du printemps).* Statt dessen lautet der Gattungsbegriff diesmal schlicht »Szenen«. Wie die »Revue« des Brecht/Weill-Abends enthält er die Bedeutung des Bruchstückhaften, der Absage an ein im traditionellen Sinn durchchoreographiertes Gefüge. Es gibt keine tänzerische Umsetzung oder Interpretation einer Oper wie bei *Iphigenie auf Tauris* oder *Orpheus und Eurydike.*

Hat im klassischen Tanz Musik häufig eine untermalende Aufgabe, ist klangliches Beiwerk des tänzerischen Geschehens, erhält sie in *Blaubart* eine inhaltliche Bedeutung, wird unverzichtbarer Bestandteil der Inszenierung. Ihre Funktion ist der der übrigen szenischen Elemente gleichwertig. So lautet der vollständige Titel denn auch: *Blaubart. Beim Anhören einer Tonbandaufnahme von Béla Bartóks Oper »Herzog Blaubarts Burg«.* Ein Tonbandgerät, auf einem fahrbaren Tisch montiert, das Anschlußkabel über eine Spule an der Decke gezogen, ist vorherrschendes Requisit. Durch die Integration der Musik in den theatralischen Ablauf geht die Bedeutung des Tonbands über die bloße technische Notwendigkeit hinaus. Es spielt mit, wird herumgerollt und zur choreographischen Raumteilung genutzt. Musik und Aktion entfalten die gleiche dramatische Vielschichtigkeit.

Pina Bausch nutzt das Libretto der Oper als Folie für ihr Konzept. Bei Bartók kommt die schöne Judith ins sagenhafte Märchenschloß des Herzogs Blaubart. Dort erhält sie von ihm einen Bund mit Schlüsseln für sieben Türen, hinter denen sie nacheinander eine Folterkammer, das Waffenarsenal, eine Schatzkammer, einen blutigen Garten, ein riesiges Reich, ein Tränenmeer entdeckt. Das siebte Zimmer, das Blaubart erst auf ihr Drängen hin öffnen läßt, enthält die Körper der ermordeten früheren Frauen des Herzogs, kostbar gekleidet. Judith erkennt das ihr vorbestimmte Schicksal, ergibt sich widerstandslos dem Sadismus des Herzogs, läßt sich einkleiden, krönen und geht geduldig ihrem Tod entgegen.

Pina Bausch reißt diese Fabel aus ihrem phantastischen Milieu, setzt die Symbolik der sieben Kammern in die Gegenwart, den Alltag um. Der Antagonismus der Geschlechter, die Sehnsucht nach Liebe, die Hilflosigkeit, einander nicht zu verstehen, die Flucht in hohle Konventionen sind Themen ihrer Inszenierung. Darin zeigt sie die dauernde Ambivalenz von zärtlicher Gewalt und gewaltsamer Zärtlichkeit.

Das Märchenschloß des Herzogs – nunmehr einfach nur Blaubart, der Mann – ist ein großes, leeres Altbauzimmer, weiß gestrichen, ein Raum aus der Gründerzeit, mit einem Korridor im Hintergrund, hohen Fenstern mit Schlagläden und verwohnten Wänden. Den weißen Boden bedeckt welkes braunes Laub, das die Aktionen der Tänzer aufzeichnet, ihre Spuren in sich eingräbt, das Bühnenbild mit Geräuschen und Geruch sinnlich faßbar macht wie die Erde in *Le Sacre du printemps*.

Die Musik bestimmt den Lauf der Handlung. Blaubart sitzt zu Beginn am Tonbandgerät, lauscht den ersten Takten der Oper, unterbricht, spult zurück, beginnt von vorn, hält ein, wiederholt den Vorgang mehrfach, läßt sich von seinen Erinnerungen einnehmen. Wie in Samuel Becketts *Das letzte Band* der einsame Krapp die Vergeblichkeit seines Lebens im Dialog mit selbstbesprochenen Tonbändern erfährt, so sucht Blaubart in gewalttätiger Verzweiflung nach Relikten erfahrener Zärtlichkeit, Zuneigung und Liebe. Während vom Band stets der gleiche Abschnitt ertönt, hastet er zu der mit offenen Armen regungslos am Boden liegenden Judith, wirft sich auf sie, vergewaltigt sie, zerrt sie keuchend ein Stück voran. Willenlos läßt die Frau alles über sich ergehen.

Der Symbolismus der Bartókschen Oper geht bei Pina Bausch in eine konkrete, unmittelbare Bildwelt ein, konzentriert auf das hoffnungslose Unverständnis zwischen Mann und Frau. Doch ist die Frau nicht nur Opfer, sie ergreift die ihr zugewiesene Rolle auch als Waffe; der Mann ist nicht nur Herrscher, Machthaber und Sieger qua Geschlecht, er ist auch ein Gefangener seiner selbst, der vor dem eigenen imposanten Selbstbild jämmerlich versagt.

Da sind die Männer, die den Frauen in Bodybuilder-Pose mit ihrem Muskelspiel imponieren wollen, sich bewundern und bestaunen lassen.

Doch allein gelassen bleibt Blaubart nur eine nackte Kinderpuppe, vor der er sich prostituiert und in selbstgefälligem Narzißmus posiert. Mit einem Bettlaken fängt er sich Frauen ein, wirbelt sie im Kreis herum, packt sie auf einen Stuhl, stapelt zwei, drei Körper aufeinander, legt so die Objekte seiner Begierde wie Aktenstücke ab. Mit ganzer Kraft preßt er seine Hände auf den Kopf der Frau, zwingt sie in die Knie – ein Akt ganz physischer, brutaler Unterdrückung.

Die Sexualität ist auf das Animalische reduziert; im Geschlechtsakt erfährt die Gewalt ihren Höhepunkt. Ohne den Deckmantel harmonischer Vereinigung bleibt sie purer Machtkampf, in dem die Körper aufeinanderprallen, Kontrahenten einander reißen, schieben, stoßen, quälen.

Erschöpfung mündet in erneute Suche nach Berührung, das Spiel beginnt von vorn. Paare suchen nach Geborgenheit, nach Halt aneinander, doch die streichelnden Hände greifen ins Leere. Umarmung rutscht am Partner ab, einer sinkt zu Füßen des anderen nieder und wird – wortwörtlich – übergangen. Gegenseitiges Anklammern mißlingt, kraftlos hängen die Arme am Körper herab; versuchte Anlehnung endet in einem lauten, schmerzhaften Fall. Die Akteure klettern meterhoch die Wände hinauf und krallen sich schutzsuchend fest oder sitzen erschöpft gegen die Wände gelehnt am Boden, um von den anderen in die Mitte gezerrt, in die Gruppe zurückgeschleudert zu werden.

Gruppenzwang ist ein bestimmendes Thema auch dieses Stücks. Immer wieder suchen die Tänzer eine stille Ecke, eine Fensternische, um einen Augenblick ungestörter Privatheit zu genießen, doch den zwanghaften, verzweifelten Kämpfen um Liebe und Glück entgehen sie nicht.

Der Gegensatz von Gruppe und einzelnen, die in zäher Selbstbehauptung versuchen, ein Stück Individualität zu leben, ist ein wiederkehrendes Motiv fast aller frühen Bausch-Stücke. Die Masse steht unter dem Zwang konventioneller Rituale, die dem einzelnen keinen Raum lassen. In *Blaubart* zeigen sie sich in beständigen Wiederholungen der gleichen Bewegungen und Formationen. Ein Ausbrechen aus diesen bis ins Detail wiederkehrenden Exerzitien der Norm scheint unmöglich. Gehetzt jagen die Tänzer über die Bühne, schlagen schreiend gegen die Wände, erfahren die Grenzen, die Enge der menschlichen Gefühlswelt.

Dazwischen stehen stets Momente vermeintlicher Beziehung und Ruhe, die jedoch umschlagen in latente Aggressivität und Resignation.

Blaubart sitzt am Tonband, um ihn herum drängen sich die Frauen, flöten monoton »Danke dir« (die Arie der Judith hat diesen Wortlaut) und befingern ihn dabei, ertasten sein Gesicht, seine Schultern, nehmen Besitz.

Die Wunden im Kampf um das Glück schlagen sich die Partner gleichermaßen. Sie bestürmen einander, fragen, verlangen, wollen alles wissen, dem anderen keine Privatheit lassen, ihn erkunden, erforschen und damit letztlich beherrschen. Beschwichtigende Gesten eskalieren in heftiger Verteidigung, in hastiger Flucht oder Aggression. Zärtlichkeit schlägt um in Gewalt. Die unberechenbare Ambivalenz der Gefühle wird zu einem wichtigen Thema in den Stücken der Pina Bausch. Nie kann man sicher sein, was geschieht, aber immer besteht auch die Hoffnung zu einem besseren Ausgang der Geschichte.

In *Blaubart* beansprucht die Frau, mehr als nur Lustobjekt und gelegentliches Gebrauchsgut zu sein. Blaubart greift zur »Notwehr«, er zieht ihr Dutzende von Kleidern über, vereint auf ihr alle Rollen ihrer Vorgängerinnen, bannt sie zur Unbeweglichkeit. Er stellt seine Herrschaft wieder her, erringt einen Sieg im Stellungskampf der Geschlechter – einen Pyrrhussieg.

Es ist in *Blaubart* weniger die Thematik, die diesem Stück einen hervorragenden Stellenwert im Werk der Pina Bausch zuweist – sie findet sich so und ähnlich in den meisten Stücken –, als vielmehr die Weiterentwicklung des Tanztheaters.

Konsequenter noch als in der Brecht/Weill-Revue greift Pina Bausch über die Grenzen des herkömmlichen Theaters hinaus und nutzt die Ausdrucksmittel jeder Sparte. Sie kombiniert die einzelnen Elemente in einer hart schneidenden Kontrastdramaturgie, die Dissonanzen nicht zu einem harmonischen Ganzen verwebt, sondern Widersprüche unvermittelt aufeinanderprallen läßt. Laut kontrastiert mit leise, schnell mit langsam, hell mit dunkel. In wilden Sprüngen und Stürzen wird der Zuschauer einem Wechselbad der Gefühle ausgesetzt, wie es vorher noch kein Choreograph gewagt hat.

Wer so den Gefühlen auf den Grund geht, kann kaum mehr »schön tanzen«. Die Tänzer in *Blaubart* gehen, laufen, springen, fallen, kriechen und rutschen, getrieben von innerer Not und Zerrissenheit. Ihre Aktionen wiederholen sich neun-, zehnmal, bis an die Grenzen des Erträglichen zugespitzt.

Auch ihre Sprache ist verzerrt und verstümmelt, wirkt lächerlich oder zerstörerisch. Die Tänzer schreien, jammern, stöhnen, keuchen, kichern, lachen, kreischen, und wenn sie tatsächlich Wörter oder Teile von Sätzen sprechen, dann monoton und innerlich wie abwesend. Die Sprache, scheint es, taugt nicht mehr zur Verständigung, wenn Not und gegenseitiges Unverständnis so groß sind.

Da kann auch die Musik keinen harmonischen Zusammenhang mehr stiften. Die Komposition ist zerrissen, zu kurzen Sequenzen zersplittert. Ihre ständige Wiederholung steigert sich bis zur Unerträglichkeit, Musik wird zum Instrument der Qual. Nur das Finale, Judiths Einsicht in ihr bevorstehendes Ende, hört man eine Viertelstunde ohne Unterbrechung.

Nun hat Blaubart ihr alle Kleider übergezogen und sich die leblose Puppen-Frau auf den Bauch gelegt. Rücklings liegend, zerrt er sie keuchend, verzweifelt durch den Raum, durch das Laub. Er klatscht in die Hände, und die Gruppe repetiert noch einmal in stehenden Bildern Gesten, Haltungen, Bewegungen des Stücks. Wie im Augenblick des Todes noch einmal Stationen des Lebenswegs aufscheinen, ruft sich Blaubart im Moment höchster Not und Verlassenheit den Gang durch die sieben Kammern seines Schlosses in Erinnerung. Lange klingt das Klatschen, Keuchen noch nach: ein Mensch, am äußersten Punkt seiner Einsamkeit angelangt, ein Mörder aus Verzweiflung.

So ist *Blaubart* im Werk der Pina Bausch eine der unversöhnlichsten und beeindruckendsten Variationen über den Gegensatz der Geschlechter, ihr Unvermögen, zueinanderzufinden und zu einer wirklichen Berührung zu gelangen. Unerbittlich spielt Pina Bausch die konventionellen Verhaltensschemata, Wunsch- und Glücksvorstellungen durch und läßt sie in der Ausweglosigkeit unüberbrückbarer Verständnislosigkeit scheitern. Wie kein anderes Stück hinterläßt es den Zuschauer ratlos, beklommen, aber sehenden Auges immerhin, wie die Verhältnisse liegen.

Dramaturgisch ist es ein weiterer Entwicklungsschritt zu einer eigenen, frei montierten und assoziierenden Kontrastdramaturgie, die sich am steten Auf und Ab der Gefühle orientiert. Zwar enthält *Blaubart* noch Reste einer Fabel, den Extrakt der Bartókschen Oper, aber die traditionelle Handlungsstruktur mit Einleitung, Höhepunkt und Lösung ist weitgehend zerstört. Die Spannung resultiert aus dem Mit- und Gegeneinander ständig wechselnder Atmosphären, die keinem spannungslösenden Höhepunkt mehr zustreben. Schon im folgenden *Komm tanz mit mir* wird die Fabel auf ein Minimum beschränkt und weicht in den späteren Stücken einem freien szenischen Verlauf.

Da Judith und Blaubart, gespiegelt und vervielfältigt in den Aktionen der Gruppe, für alle Männer, alle Frauen stehen, kann der Zuschauer sich nicht mehr wie gewohnt mit einem durchgängigen Bühnencharakter identifizieren, sondern wird im unmittelbaren Erleben auf sich selbst verwiesen. Pina Bausch unternimmt keine moralische Wertung des Geschehens. Sie zeigt, was jeder kennt, spitzt es zu und verfremdet das allzu Geläufige bis zur Unkenntlichkeit. Mit fast zwei Stunden pausenloser Spieldauer ist *Blaubart* eine radikale Herausforderung an die Sehgewohnheiten: Das Stück erlaubt auch dem Zuschauer keine Flucht. Er soll sich entscheiden.

Komm tanz mit mir

Komm tanz mit mir beginnt, bevor es angefangen hat. Während die Zuschauer eintreffen, wandert ein Tänzer in dickem Wintermantel und tief in die Stirn gezogenem schwarzem Hut durch die Reihen. Gelassen zieht er einen an langer Angel baumelnden Hut hinter sich her. Neugierig und irritiert wartet das Publikum, was auf der Bühne geschehen wird.

Doch diese ist zunächst durch den eisernen Vorhang verschlossen. Nur ein schmaler Türspalt erlaubt einen Blick in den dahinterliegenden weißen Raum. Frauen in bunten Sommerkleidern und Männer in schweren Wintermänteln huschen vorbei. Sie fassen sich bei den Händen, formieren sich zum Reigen, singen wie beim Kinderspiel »Hoppe, hoppe Reiter«. Auf der Vorderbühne, vor der geöffneten Tür, sitzt ein Mann im weißen Anzug, mit Sonnenbrille in einem Liegestuhl und schaut unbewegt dem Treiben zu. Wie ein heimlicher Voyeur schaut der Zuschauer mit ihm in eine vergangene Kinderwelt – eine Welt voller Geheimnisse und Entdeckungen.

Krachend schlägt die Tür ins Schloß; der eiserne Vorhang fährt hoch und gibt den Blick frei in einen weißen Raum, dessen Boden nach hinten zur überdimensionalen Rutschbahn aufsteigt. Voller schmutziger

Schrammen ist der Boden, in der Mitte bedeckt mit Birkenzweigen, -ästen, ganzen Bäumen – eine bizarre Winterlandschaft, eine verwunschene Kindheitsszene wie eine Illustration alter Märchenbücher, wie eine Zeichnung in vergilbten Liederbüchern. Statt der nur leicht verfremdeten, weitgehend realistischen Bühnenräume in *Blaubart* oder dem Brecht/Weill-Programm ist es in *Komm tanz mit mir* eine poetische Welt der Assoziationen, der Wünsche und Sehnsüchte vergangener Tage. Eine stimmungsvolle Melancholie liegt über diesem Winterbild mit seinem abgeholzten Wald, der aufsteigenden Rutschbahn voller Spuren vergeblicher Anläufe.

Darin fährt Pina Bausch fort, die engen Grenzen dessen, was Tanz, was Theater ist, zu überschreiten. Erstmals mischt ein Akteur sich unter die Zuschauer; eine Tänzerin spricht Texte; ein Schauspieler tanzt. Wichtig ist nicht, daß sich beide in ein ihnen fremdes Metier begeben; wichtig ist, mit welcher Authentizität, mit welcher Intensität sie spielen. Die kantigen, harten Bewegungen des Schauspielers, die ungeübte Stimme der Tänzerin erzeugen eine andere Echtheit und Wirklichkeit. Ehrlichkeit und Genauigkeit hat Pina Bausch in einem Gespräch als ihre wichtigsten Maßstäbe benannt. Dabei erschöpft sich die Genauigkeit nicht mehr in technischer Versiertheit; die Ehrlichkeit speist sich aus der unverstellten Direktheit aller Akteure. Sie führen dem Publikum nicht länger die perfekte Beherrschung ihrer Kunst vor, sondern geben sich preis – mit Stärken und Schwächen. Das rückt sie dem Zuschauer näher – auf den Leib.

Radikaler auch als in früheren Arbeiten verzichtet Pina Bausch in *Komm tanz mit mir* auf die übliche Geschlossenheit und Einheit eines Stücks. Sie montiert einzelne Bilder und Szenenfolgen zu einem kontrastreichen Liederreigen ständig wechselnder Stimmungen. Wie im Brecht/Weill-Programm singen die Tänzer die Lieder selbst, während sie durch den gefallenen Winterwald hetzen, gezogen, gejagt, getragen werden, sich vorwärts tasten, zueinanderfinden und wieder voreinander fliehen. Atemlos werden die Melodien verzerrt, überhastet, zerdehnt. Die Texte erzählen von den ewig gleichen Themen: von Liebe und Tod, Freud und Leid. Doch Pina Bausch deckt hinter den schönen Melodiefolgen den wahren Schrecken und die wahre Not auf. Sehnsucht, zeigt sie, schmerzt, unerfüllte Liebe erzeugt Haß, und der Tod ist kein friedvolles Abschiednehmen. Der Kampf ums Glück, den die Geschlechter miteinander ausfechten, ist eine schonungslose Jagd aufeinander.

56

Da schlagen die Männer mit den Ästen nach den Frauen; eine wird mit einer Astgabel die Rutschbahn hinaufgetrieben; andere jagen gehetzt zwischen den Bäumen, stürzen und schreien. Tatsächlich müssen die Darsteller in der unwirtlichen Landschaft ständig fürchten, sich Arme und Beine zu zerkratzen, von einem Ast getroffen zu werden, zu fallen oder sich beim Anlauf gegen die steile Rutschbahn zu verletzen. Was der Zuschauer sieht, ist real, kaum gespielt.

Es geht um Macht, um Herrschen und Beherrschtwerden – und hinter allem um die nicht aufzugebende Hoffnung auf Nähe, Geborgenheit, Glück. Doch die wird immer wieder enttäuscht, und das wechselseitige Unverständnis enthält sich in gegenseitiger Demütigung, Verletzung und einsamer Verzweiflung.

Pina Bausch zeigt das auf denkbar einfache und eindrucksvolle Art, indem sie häufig Redewendungen bildlich-szenisch übersetzt. So stapelt ein Mann einer Frau zahllose Hüte auf den Kopf oder stopft sie in Mäntel über Mäntel, »behütet« und »bemäntelt« die Geliebte, doch der vermeintliche Schutz ist Last, eine Zärtlichkeit, die erstickt. Gegen den aufdringlichen Hüteranspruch der Männer wehrt sich eine der Frauen, steigt auf einen Stuhl und schlägt jedem wütend den Hut vom Kopf. Eine andere liegt wie ein Kragen um die Schultern des Mannes, dekoratives Accessoire männlicher Eitelkeit und williges Opfer. Immer wieder wechseln die Frauen ihre Kleider, tauschen beliebig die Identität, wollen attraktiv und begehrenswert erscheinen.

Wie in früheren Stücken spiegelt das Ensemble den Kampf zwischen den Protagonisten: dem Dandy im Sommeranzug und seiner Partnerin. Wie ein Leitmotiv gurrt sie ihn immer wieder mit dem titelgebenden Kinderreim »Komm tanz mit mir« an. Je hoffnungsloser ihr Wunsch von ihm abgewehrt wird, desto heftiger insistiert sie: »Komm tanz mit mir / komm tanz mit mir / ich hab 'ne weiße Schürz' dafür / laß nicht ab / laß nicht ab / bis die Schürze Löcher hat.« Unermüdlich wiederholt sie ihren Vers: zärtlich, schmeichelnd, kindhaft bittend, flehend, bettelnd, dann lauter, fordernder, trotzig, befehlend, schließlich wütend, schrill, rasend, schreiend. Doch der Mann bleibt unberührbar, kühl. Nur die Schwarzgekleideten haken sie unter, in breiter Revuereihe gegen die Rampe tanzend; aber schnell lassen sie sie wieder allein. Zornig verfällt sie in Wuttänze, versucht in tobenden, stampfenden Rhythmen seine Gleichgültigkeit zu durchbrechen. Sobald er sich ihr aber drängend und fordernd nähert, zieht sie sich hinter ihr Kinderlied zurück – unschlüssig, was und wie sie es will.

Der Tanz schafft keine Gemeinsamkeit, und auch die Sprache versagt. Wenn beide überhaupt miteinander sprechen, dann nicht mit-, sondern gegeneinander, in schneidendem Befehlston. Selbst eine versöhnlich gestimmte Bitte um Vergebung wie »Es war meine Schuld« artet zur lautstarken Prestigefrage aus, wer denn nun das Recht habe, sich zu entschuldigen. An der Sprache entzündet sich die Machtfrage der Geschlechter, sie eskaliert, bis beide sich in ihre Schmollwinkel zurückziehen – ratlos.

Doch unverdrossen unternimmt sie immer neue Anläufe, ihn zum Tanz zu bewegen. Er antwortet mit rüden Befehlen, diktiert ihre Bewegungen, verlangt: »Mach mich eifersüchtig«, »Sag: Ich liebe dich«. Immer wieder geht sie auf ihn ein, erfüllt seine Wunschvorstellungen, bis sie sich schließlich, absurd überdreht, selbst kommandiert. Als alles nichts hilft, sie sich längst lächerlich gemacht hat, bricht sie trotzig aus, schreit ihm wütend seine eigenen Sätze entgegen. Nichts ändert sich. Die Maske des Mannes bleibt undurchdringlich. Sie stopft sich ihr Kleid zu ausladender Oberweite und prallen Hüften aus, schminkt sich aufdringlich und gurrt lasziv: »Manchmal fühl' ich mich wie eine …« Bis zur Groteske übersteigert sie sein Traumbild vom lockenden Pin-up-Girl, doch nichts hilft. Mann und Frau sind beide Gefangene: Sie will ihm gefallen, geliebt werden, auch wenn sie dafür ihr wahres Gesicht bis ins Absurde maskieren muß; er kann die Frau nicht anders sehen denn als ein Abziehbild genormter Schönheitsideale. Aus der Scheinwelt brechen beide nicht aus. Nur aus der Kindheit, aus wenigen entspannten Momenten melancholischer Selbstversunkenheit scheint eine Ahnung herüber von dem, was das Glück sein könnte: die Gelassenheit, ohne Not bei sich selbst sein zu können, und dafür geliebt zu werden. Doch dorthin ist noch keiner gelangt; das ist ein Ort – in der Zukunft zu suchen.

Mit dieser Aufforderung entläßt Pina Bausch ihr Publikum nach eineinhalb Stunden pausenloser Spieldauer: Komm, tanz mit mir!

Renate wandert aus

»Operette« nennt Pina Bausch ihren Tanzabend *Renate wandert aus* im Untertitel und gibt damit schon einen Hinweis, womit das Stück sich beschäftigt: mit den Klischees der Massenmedien. Stereotypes Verhalten, Rollenklischees, genormte Wünsche und Sehnsüchte sind die Themen, Groschenroman, Comic-Hefte und melodramatische Liebesfilme ihre Quellen – eine Scheinwelt glücklich Verliebter, von Fürsten und Prinzessinnen, Reichtum und Sorglosigkeit. Im Spiegel der Regenbogenpresse sind die Helden des kleinen Mannes stets schön und umschwärmt, erfolgreich und begehrenswert. Trüben doch einmal kleine Mißverständnisse die Idylle, dann sorgen sie in allerhand skurrilen Verwechslungsspielen allenfalls für komische Verwicklungen. Des Schicksals unergründliche »Zufälle« führen Regie, bis am Ende das füreinander bestimmte Paar zueinanderfindet und sich beim reuevollen Blick in die Augen ewige Treue schwört. Das Genre garantiert ein Happy-End, alle Konflikte lösen sich unversehens auf, die Kraft der »ewigen Liebe« schmilzt alle Probleme ein. Die Gesten des großen Gefühls sorgen für massenhaften Absatz und millionenhaften Erfolg. Allen Kulturbemühungen zum Trotz – die billigen Liebes- und Arztromane sind die von keiner Bestsellerliste vermerkten heimlichen Marktführer; Filme wie *Vom Winde verweht* und *Doktor Schiwago* brechen alle Kassenrekorde. »Alle Gefühle«, hat der Filmemacher Alexander Kluge einmal bemerkt, »glauben an einen glücklichen Ausgang.« Und es scheint, als könne die Mehrzahl der Menschen den Alltag nur im sonnigen Widerschein solcher Wunschwelten ertragen, sei die Hoffnung auch noch so illusionär. Denn ein Mensch, der ohne Hoffnung ist, stirbt.

So nimmt auch Pina Bausch die in den Trivialmythen geborgenen Wünsche und Sehnsüchte ernst, doch seziert sie die falschen Versprechungen mit unbeirrbarer Genauigkeit. Sauber – und voller Humor – präpariert sie heraus, was hinter den Klischees echtes und unverzichtbares Bedürfnis ist und was sich davon im Alltag einlöst. Die intakte Traumwelt der Hollywood-Helden funktioniert nur, solange keine Wirklichkeit mit ihr kollidiert. Sobald aber die stereotypen Glücksvorstellungen auf ihre Tauglichkeit im Alltag befragt werden, kollabiert die Welt des schönen Scheins und hinterläßt ratlose Katerstimmung. Wo die Oper die wahren

Gefühle verhandelt, echot ihr die Operette als verkitschte Zwergform. Leichtfüßig und vordergründig unterhaltsam trällert sie durch eine Welt voller Schein und Scheinkonflikte. Von der Not hinter der Maske, von der Macht der Gefühle – kaum eine Spur.

So erzählt auch *Renate wandert aus* vom Kummer in der Liebe, von untadeligen Helden und glücklichen Märchenpaaren. Doch das königliche Traumpaar geriert sich wie gelangweilte Kleinbürger vor dem Fernseher: Lustlos schlurfen sie herein, die Kronen schief auf dem Kopf, rekeln sie sich in ihren Wohnzimmersesseln in schon tausendfach wiederholten Posen und schauen desinteressiert in die Runde. Es geht zu wie bei einem Kinderspiel, das lange schon keinen Spaß mehr macht. Der grandiose Traum ist einer sprachlosen Lebensleere gewichen; das Nachstellen der großen Geste gerinnt zu hohlem Posieren. Mühsam balancieren die Frauen in hohen Stöckelschuhen über die Bühne, halten ein verquältes Lächeln aufrecht, während sie die Hände hinter dem Kopf verschränken und versuchen, so verführerisch und dabei entspannt wie Marilyn Monroe zu wirken. Das ist komisch und zugleich auch ein traurig-unbeholfener Versuch, begehrens- und liebenswert zu erscheinen. Die Rechnung geht nicht auf; die Mühen, sich in ein perfektes Pin-up-Girl zu verwandeln, bleiben sichtbar. Immer wieder unternehmen Männer wie Frauen verzweifelt komische Anläufe, den trivialen Leitbildern gerecht zu werden, doch ebenso beharrlich scheitern sie.

Die Hauptfigur, das Mädchen Angela, erteilt einer Freundin praktischen Unterricht, wie sie sich zu bewegen habe, um erotisch attraktiv zu sein. Die Lektion artet in lautstarken Drill, körperliche Dressurakte aus, bis die Freundin erschöpft zusammenbricht und Angela sie triumphierend fragt, ob sie denn nun endlich glücklich sei. Derart verinnerlicht sind die Traumbilder ihrer Trivialhelden, daß Angela über einen plötzlich entdeckten Leberfleck in eine hysterische Verzweiflung verfällt. Auch die im *Macbeth*-Projekt exerzierten Putzzwänge kehren wieder, wenn die Kleidung immer wieder auf imaginären Schmutz abgeklopft wird.

Doch wo vorher ein gewalttätiger Machtkampf die Partner zueinandertrieb, herrscht nun ein völliger Mangel an Verständigung. Die Idealvorstellungen der »dream factory« haben das Verhältnis von Männern und Frauen in eine irreale Traumwelt verlegt. Eine elegante Dame redet unaufhörlich in Schwyzerdütsch auf ihren Partner ein, der bloß beziehungslos, gelangweilt hinter ihr her trottet. Schließlich findet der

Kontakt mit dem Traummann nur noch in der Phantasie statt. Eine Tänzerin schüttelt beständig einem imaginären Gegenüber die Hand, sagt freundlich »Guten Abend«. Angela telefoniert wieder und wieder mit dem umschwärmten Freund Dick, der jedoch nie auftritt. Trotzdem unterhält sie sich mit ihm, empfängt ihn zu Hause, erzählt ihm von ihren Erlebnissen. Ein anderes Mädchen liest wiederholt aus einem nicht vorhandenen Liebesbrief, der ihr stereotyp beteuert: »I love you, I love you, I love you.«

Die Männer sind Traumwesen; sie tragen weiße Engelsflügel am Jackett und existieren in den Wunschvorstellungen der Mädchen als Unschuldsengel, die ihnen allenfalls galant die Hände küssen. Doch wenn sie einmal versuchen, sich von einem Stuhl aus mit hilflos flatterndem Armrudern in die Luft zu erheben, scheitern sie kläglich. Treten sie tatsächlich einmal als reale Wesen auf, präsentieren sie sich lässig-souverän à la John Wayne, breitbeinig und cool, oder als elegante Gentlemen im Dinnerjackett oder Glitzeranzug. Männer und Frauen machen sich gegenseitig zu Gefangenen ihrer verqueren Phantasien, aus denen keiner den anderen entläßt. Als tumber Beau »in den besten Jahren« singt ein Schauspieler nacheinander alle Frauen an: »Ich werde jede Nacht von Ihnen träumen« – hohle Versprechungen.

Die Frauen sind entweder männermordende Vamps oder naive Mädchenfrauen, zu gefährlich, um sich ihnen zu nähern, oder dümmlich-naiv. Wie Spielzeug lassen sie sich herumtragen und beliebig dekorativ absetzen. Beim Paartanz stehen sie den Männern auf den Füßen und lassen sich als Last in korrekt gehaltener Tanzpose durch den Raum bewegen. Sie formieren sich zum Kreis und werden nach ihrem Marktwert von den Männern begutachtet. An der Rampe führt eine wie bei einer Modenschau ein Kleid nach dem anderen vor, will geliebt, bewundert werden.

Kaum aber hält die äußere Form, was sie verspricht. Artig wie in der Tanzstunde stehen sich Männer und Frauen gegenüber. Souverän demonstrieren der Lehrer und seine damenhaft gezierte Partnerin die Kunst des fachgerechten Augenaufschlagens, Stoßseufzens und Küssens. Jeder übt zunächst für sich allein, erprobt ernsthaft die Haltung, dann sollen die Partner auf ein Zeichen der Lehrer strahlend aufeinander zugehen. Doch die Theorie versagt auch hier vor der Praxis. Die perfekte Umarmungshaltung à la Hollywood geht in tragikomischem Gerangel, grotesken Verhakelungen unter. Die elegante Förmlichkeit gelingt nur, wenn kein lebendiger Mensch sie stört, der alternde Beau in einer Strandszene leere, abgelegte Frauenkleider umwirbt.

Ist wirklich einmal einer ganz bei sich selbst angelangt, wird er gleich von der ganzen Gruppe bestürmt. Einen Tänzer, der ungestört einen Moment Alleinsein genießen will, überfällt das Ensemble mit fröhlichem »Happy-Birthday«-Geschrei. Wie ein Spuk geht die Szene vorüber und läßt ihn völlig verstört zurück.

Öffentlichkeit ist ein Zwang und Privatheit kaum zugelassen. Wenn alle lustvoll in eilig hereingeschobene Sessel und Sofas springen, bleibt nur ein einzelner außen vor. Verstohlen, mit peinlich berührtem Blick, wippt er ein paarmal leicht mit.

Es sind immer einzelne, die versuchen, ein Stück Individualität zu behaupten, sich dem Markt der Eitelkeiten zu entziehen. Aber gegen die Rituale der Konventionen gibt es kaum einen Weg, das Eigene zu retten. Es ist, als könne diese verzweifelt lustige Gesellschaft nicht glauben, daß sich hinter den Glücksversprechen ihrer Idole nichts weiter verbirgt als Leere. Trotzig beharren sie darauf, daß es einen Schlüssel geben muß zu Nähe und Berührung.

Doch der Raum, in dem sie unverdrossen ihre Sehnsüchte erproben, ist eine phantastische Eislandschaft: schön anzusehen, aber kalt. Vor einer Zimmerwand mit Fenstern und Türen ragen zwei haushohe Gletscherfelsen in die Bühne, oben darauf das Plüschmobiliar einer Jahrhundertwende-Wohnung: Sofa, Sessel, Kleiderschrank, Frisiertisch und Waschständer. Außen- und Innenraum scheinen vertauscht, die Kälte innerer Fremdheit übergroß in die lauschige Enge des Mobiliars gewachsen. Und wie zur Erinnerung, daß man sich im Theater befindet, ragt wie vergessen eine hohe Aluminiumleiter in der Mitte. Auch in diesem Raum hinterlassen die Glückssucher Spuren ihrer Expeditionen: Kleider, Schuhe, Plastikblumen, Kinderspielzeug, Sessel, Sonnenschirme, Handtaschen, Papierflieger. Wie die Kostüme spielt die bunte Szenerie die ganze Farbskala eines grellen Technicolor-Films durch. Requisiten sind einfache Gebrauchsgegenstände des Alltags (ein Waschpulverkarton liefert einen Hinweis auf die hier gespielte Soap opera) oder sorgsam gehütete Trophäen der Erinnerung aus Kindheitstagen. Aus ihnen baut sich auch Angela immer wieder ihre eigene kleine Welt, telefoniert durch zwei Plastikrosen der Liebe mit ihrem »Dick«.

Knallig und kitschig ist diese Welt, die von seichten Film- und Musicalmelodien (*Vom Winde verweht*, *South Pacific*), verträumten Streicherkompositionen und romantischen Schlagern (*Ich werde jede Nacht von Ihnen träumen*, *Ich bin ja heut' so glücklich*) umschmeichelt wird. Es ist eine Welt wie im Märchen, und doch werden in ihr durch eine – diesmal weich – kontrastierende Nummerndramaturgie die falschen Versprechungen der Trivialmythen humorvoll demaskiert.

Das geschieht in *Renate wandert aus* in einer – bei aller Ehrlichkeit – heiteren Gelassenheit, die augenzwinkernd mit dem Publikum flirtet. Da drängelt sich eine Tänzerin lächelnd durch die Zuschauerreihen, verteilt Schokolade und Bonbons; eine andere präsentiert an der Rampe ständig neue Kleider, klettert von der Bühne herab, läßt sich Reißverschlüsse öffnen, fragt nach ihrer Wirkung. Es ist eine liebevolle Einladung, an der Suche nach dem Glück teilzunehmen, gemeinsam herauszufinden, wann denn die wirkliche Nähe beginnt und eine Berührung in der Tiefe gelingt.

Da spart dann *Renate wandert aus* auch nicht mit glänzenden Bildern – wie zum Dank für die ausgehaltenen Mühen einer beschwerlichen Expedition. Für einen Moment füllt sich die Bühne mit zahllosen Blumensträußen. Dann ist der Raum leer; Musik erklingt. Kein Mensch ist zu sehen: nur ein Meer von Blüten – mitten im Eis.

Er nimmt sie an der Hand und führt sie in das Schloß, die anderen folgen

Der Titel des schlicht »Stück von Pina Bausch« benannten Abends ist Teil einer Regieanweisung aus William Shakespeares *Macbeth*. Er steht in seiner ungewöhnlichen Länge für die dramaturgische Konzeption, verweist zugleich aber auch auf den inhaltlichen Ansatzpunkt. Wie die Arbeitsanweisung des Autors dem Publikum normalerweise unbekannt bleibt, bringt auch das Stück eher die verborgenen Aspekte ans Licht. Pina Bausch übernimmt in ihrer *Macbeth*-Paraphrase lediglich einige Motive des Originals und spürt ihnen in der Wirklichkeit alltäglichen Verhaltens nach. Das Prinzip der Montage – das Zusammenfügen von Fragmenten, Zitatversatzstücken – fügt sich zu einer atmosphärisch dichten Bild-parabel über den Shakespeareschen Stoff.

Man könnte das Stück als eine Art Schlüsselwerk bezeichnen, wäre ein solcher Begriff auf das Tanztheater der Pina Bausch überhaupt anwendbar. Denn sowenig sich die einzelnen Elemente eines Stücks vollständig zu einem Sinnganzen verbinden lassen, so wenig kann man von der Abgeschlossenheit eines einzelnen Werks sprechen.

Zu Pina Bauschs *Macbeth* führen verschiedene Stadien experimenteller Arbeit, in denen einzelne Elemente immer wieder erprobt, weiterentwickelt oder auch verworfen werden. Insofern kann auch nicht von einer kontinuierlichen Entwicklung im traditionellen Sinn gesprochen werden. Im Mittelpunkt steht nicht die Identität des Autors, der um den Kern einer bestimmten Idee seine Mittel gruppiert und sein Werk aufbaut. Vielmehr bestimmen Offenheit in der Struktur und experimentelle Erfahrungsbereitschaft die Arbeitsweise. So zeigt sich das Werk der Pina Bausch als ein prinzipiell endloses »work in progress«.

Macbeth spiegelt die Absage an das gängige Selbstverständnis des Kulturbetriebs und sprengt den Rahmen der Theaterkonventionen. Vier Tänzer, die schauspielern, vier Schauspieler, die kaum sprechen, eine Sängerin, die nicht singt, sondern mimt und spricht, sind die Akteure. Von keinem von ihnen werden die erlernten Fähigkeiten gefordert. Vom Tanz ist nur das Grundsätzliche geblieben: die alltägliche Verständigung durch Körperzeichen.

Pina Bausch setzt an bei der exakten Beobachtung menschlicher Körpersprache und überträgt sie in komplexe Handlungsvorgänge auf der Bühne, von denen oft mehrere gleichzeitig ablaufen. Was sich bislang in der Tanztradition auf dem abstrakten Niveau künstlerischen Ausdrucks bewegte, wird nun genau und greifbar formuliert. Die einfache, aber selten genutzte Einsicht, daß innere Vorgänge am Körperverhalten ablesbar sind, wird zum stilbildenden Prinzip. Verfremdung spielt dabei wiederum eine wichtige Rolle. So werden Texte auf Schränken liegend, Kinderlieder über einer Sessellehne liegend gesprochen und gesungen. Die Zeit scheint stillgestellt, damit sich der Blick auf wichtige Details konzentrieren kann. Einzelne Szenen, verschiedene Haltungen werden herausgegriffen, gedoppelt, verlangsamt oder beschleunigt.

Der Spannungsbogen der konventionellen Handlungsdramaturgie wird endgültig verlassen. Die Aktionen sind nicht mehr auf einen Höhepunkt hin angelegt, die einzelnen Entwicklungen auf kein Ziel hin gerichtet. Insofern bietet das Tanztheater der Pina Bausch auch keine Lösungen an, nicht einmal scheinbare. Zwischen Anfang und Ende laufen ihre Stücke immer weniger an einem straff gespannten Handlungsfaden entlang, sondern entwickeln sich in zyklischen Bogen, die die bewegten Bildgeschichten wie in einer unendlichen Spirale fortschreiben. Das Drama von *Macbeth* kann und soll vom Zuschauer in seinen eigenen Alltag hinein weiterphantasiert werden. Das Stück bietet den Anlaß dazu. Nicht der didaktische Anspruch klärt hier die Zusammenhänge, sondern das konkrete Interesse jedes Zuschauers. So verbinden sich die einzelnen Bilder nicht gemäß den Gesetzen der Kausalität. Vielmehr überwiegt die Vielschichtigkeit der Assoziationen jede geradlinige Handlungsführung und Kontinuität.

Von der Shakespeare-Vorlage sind nur Fragmente, wenige Originalzitate geblieben. Sie dienen als Bezugspunkte für die verschiedenen Assoziationen alltäglicher Gegenwart. Statt der Machtparabel mit ihrer Inszenierungsgeschichte gewordenen Bildern und Rollen erzählt eine Schauspielerin die Story in Form einer Fortsetzungsgeschichte (und jenseits aller Chronologie) als Comic-Märchen. Dabei vollführt sie stets das gleiche Ritual: In aufreizender Haltung, die Beine übereinandergeschlagen, sich die Lippen schminkend, wirft sie sich in die Pose des Muskelmanns, rollt schwärmerisch die Augen, während sie von blutigen Taten berichtet. Shakespeares Protagonisten sind auf Kürzel geschrumpft, heißen »Ritter B« und »Ritter D«.

Entgegen allen üblichen Aktualisierungsverfahren, die einem Theaterklassiker Zeitbezug abzugewinnen suchen, scheint es in Pina Bauschs *Macbeth*-Paraphrase gerade umgekehrt: Das Stück ist die aktuelle Gegenwart, in der sich Shakespeare als historisches Zitat wiederfindet – wie ein Indiz für das Heute oder eine immer noch gültige Erinnerung an etwas Vergangenes. Dabei wird Macbeth mit seiner eigenen Rollengeschichte konfrontiert. Das »hohe Tragische« wird ins Triviale überführt und erhält dadurch neue Aktualität und ungewohnte Nähe. Jeder kann Macbeth sein.

Die Bühne greift die Intention der Inszenierung auf. Der Spielort ist ein breites, hohes Villenzimmer in mattem Türkis mit hochherrschaftlichem Fenster, breiter Flügeltür, ein abgehalfterter Salon im Stil der Gründerzeit, dessen Wände über das Bühnenportal hinaus zum

Zuschauerraum hin ausgreifen. Optisches Signal einer Einbeziehung, Öffnung gegen das Publikum, die das ganze Stück bestimmt.

Die ehemals repräsentative Requisite der zerschlissenen, zerfetzten Klubsessel, Kanapees, Chaiselongues und Glasschränke aus allen Stilepochen stellt ein chaotisches Inventar dar. Das gängige Klassikerambiente wird zudem durch die bewußt trivial-kitschige Farbgebung eines halben rosa Bettgestells, violetten Beichtstuhls oder einer grünen Duschkabine parodistisch paraphrasiert. Gezeigt wird eine Requisite, die nicht als Staffage dient, sondern direkte Funktion erhält: der Sessel, der zu aufrechter Haltung nötigt; die Chaiselongue als Schauplatz kleinlichen Ehekriegs; der Glasschrank, in dem man den eigenen Körper ausstellen und vorsichtig erkunden kann.

Gleiches gilt für die Kleider und Anzüge, die mehrfach – teils auf der Bühne – gewechselt werden. Auch sie haben keinen dekorativen Wert. Immer sind sie direkter Teil der Person, ob sie ihre Identität unterstreichen oder sich von ihr absetzen. Während der gesamten Spieldauer strömt Wasser als Symbol der leer verströmenden Zeit in eine riesige Lache an der Rampe, die sich langsam füllt. Der Rhythmus des Stücks ergibt sich aus den harten Schnittwechseln der Musik: lethargische Tangodekadenz auf der einen Seite, hohle Geschäftigkeit heischende Pianorhythmen auf der anderen. Dazwischen leise, lyrische Passagen, historische Zitate (wie etwa aus Giuseppe Verdis Oper *Macbeth*) und moderne Schlager. Die Musik erhält hier den Stellenwert eines gleichwertigen Partners und eine eigenständige Funktion. Wenn sich unvermittelt die Pianorhythmen einschalten, brechen die Spieler ihre Aktion ab, bespringen in hektischem Platztausch die Sessel, Sofas und Kanapees oder streiten sich wie die Kinder um das am Boden verstreute Spielzeug. Der Kampf um die Macht als infantile Nummer im Kinderzimmer.

Was schon in anderen Stücken im steten Umschlagen von Komik in Tragik (und umgekehrt) ein inhaltliches Moment bildete, wird in *Er nimmt sie an der Hand und führt sie in das Schloß, die anderen folgen* zum dominierenden Strukturprinzip. Unter den ruhigen, teils amüsanten Vorgängen verbirgt sich eine paranoide Nervosität, die jederzeit aufbrechen kann. Die Sicherheit des Alltäglichen entlarvt sich als bloße Scheinstabilität, ein Gleichgewicht, das ständig kippen kann. Mit der Klaviermusik schalten sich die Zwänge der Konventionen ein. Beim Bespringen der Möbel versucht jeder eine Haltung einzunehmen, die Unsicherheit,

Angst und Schuldgefühle überspielt – Körpersprache, wie sie eingesetzt wird, um zu kaschieren, und die doch verrät.

Pina Bausch hat in ihrer Bearbeitung des *Macbeth* sämtliche Rollen aufgelöst und auf alle Spieler verteilt. Das Motto »Jeder kann Macbeth sein« gilt auch für die Akteure, auch wenn nur ein Schauspieler Reste des *Macbeth*-Textes memoriert, nur einer Schauspielerin Rollenfragmente der Lady Macbeth und Macduffs zugewiesen sind.

Das Schuldmotiv wird gleich zu Anfang aufgegriffen, findet Ausdruck in einem kollektiven Alptraum. Im Dämmerlicht eines heraufziehenden Tages, im Hintergrund die rote Beleuchtung einer Music box, sieht man die Akteure zwischen Plastikblumen, Kinderspielzeug auf dem Boden, Sesseln und Sofas in verschiedenen Schlafhaltungen liegen. Während das Licht immer stärker den Raum ausfüllt, beginnen sich die Gestalten wie in Trance unter dem Druck eines Alptraums stöhnend zu drehen, unter den Wahnträumen der Schuld und Verzweiflung in ekstatische Zuckungen zu steigern, um nach einer Weile wieder einer erschöpften Ruhe zu verfallen.

Pina Bausch nimmt Shakespeares Text oft wörtlich und überträgt ihn in einfache, eindringliche Bilder. »Fort, verdammter Fleck […] Wie, wollen diese Hände denn nie rein werden […] Noch immer riecht es hier nach Blut. Alle Wohlgerüche Arabiens würden diese kleine Hand nicht wohlriechend machen.« Dieser Satz wird in einen wahren Reinigungszwang übersetzt. Immer wieder werden Hände gewaschen, tritt einer unter die Dusche, versucht eine der Frauen in einem Anfall von Putzhysterie den Gartenzwerg Tony reinzuwaschen.

Dabei reicht die Geschichte bis in die Kindheit zurück. Der Streit um Spielzeug, das Singen von Kinderliedern, Indianerspiele oder das kindische Selbstmordspiel, in dem ein Schauspieler mit Colt-Feuerzeug in Westernpose das Kinoklischee vom entschlossenen Helden parodiert, verweisen auf die ursprünglichen Motive des Handelns. Das unbedingte Verlangen nach Anerkennung und Zärtlichkeit, das in die Kindheit zurückreicht, eskaliert zu Gewalt und unbedingtem Machtwillen.

Auch im *Macbeth*-Projekt wird die Geschichte nicht explizit thematisiert; vielmehr stehen allgemeine Inhalte und Probleme im Vordergrund. Die Mittel, die das Stück mobilisiert, setzen auf Konfrontation, ähnlich denen der surrealistischen Avantgardebewegung. Provokante Wiederholungen in gerafften oder zeitlupenhaften Bewegungen machen Auseinandersetzung unumgänglich.

Das Personal scheint schon aus früheren Stücken bekannt. Als Zeichen einer allgemeinen Desorientierung prüft ein Mann auf einem Stuhl stehend mit befeuchtetem Zeigefinger an allen Bühnenecken die Windrichtung. Wieder werden Frauen auf ihr hilfloses »Hilf mir fort« hin von den Männern wie Puppen getragen und abgesetzt.

Wieder dominiert ein einfacher, ins Körperliche übersetzter Gestus des Zeigens. Daß die Frau für den Mann bloßes Instrument ist, wird deutlich, wenn ein Spieler eine der lebendigen Puppen aufs Klavier legt und mit ihren leblosen Fingern auf den Tasten spielt. Ein anderer hat sich die Frau wie ein dekoratives Zubehör über die Schulter gelegt, während er sich beiläufig in stummer Gestik mit einem Bekannten unterhält.

Wiederkehrend auch die Entfremdung in den Paarbeziehungen: Das schon aus dem *Zweiten Frühling* bekannte ältere Paar erscheint diesmal in eine zunehmend zynische Haßliebe verstrickt; die jugendliche Romanze tritt in gefrorener Pose auf; ein anderes Paar kommt über händeringende Verlegenheitsgesten zu keiner Berührung.

Die Ursachen der Entfremdung liegen in der Verinnerlichung von Konventionen, die in rüden Selbstbefehlen offensichtlich wird. »Entspannt hinsetzen, tief atmen, mit Genuß rauchen, mach deinen Anzug sauber, sag: Guten Abend« oder »Setz dich, entspann dich, geh auf die Wand zu, lächeln, Hände durch die Haare« sind einige der Kommandos, die mit brüsken Gesten unterstrichen werden.

Die Ebene der Konventionen meint hier aber auch die Festlegungen des Theaterbetriebs, seine Produktionszwänge und die Erwartungshaltung des Publikums. Dies wird deutlich, wenn eine Tänzerin mit den Worten »Jo, dein Auftritt, lächeln« an die Rampe tritt oder alle Akteure in einer Reihe von Kinosesseln den Zuschauern gegenübersitzen, gleichsam die Theatersituation umkehren. Während sie schnell die Plätze tauschen, raffen sie wahllos immer mehr von den herumliegenden Gegenständen zusammen, demonstrieren den Zustand einer Gesellschaft, die sich in materiellem Haben erschöpft.

Die Zwänge der Konventionen sind allen förmlich auf den Leib geschrieben: Ob ein Darsteller auf Knopfdruck an der Music box mit tumber Miene und imaginärer Partnerin Gesellschaftstanz repetiert, ob ein schrilles plötzliches Auflachen gleich wieder mit einer Entschuldigung zurückgenommen wird oder jeder sich ängstlich schnüffelnd auf Körpergeruch hin untersucht – die perfekte Anpassung verlangt eine vollständige Körperbeherrschung. Nur wem sie gelingt, kann sicher sein, nicht aufzufallen.

Trotzdem verraten die Körperzeichen, die sich der bewußten Kontrolle entziehen, etwas über den tatsächlichen Zustand. In einer Szene, in der die Schauspieler/Tänzer die Bühne in der Diagonale überqueren, ist das Gestenrepertoire des Stücks noch einmal versammelt: Verlegenheit und innere Spannung im Sichkratzen und Nägelbeißen; die hysterische Selbstkontrolle im Beschnuppern des eigenen Körpers; das Versinken in grüblerische Langeweile und leeres Warten – aber auch eine augenzwinkernde Einladung an das Publikum, am Spiel teilzunehmen. *Macbeth* privat – ein Alltagsdrama.

Café Müller

Knapp einen Monat nach der Uraufführung des *Macbeth*-Projekts in Bochum hatte beim Tanztheater Wuppertal der vierteilige Abend *Café Müller* Premiere, bei dem zum erstenmal seit der Aufführung von Kurt Jooss' *Großstadt* in der Spielzeit 1974/75 wieder Gastchoreographen beteiligt waren. Neben Pina Bausch zeigten auch Gerhard Bohner, Gigi-Gheorghe Caciuleanu und Hans Pop (Mitglied der Wuppertaler Kompanie) neue Stücke. Alle vier Beiträge dieses Abends standen als unabhängige, selbständige Produktionen nebeneinander, waren aber nicht durch eigene Titel gekennzeichnet, sondern ordneten sich unter den Gesamttitel *Café Müller.* Von dem ursprünglich vierteiligen Abend wird mittlerweile nur noch Pina Bauschs Beitrag gegeben, meistens in Kombination mit *Le Sacre du printemps.*

Die Unverbindlichkeit des Titels, die triviale Namenswahl sind Bestandteil des Gesamtkonzepts, das die vier Arbeiten vereinte. Die Choreographen hatten sich einen gemeinsamen äußeren Rahmen mit mehreren frei kombinierbaren Anhaltspunkten für die inhaltliche Struktur der jeweiligen Teile gegeben: einen Cafésaal, Dunkelheit, vier Personen, jemand wartet, jemand fällt um, wird aufgehoben, ein rothaariges Mädchen kommt herein, alles wird still.

Pina Bauschs etwa 45minütiger Beitrag hat einen sehr persönlichen Ansatz. Wie in einer Zusammenschau ihrer choreographischen Entwicklung treffen hier frühere Tanzformen in der Art der Gluck-Opern und das neue Bewegungstheater, das sie seit dem Brecht/Weill-Abend fortgeführt hat, aufeinander. So erscheint es nur konsequent, daß Pina Bausch in diesem Stück zum erstenmal seit *Yvonne, Prinzessin von Burgund* (Spielzeit 1973/74) wieder selbst tanzt.

Im Gegensatz zu den letzten vier Tanzabenden wird die Musik unverändert gespielt, nicht verfremdet oder in Montage kontrastiert. Die Kompositionen von Henry Purcell, Frauenarien aus *The Fairy Queen* und *Dido and Aeneas*, sind Klagelieder, die um die Themen Liebes- und Trennungsschmerz, Trauer und Verzweiflung kreisen und sich daher weitgehend auf die inhaltliche Ebene des Stücks – Einsamkeit, Fremdheit und Hilfesuche der Partner – beziehen.

Das Bühnenbild zeigt einen kahlen, schmutzig-grauen Raum, vollgestellt mit runden Caféhaustischen und Dutzenden von Stühlen, im Hintergrund eine gläserne Drehtür. Zwei Tänzerinnen in dünnen weißen Unterröcken und drei Männer in dunklen Straßenanzügen bewegen sich zwischen den Stühlen und Tischen, die die gesamte Bühne verstellen und ausgreifende Bewegungen oder das Formieren der Gruppe nicht zulassen. So sind die Darsteller zunächst auf körperzentrierte, langsame Drehungen auf der Stelle und begrenzte Wege im Raum beschränkt.

Die Stühle, wie in Eugène Ionescos Theaterstück Zeichen abwesender Menschen und Menschenersatz, bedeuten die Leere, die Unmöglichkeit zur Kontaktaufnahme. Sie sind nur mehr Hindernisse für den Tanz, die freie Bewegung. Doch sobald sie sich in den Raum hinein bewegen, springt einer der Akteure vor – bei der Uraufführung wurde diese Rolle von Pina Bauschs Bühnenbildner und Lebensgefährten, Rolf Borzik, gespielt –, reißt panisch Stühle und Tische beiseite, schafft Freiraum, verhindert, daß die Tänzer sich verletzen. Eine dauernde Spannung liegt über der Szene. Nie weiß man, wann einer der Akteure in die Mitte läuft; nie weiß man, ob es gelingt, die Stühle rechtzeitig aus dem Weg zu ziehen, damit die mit geschlossenen Augen selbstverloren Tanzenden nicht dagegen stoßen, stürzen. Es ist, als wäre die Welt in diesem seltsamen Café in einen traumschweren Schlaf gefallen, nur einer wach, um die verzauberten oder verwünschten Personen zu schützen. In ständiger Spannung beobachtet er ihre Aktionen – von niemandem wahrgenommen.

Die beiden Tänzerinnen, eine vorn, die andere im Grau der Bühnentiefe fast verschwindend, bewegen sich mit geschlossenen Augen, schlafwandlerisch, gänzlich in der Innenwelt ihrer Gefühle gefangen, ohne Beziehung zur Umwelt. Sie bewegen sich teils simultan, teils zeitversetzt. Sie streichen mit den Händen den eigenen Körper entlang, stoßen gegen die Wände, rutschen daran erschöpft zu Boden, suchen Schutz und Stütze an den Mauern. Während eine der Frauen kaum aus dem Hintergrund hervortritt, sich schützend ins Halbdunkel zurückzieht, wagt die andere sich häufiger auf Wegen, die der Mann ihr bahnt, in den Raum. Wie in Trance tanzend, gerät sie in Kontakt mit einem der übrigen Männer: Das Paar krallt sich aneinander, sucht Halt, aber ein anderer, dunkel gekleideter Mann löst ihre Umarmung, zieht sie auseinander. Von neuem beginnt die Suche nach Anlehnung. Der Mann, der das Paar trennte, fügt es wieder zusammen. Er legt die Frau in die angewinkelten Arme des Mannes. Der steht stumm; kraftlos entgleitet sie ihm. Immer wieder rutscht sie ab, streckt sich wieder empor, klammert, rutscht ab. Schließlich steigt er achtlos über sie hinweg. Der zweite Mann versucht mehrfach, das Paar wieder zu verbinden, sie einander umarmen, ihn sie auf Händen tragen zu lassen, aber alle Mühen schlagen fehl.

Mitten in die Situation platzt eine rothaarige Frau, trippelt auf hohen Stöckelschuhen eilig durch die Drehtür, rennt nervös, ängstlich in ihren Mantel verkrochen zwischen den Stühlen umher und beobachtet irritiert das Geschehen. Sie versucht, Kontakt zu knüpfen, sich den anderen zu nähern, doch die geschlossene Gesellschaft ist zu sehr mit sich selbst beschäftigt. Ernüchtert gibt sie Mantel und Perücke an die Tänzerin im Hintergrund, die sich das rote Haar aufsetzt und unberührt ihren selbstverlorenen Tanz fortsetzt. Die anderen verlassen die Bühne.

Unfähigkeit zur Verständigung, Fremdheit zwischen den Partnern und die unverdrossene Suche nach Nähe und Geborgenheit sind die Grundthemen, die Pina Bausch auch schon in den vorangegangenen Stücken behandelt hat. Und doch liegt über *Café Müller* mit den wehmütigen Arien von Purcell eine eigene, traumschwere Melancholie. Zwei Welten prallen aufeinander: Die eine scheint von einem bösen Zauber gebannt (die beiden Tänzerinnen, das beziehungslose Paar), die andere ist die »normale« Welt. In Gestalt der Rothaarigen verirrt sie sich in das verlassene Café und versteht nichts von den selbstversunkenen Ritualen. Sie ist die einzige, die den »Bühnenbildner« wahrnimmt, seinen freigeräumten Bahnen folgt, aber auch eigene Wege im Labyrinth der Stühle sucht. Wo die anderen ganz mit sich beschäftigt sind, fordert, will sie etwas. Ihr Bewegungsvokabular, anders als bei den beiden Tänzerinnen, entstammt dem Alltag; ihre Aufmachung ist provokant.

Auch ihr Tempo hebt sich deutlich ab. Während der »Bühnenbildner« hektisch Stühle und Tische beiseite schafft, die Tänzerinnen zeitlupenhaft ihren Träumen nachhängen, bewegt sie sich schnell, aber nicht überdreht. Immer wieder verschieben sich die verschiedenen Zeitebenen, überlagern sich, treffen aufeinander.

Auch inhaltlich verknüpft *Café Müller* verschiedene Fäden, erzählt von Einsamkeit und Zwanghaftigkeit, aber auch von der Suche nach einem anderen Tanz, einem anderen Theater, das keinem schönen Schein mehr verpflichtet ist, sondern den Gefühlen auf den Grund geht. Der »Bühnenbildner« schafft – nicht mehr hinter den Kulissen, sondern auf offener Szene – den Tänzern tatsächlich Bewegungsspielräume. Er unterstützt nicht den Tanz durch Dekoration, sondern bricht ihm eine Bahn. Das ist vielleicht, wovon die einsamen Tänzerinnen in ihren traumwandlerischen Motionen träumen.

Kontakthof

Anders als *Café Müller* schließt sich *Kontakthof* wieder an die stilistische Entwicklung von *Er nimmt sie an der Hand und führt sie in das Schloß, die anderen folgen* an. Stärker jedoch wird hier die Produktionswirklichkeit des Theaters ausgestellt. Zwei Ebenen kreuzen sich in diesem Stück: Die Situation einer Art Tanzstundenrunde mit ihren Männern und Frauen auf der Suche nach Nähe und Zärtlichkeit und die Realität der Bühne mit ihren Zwängen des dauernden Vorzeigens, Sich-verkaufen-Müssens werden wieder in einer der Revue entlehnten Nummerndramaturgie untersucht.

Der »Kontakthof« ist ein großer, hoher Raum – wieder im Stil der Jahrhundertwende, ein Tanzsaal mit kleiner Bühne, lediglich mit einem

Klavier, einem automatischen Schaukelpferd und reihum aufgestellten Stühlen ausgestattet. Der Ort ähnelt dem Probenraum der Wuppertaler Kompanie, einem umgebauten Kino. Pina Bausch knüpft damit an ihre konkreten Arbeitsbedingungen an und demonstriert an ihnen die Zwänge des Theatermachens und die stumme Erwartungshaltung des Publikums, vor dem man sich profilieren muß. Im »Kontakthof« begegnen sich Wirklichkeit und Theater in demselben Zwang. Normalerweise ein Treffpunkt für Prostituierte und ihre Freier, ein Ort, an dem der Körper zum Verkauf steht, erzählt *Kontakthof* auch etwas über die Prostitution von Tänzern auf der Bühne.

Das Stück beginnt mit einem einfachen Ritual der Vorstellung. Nacheinander treten einzelne Akteure, dann kleine Gruppen und schließlich die gesamte Kompanie an die Rampe, zeigen ihr Profil, Vorder- und Rückansicht, strecken die Hände vor, streifen mit den Händen durchs Haar, blecken die Zähne und kehren auf ihren Platz zurück. Jeder offeriert seinen Marktwert, die Männer ebenso wie die Frauen.

Mehrfach wird dieses Motiv aufgegriffen. In einer Szene führen verschiedene Akteure ihre absurden Nummern vor, springen unter hysterischem Gelächter gegen die Bühnenwände, rennen Stühle um, schlagen immer wieder den Klavierdeckel zu, lachen bis zur Erschöpfung, bis zum Erbrechen – und jedesmal honoriert der Rest der Truppe die Darbietung mit mattem Applaus. Einmal mehr eskaliert der Zwang zum Vorspielen zu einer hysterischen Heiterkeit, hinter der die Not, geliebt zu werden, spürbar wird. Was immer die Akteure zu sein vorgeben – Pina Bausch entdeckt hinter der Fassade die Natur der wahren Wünsche und Nöte.

Höflich bietet der Mann der Frau den Arm und begleitet sie zur Rampe. Dort führt das Paar in routiniertem Demonstrationsgebaren lauter böse Gemeinheiten aneinander vor. Sie kneifen, treten einander in die Kniekehlen, drehen sich den Arm auf den Rücken, stechen sich gegenseitig in die Augen, zieht er ihr, die sich setzen will, im letzten Moment den Stuhl fort. Dabei lächeln sie, als wäre nichts geschehen.

Die Lüge harmonischer Partnerschaft wird in der Gleichzeitigkeit von lächelnd aufrechterhaltener Fassade und offen gezeigten sadistischen Spielen desavouiert. Öffentliches und Privates werden – in einem Moment konzentriert – in ihrer Widersprüchlichkeit erkennbar. Wie schon in der verlangsamten oder beschleunigten Wiederholung verwendet

Pina Bausch hier eine abgewandelte Technik der Verfremdung, die die Zusammenhänge klärt.

Eine Variation bietet eine Szene, in der, als Reihe, Paare mit Menschen- und Tiermasken im Trippelschritt Hand in Hand über die Bühne gehen, sich dabei schüchtern ansehen, verschämt kichern. Eine groteske Brechung im kleinen Glück zu zweit.

Zum überlauten Zirkusmarsch und kommentiert von einem philippinischen Tänzer in seiner Muttersprache, paradieren die Akteure an der Rampe entlang und führen ihre Komplexe vor: das eingebildete Doppelkinn, das durch vorgerecktem Hals verdeckt wird, breite Hüften, vermeintlich zu lange oder zu krumme Nasen, die versteckt werden.

Auch hier bewirkt der Kontrast von privatem Bereich (der Komplexe) und seiner Veröffentlichung in Form einer Zirkusparade eine komische Entkrampfung. Das Lachen, das die groteske Nummer provoziert, ist nicht nur ein Reflex auf die komischen Verrenkungen auf der Bühne. Der Zuschauer kann auch über sich selbst lachen. Denn jeder weiß nur zu gut, wie sehr im allgemeinen Wettbewerb auch der Körper als Ware gilt, wie sehr er sich den allgemeinen Schönheitsidealen anzupassen hat, um marktgängig zu sein, im Privatleben so gut wie im Beruf. Der scheinbar private Bereich des Körpers erweist sich als den gleichen öffentlichen Regeln unterworfen. Darin unterscheidet sich die Welt des Tänzers in nichts von der des Zuschauers; beide müssen sich möglichst gut verkaufen.

Pina Bausch demonstriert die Marktgesetze des Tanzes noch einmal deutlich anhand des Vortanzens. Vor einem Mann in der Rolle des Choreographen zeigt die Truppe, über die Diagonale paradierend, lustlos und zunehmend müder ein Repertoire ehemals glamouröser Revuegesten. Nur eine tanzt aus der Reihe, beschimpft die anderen, hat keine Lust mehr, reiht sich wieder ein. Für einen Moment verteidigt sie die Ansprüche gegen den Gruppenzwang. Deutlich zeigt Pina Bausch, wie sehr sich Kunst- und Alltagswelt gleichen und daß sich immer etwas finden läßt, »über das man gemeinsam lächeln kann«.

Da es den Akteuren nicht mehr gelingt, die glatte Illusion einer perfekten Bühnenshow herzustellen, führen sie vor, wie denn die Kunst gemacht wird. Ein Mann mit Zigarette im Mund, Inspizientenbuch in der Hand, taucht immer wieder auf, um Ensemble und technische Einrichtung zu überprüfen. So verliert der Blick hinter die Kulissen seinen voyeuristischen Charakter. Selbst Momente völliger Ratlosigkeit stellen sich ein, wenn die Truppe die nächste Nummer berät, die Tänzer umhergehen, sich die nächste Tanzpassage erklären. Man hat das Gefühl, einer Probe zuzusehen, will sagen: Hier werden Lebenshaltungen ausprobiert, und noch weiß keiner, was der richtige Weg zum Glück sein könnte.

Um dorthin zu gelangen, müssen die Akteure ihre hermetische Bühnenwelt verlassen und sich mit dem Publikum verbünden. Unverhofft werden die Zuschauer mit Anforderungen konfrontiert, müssen mit Geld für das Schaukelpferd aushelfen oder fürchten, die Tänzerin könne bei ihrem Balanceakt auf der schmalen Rampenleiste doch noch in die ersten Reihen stürzen. Immer wieder unternimmt das Ensemble furiose Anläufe gegen die Rampe: in dem auf einen Schleifschritt verkürzten Tango, bei dem sich ein Paar über die Menge hinweg seine Lieblingsdinge abfragt, oder im schwungvollen gemeinsamen Hüfttanz. Die Akteure werden nicht müde, gegen die Grenze, die sie von den Zuschauern trennt, anzugehen und sie zu Komplizen bei ihrer Suche nach dem Glück zu machen. Auge in Auge sitzen sie dem Publikum gegenüber, während ein »Reporter« ihre Berichte von der ersten Liebe über ein Mikrophon hörbar macht. Dann wieder schauen sie sich, dem Publikum den Rücken kehrend, einen Film über das Familienleben der Moorenten an und werden selbst zu Zuschauern.

Nostalgieselig scheinen die Musiken aus den zwanziger und dreißiger Jahren zu sein – und doch zielt *Kontakthof* auf eine Problematik jenseits aller Zeitbezüge. Es zeigt die hohle Förmlichkeit der Tanzstunden als ein Beispiel, wie die Suche nach einer angstfreien Sinnlichkeit scheitert, wie sehr der Zwang regiert, alle Ängste, Verlegenheit und Einsamkeit in die Maske gespielten Glücks zu kleiden. Die Wahrheit spricht eine Tänzerin in einem stillen Moment aus: »Ich stehe am Ende des Klaviers und drohe zu fallen. Aber bevor ich das mache, schreie ich, damit niemand es verpaßt, und dann krieche ich unters Klavier und gucke raus, ganz vorwurfsvoll, und tue, als ob ich allein sein will. Aber eigentlich will ich, daß jemand kommt.«

Was die Tanzstundengänger suchen, sind Anerkennung und Zärtlichkeit. Doch dies mißlingt auf dem Weg zueinander immer wieder. Da streifen die Männer ihre Jacke ab, während sie auf die Frauen zugehen, die erwartungsvoll einen Schuh ausziehen. Langsam finden sich Paare zusammen, streicheln sich über Gesichter und Arme, streifen dem Partner durchs Haar, befühlen zärtlich Schultern, Brust und Bauch, kraulen einander an Füßen und Knien. Doch ihre Bewegungen werden allmählich immer hektischer und fahriger, steigern sich zu immer größerer Heftigkeit, bis sie eher Schlägen als Zärtlichkeiten ähneln. Zärtliche Gewalt und gewaltsame Zärtlichkeit werden hier zum erstenmal in aller Deutlichkeit als ein Kernthema des Tanztheaters Wuppertal etabliert. Schnell laufen die Männer von Position zu Position, halten sich stehend, liegend, sitzend in Paarposen bereit. Für einen Moment schmiegen sich die Frauen hinein, doch gleich springen die Partner wieder auf, um die gleiche Übung mit einem anderen zu versuchen.

In einem anderen Fall ist es die Gruppe, die die Annäherung verhindert. Ein Paar, auf die Distanz der gesamten Bühnenbreite einander gegenübersitzend, entledigt sich sorgsam seiner Kleider, lächelt sich schüchtern zu. Eine Männercrew unterbricht die beiden mit einem Tanz der Verlegenheitsgesten. Das Paar gibt auf, zieht sich wieder an und reiht sich in die im Kreis marschierende Gruppe ein. Wie in *Le Sacre du printemps* symbolisiert die choreographische Form des Kreises das soziale Gruppenritual, dem sich keiner entziehen kann.

In Tanzstundenmanier sitzen die Paare nebeneinander auf den Stühlen. Eine Tänzerin versucht in allen Abstufungen der Schmeichelei mit ihrem unzählig wiederholten »Liebling«, den ignoranten Partner auf sich aufmerksam zu machen, verfällt, als es ihr nicht gelingt, in einen hysterischen Heulkrampf. Nach einer Weile stimmt die Truppe ein Lied an, schluchzend versucht sie mitzusingen, gibt schließlich resigniert auf. Tragikomisch parodiert die Szene das Klischee vom sitzengelassenen Mädchen. Man kann über sie schmunzeln und hat doch auch Mitleid mit ihr.

Geradewegs aus der schmachtigen Liederwelt des Juan Llossas scheinen zwei Revuegirls entsprungen, die in langen rosa Spitzenkleidchen händchenhaltend über die Bühne tanzen. Neckisch und mädchenhaft geben sich die beiden, ganz so, wie die Liedtexte die Frauen besingen. »Oh, Fräulein Grete, wenn ich mit Ihnen tanz, oh, Fräulein Grete, gehör' ich Ihnen ganz. Sie sind das lieblichste, das reizendste Geschöpf, das es gibt, und wer Sie kennt, ist im Moment in Sie verliebt.« – »Mein schönes Vis-à-vis, ich bin verliebt in Sie und hätte nur die eine Bitte: Sie sitzen so allein mit Ihrem Gläschen Wein, und ich wäre gern im Bund der Dritte.« So besingen bei Llossas die Männer die Frauen. In hartem Gegensatz dazu inszeniert Pina Bausch das wahre Verhältnis der Geschlechter.

Zu dem Schlagertext »Blonde Kläre, schenk mir doch die Ehre, denn das wäre ja so schön. Deine Nähe treibt mich fast zur Ehe, ja, das mußt du doch verstehn« geht eine Frau in der Rolle des männermordenden Vamps posierend vor einem Mann auf und ab. Hinter einem Regiepult sitzend, verfolgt er sie, wild ins Leere greifend. Ihre Selbstbewußtheit versteht er als Einladung. Später wiederholt sich die Szene ähnlich mit der ganzen Gruppe. Auf Stühlen sitzend, pirscht sich eine Horde wilder Grapscher zu Boogie-Woogie-Musik an die Frauen heran. Die stehen gegen die Wand gedrängt und zucken bei jeder imaginären Berührung über die Distanz hin zusammen. Ein absurder Tanz der Begierde, ein Mißverständnis über die Liebe. So, wie die Männer die Frauen imaginieren, stecken sie sie nur in eine Zwangsjacke. Das zeigen zwei im Kreis gehende Frauen, die kneifenden Slip und Büstenhalter, halsbrecherische Stöckelschuhe als unbequeme Zurichtungsinstrumente männlicher Schönheitsideale vorführen, während über Mikrophon verstärkt die Schmerzensschreie einer Frau in allen Stimmlagen hörbar gemacht werden.

Männer sind es denn auch, deren Trostversuche an einer leblos in ihrer Mitte stehenden Frau zu einer kaum erträglichen Zudringlichkeit eskalieren. Was immer im Verhältnis der Geschlechter gut gemeint ist, geht am Ende doch schief und artet zum Kampf aus. Da stehen sich Männer und Frauen in getrennten Gruppen gegenüber. Kommandos wechseln von einer zur anderen Seite: »Cheek, back, stomach, knee, shoulder, hand, feet«, und bei jedem benannten Körperteil zuckt die Gruppe zusammen und weicht einen Schritt zurück, um sich gleich darauf erneut anzugehen. Immer schneller und aggressiver wechseln die Kommandos die Fronten, steigern sich zum Schreiduell, bevor sie allmählich wieder verebben.

Pina Bausch bringt den Gegensatz der Geschlechter, aber auch die Not, die Männer und Frauen miteinander haben, augenfällig auf den Punkt, ohne sie zu wenden. Ihre Stücke hinterlassen offene Fragen und die unausgesprochene Aufforderung ans Publikum, die Not zu wenden und gemeinsam einen Schlüssel zum Glück zu finden. Nur dann könnte man jenem zwanghaften Lebensrhythmus entgehen, der in *Kontakthof* als Tanzmarathon auftritt. Zu wilden Boogie-Woogie-Rhythmen tanzen die Paare bis zur Erschöpfung, bis die Männer die Frauen nur noch wie leblose Puppen mitschleifen. Aber immer wieder fällt einer aus der Reihe, steigt einfach aus oder lacht sich – im Wortsinn – auf der Stelle tot.

Auf diese einzelnen, auf ihre Individualität käme es an – allen Konventionen, allen Gruppenzwängen zum Trotz.

Im Jahr 2000, 22 Jahre nach der Uraufführung, führt Pina Bausch ein ungewöhnliches Experiment durch: In insgesamt einjähriger Probenzeit nimmt sie *Kontakthof* mit Senioren ihrer Wahlheimat Wuppertal wieder auf. Die 25 »Damen und Herren über 65«, so der Titelzusatz, sind keine professionellen Darsteller, schon gar keine Tänzer. Trotzdem aber gelingt dieses Experiment und eröffnet eine weitere Dimension des Tanztheaters Wuppertal.

Schon zur Zeit der Uraufführung von *Kontakthof* fragte sich Pina Bausch, wie es wohl sein würde, wenn die Tänzer die gleichen Stücke im vorgerückten Alter spielten. Würde sich, jenseits der 60, etwas an der Aussage und Ausstrahlung ändern? Oder behielten die Stücke die gleiche Kraft? Da 22 Jahre später die meisten Akteure der Uraufführung ihre aktive Tänzerlaufbahn jedoch beendet haben, macht Pina Bausch *Kontakthof* Wuppertaler Senioren zum Geschenk. Dabei ist die Wahl des Stücks mit Bedacht getroffen. Denn sowohl das Bühnenbild als auch die nostalgischen Musiken scheinen aus den Jugendtagen der nun betagten Darsteller zu stammen. Auch die vorsichtige Förmlichkeit der Tanzstunden, Hauptthema des Stücks, ist den älteren Herrschaften noch aus eigener Erfahrung bekannt.

Dadurch entfällt zwar ein bei der Uraufführung wohlkalkulierter Verfremdungseffekt; kein Widerspruch zwischen nostalgischem Ambiente und junger Besetzung stellt sich ein. Dafür aber entfalten die »Damen und Herren über 65« in ihrer Version von *Kontakthof* eine eigene Verve und Jugendlichkeit und bescheinigen dem Stück eine erstaunliche Zeitlosigkeit. Das vorgerückte Alter der Darsteller enttarnt nicht nur einmal mehr die Hohlheit der Konventionen, es unterfüttert das Thema auch mit dem gelassenen Ernst fortgeschrittener Lebenserfahrung. Die bewährt sich nicht nur in der dramatischen Aktion, sondern vor allem auch in den leisen Passagen. Das Alter, stellt sich da heraus, ist ein ganz eigener Jungbrunnen. Und ganz nebenbei überschreitet Pina Bausch mit dieser Altersbesetzung noch einige eingefleischte Tabus. Denn daß Erotik und Zärtlichkeit auch im vorgerückten Alter nach wie vor ein Thema sind, steht in diesem *Kontakthof* außer Frage.

Arien

Aktionen für Tänzer nannte Pina Bausch eines ihrer frühen Stücke; der Titel beschreibt ebenso treffend den Inhalt von *Arien*. In über zweistündiger pausenloser Spieldauer versammelt dieses Stichwort zahlreiche atmosphärisch dichte Stimmungsbilder und Tableaus voller Melancholie oder wütender Verzweiflung, ein Anrennen gegen die Zeit oder die eigene Beschränkung in Ritualen, vorgeschriebenen Handlungsmustern. »Alles zeigen, was Menschen miteinander machen oder gemacht haben, zu verschiedenen Zeiten«, beschrieb Pina Bausch den Ansatzpunkt dieser szenischen Expedition und zum Thema Arien: »Wenn einer so alleine steht und singt, ist das nicht auch so etwas Einsames, jemand, der ganz alleine steht, und dann dieses Singen?«

Das Handeln der Personen hat etwas von einer Selbstvergewisserung: der Versuch, sich in einer schnell oder langsam vergehenden Zeit zu vergegenständlichen. Handeln auf zweierlei Art: um sich über die existentielle Leere subjektiv empfundener Nichtigkeit hinwegzutrösten, aber auch um neue Möglichkeiten zu erkunden – selbst wenn dies nur bedeutet, die eigene Unfähigkeit, die andauernde Suche auszustellen.

Wichtiges Medium der Selbstvergewisserung ist das Erinnern. So schieben sich Handlungsmuster, Gesten, Aktionen unterschiedlicher Zeiten und verschiedener sozialer Klischees ineinander. Die Zeit als Unterscheidungsgröße von Vergangenheit, Gegenwart und Zukunft ist aufgehoben, ebenso wie die Trennung von Wirklichem und Unwirklichem. Die Ebenen fließen ineinander, mischen sich zu einem komplexen szenischen Vorgang gehandelter Bilder, der dramaturgisch nur durch das Auf und Ab der Stimmungen, durch An- und Abspannung bewegt wird.

Vieles teilt sich nur über die atmosphärische Konzentriertheit der Stimmungen mit. Das Stück bietet keine »Aussage«, die sich dingfest machen ließe. Pina Bausch fährt fort in der Demontage konventioneller Ästhetik.

Die Bühne ist bis zu den Brandmauern offen, so weit, daß selbst die Beleuchtungsbrücken und Umgänge zu sehen sind. Die gesamte normalerweise bespielte Fläche wird in der Breite und Tiefe von einer riesigen Lache bedeckt, die sich im Hintergrund – aber das entdeckt man erst später – sogar zu einem Schwimmbassin absenkt. Die Oper ist untergegangen, ins Wasser gefallen. Ähnlich konnte man die Arena des römischen Kolosseums unter Wasser setzen, um dort ganze Seeschlachten zu inszenieren. Auch daran wird man erinnert: Später wird eine kleine Fregatte durch das Opernmeer fahren, funkensprühend, Krieg spielend.

Das Wasser verändert den kargen, schmucklosen Raum, der sich in der Fläche noch einmal spiegelt. Es macht die Gänge, Anläufe der Tänzer schwer. Die schönen Kleider saugen sich voll, ziehen sich lang, kleben am Körper. Während die Prächtigkeit schwindet, der schöne Faltenwurf des Abendkleids, der korrekte Sitz des Anzugs verderben, schälen sich die Körper um so deutlicher heraus. Es gibt eine Nacktheit unter dem Kostüm, unter der zur Schau getragenen zweiten Haut. Im Wasser werden die Menschen auf der Bühne schutzloser. Wenn sie dann für Momente innehalten, beunruhigt ihre Ratlosigkeit.

Das Wasser ist eine Kraft, die sich ihnen entgegensetzt. Wenn sie unter den hektischen, wilden Anläufen müde werden, sieht man, daß sie eine ganz sinnlich faßbare Arbeit leisten. Aber man kann das Wasser auch genießen, die Kleider abstreifen und ein Bad nehmen oder die Luftmatratze aufblasen wie zum Sonnenbad. Mit sich allein kann man bei sich selbst sein, sich in intimen Momenten seiner selbst vergewissern.

An beiden Seiten der Bühne stehen Schminktische, dazwischen Scheinwerfer, zwei Spiegelparavents in den vorderen Bühnenecken. Die Tänzer bereiten sich zu langsamer Jazzmusik auf die Aufführung vor, ziehen sich um, schminken sich, gehen umher, rauchen, unterhalten sich. Mit dieser zwanglosen Garderobensituation beginnt das Stück. Doch nimmt Pina Bausch die Situation des Theaters auf dem Theater nicht so sehr zum Gegenstand als zur Voraussetzung. Aus der nackt ausgestellten Bühnenwirklichkeit entwickelt sich mühelos das Spiel. Einer übt sich vor dem Spiegel in der Pose des Boxchampions, während ein anderer beim Umkleiden den beginnenden Bauchansatz entdeckt.

Pina Bausch: »Du kannst nichts lesen, was es nicht gibt, die unwahrscheinlichsten Dinge, das alles ist noch vorhanden, ist da.« Und was könnte »unwahrscheinlicher« erscheinen als eine unter Wasser gesetzte Opernbühne, auf der sich eine Gruppe von Menschen mit größter Selbstverständlichkeit bewegt?

Durch diese traumhaft anmutende Szenerie stapft ein (täuschend echt nachgebautes) Nilpferd wie die Gestalt gewordene Melancholie: voller

Unbeholfenheit und zarter Verletzlichkeit, scheinbar unbeeindruckt von den mitunter überdrehten Aktivitäten, aber als Zeuge jener »unwahrscheinlichen« Dinge, die den elementaren Wünschen auf der Bühne zu einer poetisch-utopischen Realität verhelfen.

Im Zentrum des Stücks stehen altitalienische Arien, gesungen von Beniamino Gigli, dazu Ausschnitte aus Ludwig van Beethovens *Klaviersonate cis-Moll Nr. 14*, der »Mondscheinsonate«, den *Préludes* von Sergei Rachmaninow und den *Kinderszenen* von Robert Schumann. Stehen die Jazzklänge am Anfang − zusammen mit Liedern der Comedian Harmonists − für das Heute, so verwandeln sich die Arien in dem schwarzkahlen Bühnenraum in einen Abgesang auf den ehemals glanzvollen Opernapparat.

Ausstattung und Aktion kontrastieren den harmonischen Gesang. Auf der Diagonale aufgereiht, sitzen und liegen Gestalten im Wasser, sinnieren stumpf ins Leere, bewegen sich, von Zeit zu Zeit die Pose wechselnd, langsam über die Szene − wie im Wasser gespiegelte Statuen der Trauer und Erschöpfung.

Ein Mann in grell kariertem Anzug im Stil der zwanziger Jahre kommentiert auf englisch die Situation, eine Frau monologisiert, vor dem Spiegel sich schminkend, eine Umfrage: »Was denken Sie über Arien?« Die Gestalten verharren in ihren Posen, auch als eine Frau sie durchs Naßspritzen aus ihrer Lethargie aufzuscheuchen versucht. Ein Bild der Trauer und Verlorenheit.

Wichtiges Instrument der versuchten Selbstverständigung sind die Spiegel. Als markantes Theaterrequisit stehen sie für die Aufgabe der szenischen Vorgänge selbst: Spiegel zu sein, Hilfestellung zu geben beim Anschauen der Wahrheit. Die ist manchmal schmerzhaft und erschreckend. Mehrfach zerren sich Partner vor den Spiegel, liefert einer den anderen seinem Konterfei aus. Ein anderer springt beim zufälligen Blick in den Spiegel erschreckt zurück.

Von *Arien* geht eine tiefe Beunruhigung aus. Eine Katastrophenstimmung liegt über dem Stück, die in schreiender Hysterie explodiert und dann wieder die Tänzer still in sich zusammensinken läßt. Dahinter steht eine Trauer, die mehr ist als Traurigkeit: eine Verzweiflung aus Ratlosigkeit. Die Figuren balancieren an einem Abgrund der zerbrochenen und zerbrechenden Formen, die ihnen unter der Hand zu entgleiten scheinen. Wenn hier überhaupt gelacht wird, dann klingt das wie ein verzweifelter Protest, wie der Versuch, sich in einer immer ungreifbarer werdenden Welt noch hörbar zu machen oder dem Ausgelachtwerden zuvorzukommen. Nur selten gelingt es – wie in dem Kehrreimspiel »Jetzt fahrn wir übern See« –, die Verwirrung in einer strengen Form zu bändigen. Da sitzen die Tänzer in einer Stuhlrunde, singen ruhig und klar den Kindervers; wer über das Ende der stetig sich verkürzenden Verszeile hinaus weitersingt, scheidet aus. Die Spielregel, an die jeder sich hält, spiegelt eine Intaktheit, die der Erwachsenenwelt verloren scheint. *Arien* zeigt einmal mehr, wie sehr im Tanztheater um eine Form, die doch auch eine Gewißheit über die Welt, ein Verstehen der Phänomene, bedeutet, gerungen werden muß, wie wenig sie sich von selbst versteht. Da stürzen sich die Tänzer, jeder allein, von den Seiten auf die Bühne, wirbeln mit weit ausgreifenden Armgesten um die eigene Mitte, verloren und hektisch; einmal nur finden sich alle gemeinsam zu einem schnell und schneller getanzten Cancan, der sie in einer Form zusammenschließt.

Aber auch die Momente der Zweisamkeit sind gefährdet. Während ein Tänzer eine puppenhaft leblose Frau in Umarmung über die Bühne trägt, schreien die anderen seinen Namen, als befände er sich in höchster Gefahr. Die Aktionen in *Arien* sind von einem ständigen Absturz ins Bodenlose bedroht: lauter Tänze am Abgrund. Dazwischen wird angestrengt in die Leere hineingehorcht. So schmerzhaft sie ist – die Trauer, die die Verzweiflung zurückläßt, bringt einen zu sich selbst.

Doch jederzeit kann die Trauer umschlagen. Aus einem stummen, langsamen Defilee schwarzgekleideter Paare entwickelt sich ein kindlicher Wettbewerb. Spielerisch beginnen die Männer einen Wettkampf im Weitspucken. Bewegung kommt in die Gruppe; ein Teil stellt sich an der Rampe auf und beginnt ein Wortspiel, bei dem jeder ein Wort zu einem so sich formenden Nonsense-Satz liefert. Langsam ebbt der Vorgang ab, mit unterdrücktem Lachen kehren die Akteure um, beginnen neue Kinderspiele, denen allen eins gemeinsam ist: Nach und nach scheidet immer wieder einer, der zu langsam war, aus; die Gruppe löst sich auf.

Eine andere Situation zeigt ein Diner: Die Gastgeberin empfängt die Gäste (die Freundin mit übertriebener Zuwendung, die Feindin mit kaum verhohlener Aversion), man begibt sich zu Tisch. Langsam schlurft das Nilpferd heran, will – trotz verstohlener Hinweise der Gastgeberin – nicht gehen. Die Gesellschaft wird ungeduldig, löst sich auf. Frauen werden auf Stühlen stehend vor den Spiegel getragen und führen dort, über die Köpfe der Männer hinweg, ihre oberflächliche Konversation fort; ein Mann führt in damenhafter Pose Abendkleider vor.

Allmählich verwandelt sich die förmliche Feierlichkeit in einen grellbunten Kindergeburtstag. Die Tänzer schmieren sich Schminke ins Gesicht, erfinden wilde Kostümierungen. Stolz berichtet einer: »Zwei Filmrollen haben sie mir angeboten.« Ein anderer zählt zum wiederholten Mal die erstrebenswerten Attribute seines Stands auf: Abitur, Aktien, sauber, ordentlich, fleißig etc.

Gleich in einer der ersten Szenen wird die Bühnensituation umgekehrt. Die Tänzer mustern das Publikum und erzählen absurde Geschichten, reißen Witze oder verlesen Nachrichten aus der Boulevardpresse, etwa über den neuesten Rekord im Erbsenrollen. Es folgt das Ritual des Zurechtmachens. An der Rampe sitzen die Frauen und lassen sich willenlos von den Männern einkleiden. Hektisch stülpen sie ihnen zu den Klängen der *Kleinen Nachtmusik* Perücken über, schminken sie, bestücken sie mit bunten Tüchern, Schleifen, Ringen, Borten, Bändern, statten sie mit Requisiten aus, bis jeder seinen Typ kreiert hat. Das Ergebnis ist eine Galerie grotesker Puppenwesen: Märchenkönigin, Diva, Baby-Doll darunter. Ein Zeugnis des männlichen Frauenbilds und eines für die Erwartungshaltung des Publikums.

Dabei wagt sich Pina Bausch bei der Verunsicherung noch weiter ins Parkett vor. Während das Ensemble dem Publikum den Rücken zukehrt, Unverständliches über die Schulter monologisiert, steht einer plötzlich im Zuschauerraum und will sich vom Rang stürzen. Hektik, Panik auf der Bühne. Zurufe: »John! John, tu's nicht! Mensch, mach doch keinen Scheiß! Komm runter!« Nach einigem Hin und Her bricht »John« den Selbstmordversuch ab und läßt sich beruhigen.

Die Beruhigung, die eintritt, ist jedoch immer nur von kurzer Dauer. Schon nach dem Schmücken der Frauen stimmt die Gruppe ein müdes, gepreßtes Lachen an, das langsam anschwillt, immer lauter wird, sich am Ende zu einem Schreien, Brüllen steigert, das nichts mehr mit Humor zu tun hat, sondern nur noch Angst, Verzweiflung und Wut ausdrückt.

Das scheinbar Komische entdeckt sich immer wieder als bloßes Theater, das über die realen Abgründe hinwegtäuschen soll. Ebenso wie der einzelne sich tagtäglich mit derlei Komödien über die Runden bringt, bedient auch das Theater sein Publikum oft nur mit müdem Entertainment. Tatsächlich – darauf beharrt das Tanztheater – geht es um ganz anderes.

Mit *Arien* erscheinen die Mittel und Motive des Tanztheaters in ihrer ganzen Komplexität ausformuliert. Sie werden so auch die folgenden Arbeiten bestimmen. Dabei wird mehr und mehr deutlich, wie sehr Pina Bauschs Tanzabende die Fortschreibung einer einzigen Geschichte sind, die nur unter den jeweils verschiedenen Aspekten beleuchtet wird. Sie wollen Fragen formulieren; die Antworten muß der Zuschauer selbst suchen. In den nur scheinbar chaotischen, tatsächlich wohlkalkulierten Aktionen werden die sonst sorgsam verborgenen Ängste und Nöte auf die Spitze getrieben – einer immer wieder eingeklagten, erhofften Lösung zu.

Keuschheitslegende

Leise Violinmusik aus den Lautsprechern stimmt ein auf Liebesromantik. Bühne und Parkett sind hell erleuchtet. Die wiederum bis zu den Brandmauern kahl-offene Szene, diesmal noch durch Hinter- und Seitenbühne erweitert, der Boden bemalt mit einem erstarrten Meer, betritt schüchtern eine Kindfrau. Verlegen am Rocksaum nestelnd, reißt die Göre unverhofft den Pullover hoch: »Willste mal sehn?« Ängstlich und neugierig zugleich hockt sie sich hin, mimt Häufchenmachen, wiegt professionell die Hüften, verkündet mit kindlichem Stolz: »Fertig!«

Gleich die erste Szene von *Keuschheitslegende*, betitelt nach dem gleichnamigen Trivialroman von Rudolf Georg Binding, offeriert die Grundsituation und steckt Thema und Handlungsrahmen dieses Tanzabends ab. Infantilität und Professionalität, Kindheit und Erwachsenenalter sind die beiden Pole, zwischen denen die Liebe erprobt, gesucht, verloren, verhindert und erträumt wird. Die Sehnsucht nach Nähe und Geborgenheit, die aus der Kindheit herreicht und ihr Ersticken in den Konventionen des Erwachsenenlebens, in dem es allein auf die perfekte Selbstbeherrschung ankommt. Der Gegensatz bleibt im Stück bestimmend: das neugierige Vortasten, das Entdecken des eigenen und des fremden Körpers und das Tabu, die Schamgrenzen und verinnerlichten Schuldgefühle, die die Partner immer wieder voreinander zurückschrecken lassen.

Dabei stehen diese Gegensätze nie einfach unvermittelt gegeneinander, wie sie sich auch nicht auf ein bestimmtes Alter eingrenzen lassen. Im Negativen sind es die Ängste, die das Handeln bestimmen; im Positiven vermittelt die Lust an der Überschreitung zwischen den Tabugrenzen und dem Wunsch nach einer angstfreien Sexualität.

Dadurch gewinnt *Keuschheitslegende* gegenüber den vorangegangenen Produktionen einen neuen Aspekt hinzu. Zeichneten sich etwa *Kontakthof* und *Arien* durch Geschlechterkrieg, Entfremdung und Isolation aus, so wird nun eine lustvolle Überwindung der Konventionen sichtbar. Nicht mehr allein dem Zuschauer bleibt es überlassen, der dargestellten Melancholie mit Herz und Hirn eine mögliche Alternative entgegenzusetzen.

Solche Dimension scheint auf, wenn das gesamte Ensemble zum überlauten Stripschlager im Ausfallschritt sich die Kleider vom Leib zieht und im hohen Bogen von sich wirft oder wenn sich in der Schlußszene alle bei der Hand nehmen und in einem grotesk verqueren Charleston, die Melodie mitsingend, auf die Rampe zu tanzen. Die überall auf der Bühne verteilten knallbunten Sessel, Sofas und Kanapees werden – auf Rollen montiert – zu wilden Fahrten durch den Bühnenraum genutzt. In solchen Momenten wird deutlich, was Tanztheater auch sein kann: Vermittlung einer lustvollen Tabuverletzung, die zum Mitmachen einlädt.

Trotzdem bearbeitet auch dieses Stück die gleichen Problemkreise, schreibt weiter an der unendlichen Fragmentgeschichte, ganz so, wie Pina Bausch es einmal in einem Gespräch formuliert: »Eigentlich sind es immer Mann-und-Frau-Themen oder Beziehungen, also unser Verhalten oder unsere Sehnsucht oder unsere Unfähigkeit, unsere Ohnmacht; bloß die Farbe, die wechselt manchmal.«

»Der menschliche Geist ist den überraschendsten Zwängen ausgesetzt. Ununterbrochen hat er Angst vor sich selbst. Seine erotischen Regungen jagen ihm Schrecken ein. Die Heilige wendet sich entsetzt vom Wollüstigen ab: sie weiß nichts von der Einheit ihrer beider uneingestandenen Leidenschaften [...] Aber der Mensch kann das, was ihn erschreckt, *überwinden*, er kann ihm ins Gesicht sehen«, schreibt Georges Bataille in *Der heilige Eros* (Frankfurt a. M. / Berlin / Wien 1974, S. 7). Der Inhalt von *Keuschheitslegende* läßt sich auf diesen Punkt bringen.

Die Angst vor sich selbst zuzugeben, sich das unbedingte Geliebtwerden-Wollen einzugestehen, ist eine konstante Größe im Werk Pina Bauschs. Immer wieder erscheint diese Angst als Spannungsfeld, die wohlgemeinte Zärtlichkeit in Gewalt umschlagen läßt. Der Umschlagpunkt bezeichnet den Ort, an dem Konvention und Verlangen aufeinandertreffen. Dabei denunzieren die Regeln von Sitte und Anstand die Sehnsucht. Überwinden läßt sich die Angst nur, wenn man ihren Gründen »ins Gesicht sieht«, und genau das versucht das Tanztheater mit jedem Stück neu.

Verletzbarkeit: Ein Mann in schwarzem Anzug steht mit dem Rücken zum Publikum an der Rampe. Ein zweiter markiert mit weißer Kreide die verletzbaren Stellen seines Körpers und erklärt, wie man ihnen am besten zusetzt.

Allein gelassen: das kleine Mädchen, das von den Eltern allein gelassen wird, plötzlich in panischer Angst zur Tür läuft, nicht hinaus- und nicht hineinkommt, sich ins Angstschreien steigert, auch von der versammelten Abendgesellschaft nicht zu trösten ist, die schließlich zur Tagesordnung übergeht.

Kommunikationstechnik: in immer groteskeren Positionen auf einem Sessel sitzend eine Telefonnummer wählen, die immer besetzt ist.

Scham: eine wiederkehrende Geste – die Akteure verdecken mit einer Hand ihr Gesicht, wenden sich vom Publikum ab, haben Angst, sich zu zeigen.

Männermythos: Einer singt »Ich brech' die Herzen der stolzesten Frau'n« in äußerster Verzweiflung – ein atemloses Stakkato zwischen Lachen und Weinen.

Glückssucher: Die Frauen liegen wie schlafend in den Sesseln. Gustaf Gründgens besingt »das kleine Glück«. Die Männer verlieren Geldstücke, die sie unter den Sesseln, den Röcken der Frauen suchen, um sie gleich wieder zu verlieren. Die Frauen rühren sich nicht.

Die ruhigen, melancholischen Tableaus, die äußerste Ausgesetztheit demonstrieren, werden durch Szenen konterkariert, in denen man die Wünsche am Verhaltenskodex der abendländischen Kultur erprobt. Sprache, gleich, ob aus Klassikern oder Trivialliteratur zitiert, wird in Handlung übersetzt, die Anweisungen der Untauglichkeit überführt. Während eine Frau aus Ovids *Ars amatoria* liest, versammelt sich das Ensemble zur Sesselrunde, gehalten, den Vortrag der gestrengen Liebesgouvernante in die Tat umzusetzen. Die »Kunst des Liebens« entdeckt sich dabei als fade Technikhuberei, die nur zu grotesken Akrobatenstückchen körperlicher Annäherung führt. Ovid liest sich da wenig besser als jede beliebige heu-

86

tige Sexualnachhilfe. Die Grenze zwischen Kunst und Trivialität zeigt sich fließend: Mangelhaft in Sachen Liebe sind sie beide.

Mit größter Selbstverständlichkeit bewegen sich zwischen all den hektischen Glückssuchern (naturgetreu nachgebildete) Krokodile, gefährlich langsame Fabelwesen aus einer anderen Zeit, die die Aufgeregtheiten und Probleme der Menschen zu überdauern versprechen. Mit traumhafter Logik fügen sie sich in das Bühnengeschehen ein, eröffnen dem Stück eine poetisch-phantastische Weite.

Wie ein Leitfaden werden immer wieder Fragmente aus Bindings Evchen-Roman in geilem Raunzen heruntergehaspelt. Vorgeblich erzählt die Legende von der frommen Begegnung des Evchens mit der Gottesmutter und dem nackten Jesusknaben, dem es großzügig sein Hemd schenkt und dafür mit dem Danaergeschenk lebenslanger Keuschheit belohnt wird. Unterschwellig aber ist dieses Stück Trivialliteratur mit reichlich schwül-verklemmten Andeutungen garniert.

So kann Bindings Geschichte für zweierlei genommen werden: Parabolisch beschreibt sie den Zustand einer Realität, in der das »Himmelsgeschenk« der Keuschheit den Zugang zu einer lustvollen Körpererfahrung verhindert. Zugleich fallen im Evchen-Traktat Heiliges und Obszönes – unfreiwillig, aber ganz im Sinn Batailles – in eins. Das Obszöne ist das unverzichtbare Pendant zur verklemmten Kleinbürgermoral.

Pina Bausch antwortet darauf mit einer ganzen Reihe von »schmutzigen« Kinderreimen à la »Harry Piel sitzt am Nil, wäscht sein Stil mit Persil« oder »Banane, Zitrone, an der Ecke steht ein Mann«. Immer wieder werden Anmachrituale erprobt. Da locken die Frauen die Männer, wie man Tiere lockt, mit »Puß-Puß« und »Miez-Miez«, wedeln mit dem Rocksaum oder reizen mit Bällchen am Gummiband, als gelte es, dem lieben Katerchen die Zeit zu vertreiben.

Die Dame mit dem Feuerzeugtrick (»Ach, könnten Sie mir vielleicht mal … Danke, danke, es geht schon.«) fehlt ebensowenig wie die Sankt-Pauli-Schöne, die übers Mikrophon gurrend die Männer animiert: »Komm'se rein, komm'se rein, alles blitzsauber, wie geleckt!« Das klingt nach schönster Biedermannmentalität: Schmutz und Sauberkeit, Pornographie und Anstand.

Pina Bausch spielt auch hier mit den Genres: Vaudeville, Music Hall, Cabaret-Atmosphäre werden durchsetzt mit den Knigge-Ambitionen bürgerlicher Moralvorstellungen. Die Pole relativieren sich und heben sich gegeneinander auf. Mit spielerischer Leichtigkeit werden die Grenzen überschritten: Dressuren und absurde Kunststücke hüben wie drüben.

Da wird mit unsichtbaren Bällen jongliert oder fachgerechtes Krebsessen zelebriert, freilich mit dem deutlichen Hinweis auf die versteckten erotischen Hintergründe der Aktion. Da wird lustvoll im Ruhrpottdialekt geflucht oder auf wanderndem Sofa Ehestreit vorgeführt. Einer erzählt von der langwierigen Dressur des Goldfischs zum Landgänger – mit dem Erfolg, daß das seinem Element entfremdete Tier nun im Wasser zu ertrinken droht.

Die fatale Zirkusnummer läßt sich auf die menschliche Situation übertragen: Durch jahrhundertelange triebfeindliche Kulturtradition seinen erotischen Impulsen fremd, beginnen diese nunmehr die Menschen zu erschrecken. Das Ergebnis ist eine Zerreißspannung, ein Wollen und doch nicht Wollen(-Können), wie es eine der Frauen vorführt. Erst animiert sie den Mann, dann stößt sie ihn mit einem wütenden »Faß mich nicht an!« von sich.

Wie schon frühere Stücke weist auch *Keuschheitslegende* neben den Ensembleszenen einzelne durchgehaltene Rollentypen auf: den Inspizienten, der sich in narzißtischer Selbstverliebtheit den Körper einfettet; den ewigen Verlierer, der sich höchstens einmal als schüchterner Sittenstrolch vorwagt (»Ich bin der liebe Onkel«); den komischen Verrenkungsspezialisten. Doch sind die eigentlichen Protagonisten des Stücks die Frauen. Ihnen bleibt auf dem Terrain gesellschaftlicher Dressurübungen der geringste Raum zur Entfaltung.

Sie sind fixiert auf die Rolle des verängstigten kleinen Mädchens, verletzbar und zart, oder auf das Gegenstück, den routinierten Vamp, der Süßigkeiten naschend mit dem Publikum souverän Konversation betreibt. Doch sind die Rollen nicht eindeutig festgeschrieben, zeigen sie immer auch die spielerischen Möglichkeiten in den Formen weiblicher Zurichtung. Einzig die »grande dame«, die erfahrene Gastgeberin des Abends, gewinnt so etwas wie eine klassische Rollenidentität.

Wie das Personal wiederholen sich auch die choreographischen Formeln, die Pina Bausch mehr und mehr auf die Grundmuster tänzerischer Raumnutzung schrumpfen läßt: die Diagonale, auf der die Kompanie im Rollentausch Geschlechterverhalten demonstriert (die Frauen im Jakkett, die Männer in weiblicher Geziertheit); der Kreis als Symbol kon-

ventioneller Abgeschlossenheit; das Vorbeiparadieren an der Rampe zur
Konfrontation mit dem Publikum; schließlich das Anrennen gegen die
trennende Bühnenkante.

Bei aller radikalen Konfrontation sind die Stücke der Pina Bausch
jedoch immer auch ein charmanter, liebenswerter Flirt mit dem Publikum. In *Keuschheitslegende* werfen die Tänzer Süßigkeiten in den Saal, reichen ein Telefon herum, spielen mit Wasserpistolen, sprechen einzelne
Zuschauer an und animieren sie zum Mitmachen. Das löst nicht die auf-
geworfenen Probleme, aber aus der Lust am Spiel erwächst die Kraft, weiter auszuharren.

1980

In dem schlicht nach seinem Entstehungsjahr benannten Abend *1980*,
der zweiten Produktion der Spielzeit 1979/80, setzt sich die schon in *Kontakthof* und *Keuschheitslegende* begonnene Auseinandersetzung mit dem
Spielraum Theater fort. Pina Bausch holt das Außen nach innen. Die
Bühne, wiederum bis zu den Brandmauern offen, ist bedeckt mit einer
echten Rasenfläche, die den ganzen Raum mit einem feuchten Wiesen-
duft erfüllt – ein erneutes Beispiel dafür, wie sehr es dem Tanztheater um
ein umfassendes Theater der Sinne zu tun ist. An die Stelle der beweglichen Krokodile aus *Keuschheitslegende*, des Nilpferds in *Arien* ist ein aus-
gestopftes Reh in starr-idyllischer Pose getreten. Innen und Außen sind
vertauscht; der Bühnenraum erscheint als natürliche Spielwiese. Was ist
Natur, was ist Kunst? Die Grenzen verwischen sich, verschwimmen.

Was die Kompanie, ergänzt um einen Zauberkünstler und einen alten
Turner am Barren, in fast dreieinhalb Stunden vorführt, ist eine Parade
der bekannten Bausch-Themen. Es geht um Kinderspiele und Kindheitserinnerungen, veräußerlichtes Partygeschwätz und bürgerliche
Umgangsrituale – und es geht um die Einsamkeit in den hohl gewordenen Formen. *1980* erzählt weiter von der Suche nach den ursprünglichen
Beweggründen hinter den erstarrten, auf Floskeln geschrumpften Ver-
haltenweisen. Gleichsam in einer Archäologie des Alltags wird versucht,
den lebendigen Körper mit all seinen Regungen wieder freizulegen. In

immer neuen stichprobenartigen Untersuchungen befragt das Ensemble das vorgefundene Material auf seine Tauglichkeit.

Dabei geht Pina Bausch in dieser Feldforschung der Körperkommunikation behutsam vor. Es bleibt nicht beim bloßen Anrennen gegen die Konventionen, beim komisch-entlarvenden Bloßlegen, denn in den eingeschliffenen Ritualen scheint immer auch ein wahres Bedürfnis verborgen, das es herauszuschälen gilt. So hält sich auch *1980* in der Balance. Vieles Altbekannte erscheint in der Montage plötzlich neu, unbekannt, entdeckt dem Zuschauer bislang unbemerkte Möglichkeiten.

Das Tanztheater bedient sich des Alltags wie eines Setzkastens, aus dem es die Zeichen der Verständigung überraschend neu collagiert. Das Vertraute wird im besten Sinn fragwürdig gemacht und erhält so Gelegenheit, eine unvermutete Lebendigkeit oder seine verwirrende Widersprüchlichkeit in aller Deutlichkeit zu offenbaren. Die Hierarchien, die Wichtiges von vorgeblich Unwichtigem, Detail von Leitmotiv trennen, gelten nicht weiter. Trivialität besteht neben Feierlichkeit, persönliche Erinnerung mischt sich in Gruppenrituale.

Diesem Prinzip folgt auch die Musikwahl, die sich der bewährten Collage aus Unterhaltungs- und sogenannter ernster Musik bedient. Altenglische Lieder geben dem Abend eine getragene Grundstimmung, durchsetzt von der Heiterkeit der Comedian Harmonists, Filmmusiken (etwa *The Wizard of Oz*) oder dem dröhnenden Pomp eines Edward Elgar. Auch in diesem Stück geben die Stimmungswechsel der Musik den Ton an für die atmosphärisch unterschiedlichen Szenen, die sie kontrastieren oder untermalen. Die Mittel und Themen des Tanztheaters sind etabliert; was sich ändert, sind die »Tonarten« der Stücke und ihr jeweiliger Schwerpunkt.

Der liegt in dem fast hundertminütigen ersten Teil von *1980* auf den Kindheitserinnerungen und kindlichen Ritualen. In der ersten Szene sitzt einer der Tänzer allein auf einem Stuhl, löffelt mit kindlichem Eifer seine Suppe, indem er sich für jedes Familienmitglied, »Pour maman, pour papa, pour la tante Marguerite …«, einen Bissen einverleibt. Das Ensemble hält Einzug, diesmal durch den Zuschauerraum, schreitet mit ausgreifenden Gesten in festlicher Abendgarderobe, als ob sich jeder eine Stola, einen Schal umlegte. Während die Kompanie bislang das Publikum oft direkt und fast schon aggressiv anging oder mit ihm augenzwinkernde Konversation betrieb, entfaltet sie nun einen großzügigen

Charme. Wie so oft besteht der Tanz in einer Form ritualisierter alltäglicher Körpergesten, vergrößert zu revuehafter Theatralik oder in körpernaher Intimität.

Eine erlesene Gesellschaft trifft sich zur Party – und kann auf der buntscheckigen Spielwiese doch nicht heimisch werden. Das feierliche Entree kontrastiert eine einsame Geburtstagsszene, in der sich eine ihr »Happy Birthday« mangels Gratulanten selbst singt. In einer anderen Szene klemmt sich einer Streichhölzer zwischen die Zehen und zündet sie an. Verlorenheit, Einsamkeit treiben zu skurrilen Ritualen, so daß eine Liebeserklärung, die zugleich eine Bekundung der Eifersucht ist, nicht mehr an einen Menschen, sondern an einen Stuhl gerichtet wird. Die Beziehung zu den Menschen ist offenbar ins Leere gekippt. Wenn sich die Gesellschaft zu festlichen Polonaisen trifft, dann erscheint das wie ein Wunschbild.

1980 handelt vom Abschiednehmen und von der Einsamkeit, von Trauer und von Tod. Es ist Pina Bauschs letzte Zusammenarbeit mit ihrem Bühnen- und Kostümbildner und langjährigen Lebenspartner Rolf Borzik, der am 27. Januar 1980, noch vor der Premiere, stirbt. Das Stück spannt einen Lebensbogen von der Geburt über Kindheit und Erwachsenwerden bis zum Altern und schließlich zum Lebensende. Was Altern bedeutet, läßt sich begreifen, wenn man auf der Bühne die Bewegungen von alten Menschen (wie die des Turners am Barren) mit denen der jüngeren Tänzer vergleichen kann oder wenn Judy Garland *Somewhere Over the Rainbow* in zwei Versionen unmittelbar hintereinander singt: im Alter von 16 Jahren und in einer späten Aufnahme mit schon brüchiger, verlebter Stimme.

Von immer neuen Blickpunkten aus untersucht Pina Bausch in diesem sehr persönlichen Stück das Verhältnis von Anfang und Ende, Werden und Vergehen, Jugend und Alter und leistet dabei eine gewaltige Trauerarbeit. Das Theater wird zu einem Ort der Kontemplation, an dem ein Gefühl wie Trauer, das die Wirklichkeit oft unter Förmlichkeiten begräbt, wieder möglich wird.

Wo die Sprache, der hier mehr Raum gegeben ist als in anderen Stücken, lügen oder etwas anderes behaupten will, bringen die Intonation und die Haltung des Körpers die Wahrheit des Gefühls ans Licht. Wenn sich die Gäste einer nach dem anderen in abgegriffenen Redewendungen von der Gastgeberin verabschieden, dann geschieht das in einer solch stillen Verhaltenheit, daß der Abschied an eine Kondolenz erinnert. Was die Sprache verstecken will, verrät der Körper.

Pina Bausch läßt die Widersprüche offen aufeinandertreffen und stellt so die Echtheit der Empfindung wieder her. Man merkt, die geläufigen Satzfetzen haben oft genug nur Alibifunktion: Die aufgedrehte Hysterie will die Angst und Unsicherheit kaschieren und verrät sich doch mit jedem Wort. Als Zitate aus dem Leben, die das Handeln bloßstellt, erscheinen die vordergründigen Beteuerungen als fremde Hülsen. Sprechen, das die Gefühle verleugnen will, bedeutet lediglich den Vollzug eingelernter Schablonen, ist absurd wie die Aufforderung »Alle Passagiere werden gebeten, das Schiff zu verlassen, wir legen jetzt ab«, die eine Tänzerin mit zugehaltener Nase in allen möglichen Sprachen durchsagt. Die Reise, auf die sich das Wuppertaler Ensemble mit *1980* begibt, bringt die beschränkenden und beschränkten Förmlichkeiten ans Licht.

Das Lachen aber, das die Abendgesellschaft in Übungen bis zum Lachzwang einstudiert, kann über die Trauer und Angst nicht hinwegtäuschen. Das Gefühl des Mangels und Verlusts, von dem das Stück handelt, deutet an, wo das Glück, eine wiederhergestellte Verständigung zu suchen sind.

In der Sehnsucht nach der verlorenen Kindheit wird das Glücksverlangen wieder wach, wenn eine Frau sich erinnert, wie sie vom Vater angekleidet wurde, wenn man offen über die Kinderangst vor Einbrechern sprechen kann, sich noch einmal in den Schlaf wiegen, zu den Klängen von *Guten Abend, gute Nacht* zärtlich den nackten Po klopfen läßt oder unbekümmert *Mamatschi schenk mir ein Pferdchen* singt.

Es ist, als stammten solche Momente aus einer märchenhaften Zeit, »als das Wünschen noch geholfen hat«. Was im Erwachsenenalter auseinanderklafft, muß einmal identisch gewesen sein – wie in einer Sequenz, in der ein Mädchen mit einem Taschentuch als Fähnchen und dem Satz »Ich bin müde« so lange im Kreis läuft, bis es tatsächlich vor Erschöpfung aufhören muß, Aussage und Wirklichkeit eins sind.

Die stillen Augenblicke mobilisiert das Stück gegen die Lautheit der offiziellen Anlässe. Die Tänzer stehen dicht beieinander, wischen sich mit kleinen, schnellen Gesten Tränen von den Wangen, klatschen leise in die Hände, wiederholen den Vorgang, bis er zu einem stillen Gestentanz der Trauer wird.

Wo die Gefühle übermächtig werden, beginnt der Tanz, den Pina Bausch in *1980* wieder stärker einsetzt, immer aber isoliert, auf eine einzelne Frau beschränkt, die ganz für sich und stets im Hintergrund tanzt, als versuche sie sich einer verlorengegangenen Bewegung zu erinnern. In diesen intimen Momenten findet ein einzelner zu sich selbst, ist er in der Bewegung mit sich identisch. Die kurzen Tanzsequenzen, die das Stück abseits der großen Formationen durchziehen, gipfeln in einem poetisch-schönen Solo, das der Tänzerin als einzigen Partner einen laufenden Rasensprenger zur Seite stellt. Doch schnell bricht der Schwung der Bewegung wieder ab. Was sich in der Sprache versagt, versagt sich auch dem Tanz. Dem, was das Tanztheater der Pina Bausch auszudrücken sucht, ist keine Form mehr selbstverständlich verfügbar. Sie muß erst wieder, unter all den Verkrustungen, gefunden werden. So wirkt das Solo auch wie eine Erinnerung an die durchchoreographierten frühen Stücke.

Andere Erinnerungen an ältere Stücke sind in *1980* eingewoben. Der König aus *Renate wandert aus* wird – jetzt nackt – mit Pappkrone auf dem Kopf durch die Szene geführt und konstatiert nüchtern: »Man hat mich beraubt.« In einer anderen Szene meint man, dem Paar aus dem *Zweiten Frühling* wiederzubegegnen. Ein Bankräuber mit Strumpfmaske taumelt irritierend durch die desolate Picknickgesellschaft, kontrastiert in Zeitlupe die aufgeregte Hysterie der Gruppe. Phantastisch-Irreales geht mit gefährlichen Augenblicken Hand in Hand, wenn die Männer sich eine Frau wie einen Spielball zuwerfen, ein Mann eine Frau an Arm und Bein gefaßt im »Flugzeugspiel« herumwirbelt. Und wieder gibt es eine, die aus dem Rahmen fällt, grellbunt aufgemacht die überdrehte Partyschöne spielt und in einem eitlen Monolog mit dem Publikum schäkert.

Der zweite Teil spitzt die Situation in Abfragespielen und absurden Leistungsschauen zu. Da heißt es, sein Herkunftsland mit drei Wörtern zu beschreiben, und heraus kommen die üblichen Klischees. »Chopin, Wodka, Nijinski« müssen für Polen, »John Wayne, Hamburger, Cadillac« für die USA einstehen. Da befragt ein Tänzer vom äußersten Rand des Zuschauerraums aus der Reihe nach die Ensemblemitglieder nach ihren Ängsten, und die Kollegen müssen, je mehr sie sich in den Bühnenhintergrund entfernen, ihre Antworten immer lauter brüllen. Ähnliche Fragen nach den Narben, die jeder vorzuweisen hat, geraten zum kuriosen Wettbewerb, bei dem das durchgestandene Leid am Ende mit Blumen und Pokalen prämiert wird. Ein »Applausmesser« ermittelt den endgültigen Sieger. Lebenssituationen reihen sich aneinander als eine Kette von

Zwängen. So gerät ein gemeinschaftliches Sonnenbad zur komischen Verrenkungsschau, bei dem jeder nur einen bestimmten Körperteil ins Licht hält und den Rest sorgsam abdeckt.

Das Leben steckt voller Zwänge, und das Theatermachen ist nur eine besondere Variante davon. Die komische Überzeichnung zeigt jedoch auch, wie man sich mit Leichtigkeit über solch verquaste Schönheitskonkurrenz hinwegsetzen kann. Das Lachen, das den Akteuren wie den Zuschauern im Tanztheater so oft mit gutem Grund im Hals stecken bleibt, ist hier eine Befreiung.

Als ginge es um eine Audition, müssen die Tänzer auf Kommando lächeln, springen, Bein zeigen, sich zum Stichwort »Dinosaurier« äußern oder sich an Zungenbrechern wie dem »Cottbuser Postkutscher« üben. Parodiert werden die Vorzeigezwänge des Theaters, die sich von den alltäglichen kaum unterscheiden. Auch deutschtümelnde Aspekte fehlen nicht in der Parade der Nationaleigenschaften, wenn mit einem zünftigen »Prost, prost Kamerad« muffiges Vereinsleben Einzug hält oder Schlachtrufe wie im Fußballstadion skandiert werden.

Die Stimmungslage dieser so eifrig um Haltung bemühten Gesellschaft pendelt zwischen Anläufen zu theatralischer Festlichkeit und Vereinsamung, unbeirrbar freudiger Entschlossenheit und Trauer, Momenten wild durcheinanderjagender Hysterie und selbstkonzentrierter Ruhe. Das Verständigungsvokabular des Alltags wird durchprobiert, verworfen, neu probiert und wieder verworfen. Dabei scheint es gar nicht so sehr um eine Lösung zu gehen. Was immer plötzlich eine unverhoffte Vitalität preisgibt oder seine Tauglichkeit in der Verständigung zwischen Menschen erweist, findet sich quasi nebenbei, im Prozeß der Erprobung. Oft genug liegt die Wahrheit einer Szene schon im Material verborgen, das sie verwendet. Es bedarf lediglich eines bestimmten Umgangs, um sie sichtbar zu machen.

Angenehm zweckfrei präsentiert sich das Tanztheater der Pina Bausch. Es will nicht irgend etwas anderes bedeuten als das, was man in den steten Verwandlungen auf der Bühne unmittelbar erlebt. Die Elemente des Theaters (Ton, Licht, Bewegung, Farbe) sind keine Vehikel für einen Inhalt außerhalb ihrer selbst. Mit ihnen wird nichts dargestellt; die Körperwirklichkeit spricht sich selbst aus.

Pina Bauschs Stücke speisen sich aus einem Reservoir authentischer Erfahrung, die in ein System eingängiger Zeichen übersetzt wird. Der

Zuschauer betritt eine Welt der Erfahrung, an der er eingeladen ist teil-zuhaben, und keine Anstalt der Belehrung. Treffend beschreibt der Dramatiker Heiner Müller die Disposition eines solchen Theaters: »Nur der zunehmende Druck authentischer Erfahrung entwickelt die Fähigkeit, der Geschichte ins Weiße im Auge zu sehen, die das Ende der Politik und der Beginn einer neuen Geschichte des Menschen sein kann.«[*]

Bandoneon

Es erscheint beinahe folgerichtig, daß das einzige Stück der Spielzeit 1980/81 die Zwänge des Theaters zu einem wichtigen Thema macht. Schon mit *Keuschheitslegende* war die Arbeit des Tanztheaters Wuppertal bis an die Grenzen des Theaterapparats vorgestoßen. Auch *Bandoneon*, benannt nach einem akkordeonähnlichen Instrument der südamerika-nischen Tanzmusik, das vor allem im Tango eine große Rolle spielt, löst das Problem der Theaterkonvention nicht. Das Stück jedoch weicht dem Thema nicht aus, sondern macht es zu einem zentralen Gegenstand.

»Ich muß etwas machen!« Mit diesem Satz betritt ein Tänzer die Bühne, einen geschlossenen hohen Raum, mit einer Vielzahl kleiner Tische und Stühle, überlebensgroßen Boxerporträts aus vergangenen Zeiten zu einer Art Café möbliert. Ein Klavier steht an der Rückwand, Kleider an Wandhaken lassen weitere Gäste erwarten. Durch die – außer den Bühnenseitentüren – einzige Auftrittsmöglichkeit, eine hohe Tür in der rechten Bühnenwand, betreten die Männer in den tanztheater-typischen Abendanzügen den Raum und werden nacheinander befragt, was ihnen zum Stichwort »Maria« einfällt – Auftakt zu einer bunten Mischung assoziativer Antworten von »Mariacron« bis »Marihuana«.

Die Frauen treten ein, weniger raumgreifend und selbstbewußt als die Männer, die an den Tischen Platz nehmen, ihre Jacketts anziehen, auszie-hen, die Sitzplätze wechseln. Eine nach der anderen treten die dichtge-drängt stehenden Tänzerinnen in ihrer vornehmen Abendgarderobe vor,

---

[*] Zit. nach: Horst Laube, *Die Geschichte reitet auf toten Gäulen*, in: *Der Spiegel*, 7. Juni 1980, S. 157.

antworten mit zugehaltener Nase auf dieselbe Frage zum Thema Maria. Erst danach setzt leise Tangomusik ein, die in wechselnder Lautstärke bis hin zu grell verzerrter Übersteuerung den Abend skandiert.

Es sind alte argentinische Tangos aus den zehner und zwanziger Jahren des 20. Jahrhunderts, die den kargen Raum mit jener Tristesse, Verlassenheit und erotischen Sinnlichkeit füllen, die dem Tango eigen ist. Sein Thema ist der Verlust, ist der Mangel all dessen, was die unterprivilegierte Vorstadtkultur einer Metropole wie Buenos Aires, der der Tango entstammt, entbehrte.

Der Tango sei, so beschrieb ihn der Texter Enrique Santos Discepolo, »ein trauriger Gedanke, den man tanzen kann«. Und »da er aus einer Welt der Verdrängungen und Versagungen kommt, einer Realität entspringt, deren Moralvorstellungen sich nicht mit dem gelebten Leben decken, ist die Haltung des Tangos melodramatisch: Er verleugnet das Leben, indem er es als Verlust beklagt oder als Traum beschwört.«[*] Zugleich aber ist das »erotische Klima [...] das mit der Traurigkeit und Vergeblichkeit seiner Texte in merkwürdiger Spannung steht [...] auch Ausdruck des anarchischen Lebensgefühls, das im Tango eingefangen ist«[**]. Auf dieser melancholischen Klangfolie mit ihrer Wechselspannung zwischen Aufruhr und Resignation, zwischen melodramatischer Geste und stiller Selbstverlorenheit hat Pina Bausch in *Bandoneon* ihre Expedition ins Innere der Wünsche montiert. Wie in der Tangomusik verbindet sich dabei Triviales mit »Erhabenem«, stehen Szenen aus der Alltagswelt neben Operndramatik.

Doch macht sich *Bandoneon* das Lebensgefühl des Tangos nicht gänzlich zu eigen. Das Stück verleugnet das Leben nicht, es legt seine Beweggründe bis an die Wurzeln offen. Wenn die Musik – wie in den meisten vorangegangenen Stücken – in die Vergangenheit weist, so nicht als nostalgische Reminiszenz, sondern wie der Widerschein aus einer schmerzhaft wach gebliebenen Kindheit. Keine anekdotenreiche Idylle formuliert sich hier, auch keine persönlichen Obsessionen, vielmehr ein Versprechen (auf Glück, auf Partnerschaftlichkeit), das – gerade weil es unerfüllt geblieben ist – nun um so heftiger eingeklagt werden muß.

---

[*] Hellmuth Karasek, *Ein trauriger Gedanke, den man tanzen kann,* in: *Der Spiegel,* 14. Juni 1982, S. 192.

[**] Karasek, S. 192f.

Die Tanztheaterstücke gleichen einer unermüdlichen Suche nach dem Schlüssel zum Glück, die allen Mißerfolgen zum Trotz immer wieder angegangen wird. Entmutigung durch Niederlagen scheint das Tanztheater nicht zu kennen, eher gelten sie ihm als Herausforderung. Die Kindheit, auf die die Musiken verweisen, ist ein Ort, an dem der Auftrag geborgen scheint, den unerlösten Wünschen zu ihrem Recht zu verhelfen. So verbreiten diese »Klangräume« nie die muffige Gemütlichkeit des Wiedererkennens. Sie rufen eine utopische Hoffnung wach, die auf Entfesselung von Zwängen der (Körper-)Geschichte klagt.

Wenn sich die Tänzer – in *Bandoneon* nicht anders als in *Kontakthof*, *Arien* oder *Keuschheitslegende* – mit kindlicher Einfachheit und Offenheit bewegen, dann scheint immer ein wenig von der möglichen Freiheit auf, die die Konventionen verstellen. Wenn ein Tango in verquerer Gehaltenheit, die Frauen rittlings von vorn auf den Schultern der Männer sitzend, getanzt und auch noch auf dem Boden, das Paar ineinandersitzend, weitergetanzt wird, dann erzählt das etwas über das im Gesellschaftstanz eingefrorene Verhältnis der Geschlechter und zugleich über einen beharrlichen Widerstand.

Während die Kompanie, nacheinander an den Wandseiten aufgereiht, den Raum ausmißt, laufen vereinzelte Rituale ab. Mann und Frau liefern sich ein stummes Ohrfeigenduell; einer zeigt akrobatische Tricks mit einem Hut; unbeachtet von den anderen liegt eine Frau schreiend am Boden. Später schaut ihr die Gruppe beim Schreien zu. Was ursprünglich eine Not war, ist jetzt eine Rolle.

Allein im Tangocafé streift sich ein Tänzer ein Tutu über, tritt schüchtern an die Rampe, ist ratlos, verlegen, beugt sich schließlich dem Zwang, etwas zu machen, und beginnt mit langsamen Tendus und Pliés, die er an verschiedenen Orten wiederholt. Später wird ihm die Kompanie – in Alltagskleidung – im Durchexerzieren der Ballettübungen folgen.

Unnachgiebiger als in anderen Produktionen setzt Pina Bausch den Zuschauer solch quälend lang gedehnten Vorgängen aus, konfrontiert ihn mit einer unverstellten Hilflosigkeit angesichts einer auf bloße Unterhaltung und schiere Schauwerte angelegten Erwartungshaltung. Es geht um die individuellen Ängste, aber auch darum, wie man sie aushält, sich nicht von ihnen einnehmen läßt. Es geht um die Freude, die Fähigkeit, sich zu freuen, wie jeder das vielleicht mit ganzer Aufrichtigkeit zuletzt in der Kindheit vermocht hat. Und es geht immer wieder um die Unmöglichkeit, »schön« zu tanzen. Mehr noch als vorherige Stücke ist *Bandoneon* ein Bilderbogen über den Tanz und die Tänzer, ein Blick in den Ballettsaal und die Menschen darin.

Die Aufarbeitung der eigenen Geschichte, der Tänzerlaufbahn, zieht sich wie ein Leitfaden durch das Stück. Eine Tänzerin frisiert die andere brutal und zwingt sie, dabei zu lächeln. Da sie es nicht perfekt genug beherrscht, ihren Schmerz hinter einer lächelnden Fassade zu verbergen – wie es auch die Ballettausbildung verlangt –, taucht ihr die Lehrmeisterin des schönen Scheins zur Strafe den Kopf in einen Eimer Wasser. Ein anderer weiß zu berichten, daß sein Ballettmeister den Tänzern eine glühende Zigarettenspitze unter die Fußsohlen hielt, um ihre Beine hochzutreiben. Schmerzhafte Muskeldehnung wird vorgeführt, indem man sich gegenseitig auf die im Schneidersitz verschränkten Beine steigt, sie mit dem ganzen Gewicht auseinanderpreßt.

Die Offenlegung dieser Quälereien enthüllt die ganze Fragwürdigkeit einer auf ätherische Schwerelosigkeit angelegten Kunstanstrengung, die die Menschen auf der Bühne hinter einer stupenden Körperbeherrschung verschwinden machen will. In dem großen, unwirtlichen Raum vereinsamen die Trainingsübungen und Tanzrituale zu absurden Akten der Selbstdressur. Sie hinterlassen eine Ratlosigkeit wie die des Tänzers im abgewetzten Tutu oder wie die stupiden Exercices, die das Ensemble mit lustlos-verbissenen Mienen im Gleichtakt zu überlauter Musik absolviert.

Da erscheint es nur folgerichtig, wenn man sich den Lohn für solche Quälerei gleich selbst zuteilt: In einer Applaussequenz beklatschen alle Frauen jeden einzelnen Mann, alle Männer jede der Tänzerinnen, alle Frauen alle Männer und umgekehrt. Das Theater entpuppt sich als groteske Kraftmeierei, als protzendes Muskelspiel der Könnerschaft, hinter dem die realen Nöte und Wünsche zurückzustehen haben. Das Theater, demonstriert *Bandoneon*, ist wie das Leben. Hier wie dort regiert ein rücksichtsloser Verdrängungswettbewerb, den eine in die Applaussequenz eingeblendete praktische Einführung in sachgerechte Foultechniken veranschaulicht, als säße man nicht im Theater, sondern in einem sensationsgierigen Fußballstadion. Da muß einer aus Profilierungsgründen einen Marathon im Brückehalten bis zur Erschöpfung durchstehen und erhält dafür von den anderen nur lahmen Beifall, muß dauernd etwas produziert werden, auch wenn man vielleicht gar nicht will.

Pina Bausch stellt solche Vorzeigezwänge nicht nur aus, sie unterbricht auch für lange Minuten den Ablauf des Stücks, stellt gleichsam die Zeit still. Eine Tänzerin tritt mit einem Zettel an die Rampe, bereit, etwas vorzutragen, muß jedoch eine ganze lange Tangomusik warten, bis sie schließlich ein Gedicht Heinrich Heines rezitiert. Durch solche Brüche tritt etwas ein wie eine inszenierte Stille, ein Innehalten, in dem die Spannungen zwischen Bühne und Zuschauerraum aufsteigen und bewußt werden können.

Beinahe 15 Minuten lang wird, nach etwa einstündiger Spieldauer, die Bühne demontiert. Bühnenarbeiter beginnen auf offener Szene, Scheinwerfer, Tische, Stühle, Bilder abzuräumen, rollen selbst den Tanzteppich teilweise auf. Zurück bleibt ein nun gänzlich schmuckloser Raum, ungemütlich wie ein Bahnhofswartesaal, in dem das Stück sich fortsetzt. Für diesen langen Augenblick jedoch wird der Unterhaltungsapparat Theater – ohne daß es sich schon um die Pause handelte – angehalten. Außer daß eine Gruppe von Tänzern Bockspringen übt, geschieht nichts: ein Moment der Selbstvergewisserung, ein radikales Einhalten, um sich mit allen Sinnen zu vergewissern, an welchem Ort, an welchem Punkt der Geschichte man sich befindet.

In diese Auseinandersetzung mit dem Medium Theater mischen sich die individuellen Wünsche. Die Stimmungen schwanken. Mal spielt die ganze Kompanie zugleich Selbstmord, indem jeder, während er laut seine persönlichen Gründe aufzählt, vom Stuhl springend den Schal zum Strick umfunktioniert. Mal brechen alle in kindliches Jubelgeschrei (»La mer!«) aus, vollführen Freudensprünge. Melancholie wechselt mit ursprünglicher Begeisterungsfähigkeit. Eine Frau (auf der Bühne) läßt sich von einer anderen (im Zuschauerraum) bewundern und gleich darauf beschimpfen. Eine lutscht süchtig mit der theatralischen Geste einer Operndiva immer wieder unter dem Beifall der ganzen Truppe eine Zitrone aus; eine andere singt einer lebenden Maus in einem Kasten eine Arie vor.

Wie meist im Tanztheater der Pina Bausch geschehen solche in eine poetische Surrealität verfremdeten Vorgänge mit großer Selbstverständlichkeit und Einfachheit. So verspeist auch eine vornehm gekleidete Dame, allein an einem der Tische, sorgfältig eine Tulpe. Momente wie diese beharren auf einem Alleinsein, das mehr ist als selbstverlorene Einsamkeit: Es ist ein intimes Bei-sich-selbst-Sein, das sich der plötzlich losbrechenden Hysterie oder den allgemeinen Verhaltenszwängen entzieht. Etwas Phantastisches nistet sich mit diesen unglaublichen Vorgängen ein, stellt sich quer zum Betrieb und zur hektischen Betriebsamkeit. Das Individuelle stemmt sich gegen die Einvernahme durch jedwede Form von Institution – heiße die nun Theater oder Ballett oder einfach nur Gruppenzwang.

Man zählt seine Lieblingsgerichte auf, erläutert die Wonnen der Entspannung mit offenem Hosenknopf nach einem ausgedehnten Mahl oder erinnert sich an den Hahn, den man in der Kindheit besessen, den die Mutter geschlachtet und gekocht hat und wie ihn das Kind dann ganz aufgegessen hat, um ihn in seiner Trauer mit niemandem teilen zu müssen.

Obwohl *Bandoneon* fast durchweg aus Tangomusik lebt, wird nicht ein einziges Mal ein klassischer Tango getanzt. Pina Bausch macht auch hier keine Zugeständnisse an nostalgische Erwartungen, sondern wendet die melodramatische Extrovertiertheit des Tangos nach innen. Die Partner finden sich in verqueren Posen, die eine Verlassenheit und traurige Intimität zugleich ausstrahlen. Getanzt wird der Tango auf Knien oder in unendlich langsamen Drehungen leicht aneinandergelehnt. Unbeholfen oder erstarrt sind die Formen des Paartanzes. Die Frauen sitzen rittlings auf dem angewinkelten Arm der Männer und lassen sich in dieser kraftraubenden Hebung wie leblos gebannt tragen, oder sie schlingen sich, verzweifelt Halt suchend, um die Hüften der Männer, gleiten kraftlos ab – als suchten sie einen Schutz, den die alte Zweisamkeit des Paartanzes nicht gewähren kann.

Nur einmal brechen die Paare aus, paradieren in wildem geschraubtem Hüftkreiseln die Rampe entlang, entfaltet sich jene sinnliche Vitalität des Tanzes, die auch schon für andere Stücke typisch war. Zwischen Ruhe und Ausbruch muß die Zärtlichkeit ganz vorsichtig, wie eine gänzlich neue Erfahrung, versucht werden, hält man Wade, Fuß, Schulter gegeneinander: sich vergleichend, annähernd, tastend einander berührend.

»Do something!« fordert einer der Tänzer in der zweiten Hälfte das Publikum auf und gibt damit die Erwartungshaltung ans Parkett zurück. *Bandoneon* ist eine weitere Zwischenstation in einer Suche mit ungewissem Ausgang. Pina Bausch und ihre Tänzer konstatieren Hilflosigkeit und Ratlosigkeit angesichts einer Theaterkonvention, die unbeirrbar auf ihr Recht auf Unterhaltung pocht. Ihre Absage bringen sie in ebendiesem

Theaterapparat mit trotziger Weigerung auf die Bühne – weiterhin auf der Suche nach einer Menschlichkeit, die erst jenseits der Betriebe, Institutionen, Apparate beginnen könnte.

Walzer

Auf der ausgestreckten Handfläche balancieren die Tänzer in gegeneinander kreuzender Formation kleine gefaltete Papierschiffchen, lächeln zaghaft. Die Tonkulisse zu diesem vorsichtigen Vorgang liefert ein dröhnend laut eingespielter Mitschnitt der Schiffsbegrüßungsanlage in Schulau bei Hamburg. Die einlaufenden Schiffe werden nach ihrer Größe, Fracht und ihrem Fassungsvermögen beschrieben und mit schmetternder Nationalhymne willkommen geheißen.

»Und dann hat die Pina gesagt …« – mit diesem Satz tritt ein Tänzer ans Mikrophon, erzählt, welche Aufgaben Pina Bausch ihrem Ensemble während der Proben gestellt hat. Die Formation löst sich auf. Die Tänzer beginnen, sich aus »Strandgut« – Pflanzen, Steinen, Papierschnipseln – einen individuellen Raum abzugrenzen; einzelne geben von den Seiten Handmorsezeichen wie Rudimente einer verstummten Verständigung. Die Sprache ist in *Walzer* oft minimalisiert auf Zeichen, einfache Benennungen. Allmählich münden die persönlichen Tätigkeiten in ein großes Segelmuster, zu dem sich alle auf den Boden legen.

Ankunft und Abschied, reisen, um Grenzen zu überschreiten, die die martialischen Hymnen gleich wieder aufzurichten scheinen: nationales Pathos und der Wunsch, sich im kleinen ein privates Glück abzuzäunen. Während des ganzen ersten Teils von *Walzer* schalten sich die Nationalhymnen immer wieder in die Musikfolge von brasilianischen und französischen Musettewalzern und gesungenen Walzern ein, formieren sich die Tänzer zu liegenden Menschenmustern, die auch aussehen wie unheimliche Leichenarrangements. Wenn dann die Akteure zu den Hymnenklängen wiederholt ihre Papierschiffchen mit kindlicher Ernsthaftigkeit vor sich her tragen, dann geschieht das, als ob sie die tödlich-schöne Geometrie der großen Form mit ihrem zerbrechlichen Spielzeug unterlaufen wollten.

Der Krieg beginnt nicht mehr, er wird fortgesetzt, könnte als Motto über diesem Stück stehen. Und er hat sich fort- und festgesetzt bis in die persönlichen Beziehungen hinein, die er im Klischee erfrieren läßt. Nicht nur außen, genausogut innen sind die alltäglichen Kriegsschauplätze angelegt: als Exerzierfelder der Konventionen, als Trümmerhaufen ungelebter Gefühle. Aber es gibt eine Möglichkeit des Widerstands: nicht politisch-programmatisch, sondern poetisch-subversiv.

Da legt die Kompanie in getanztem Trockenschwimmen und unter wechselndem Kommando Wege in die vergangenen oder akuten Krisenherde der Weltpolitik zurück – nach Hiroshima, Belfast, Südafrika, Afghanistan, aber auch nach München – und lächelt dabei freundlich einladend ins Publikum. Eine Nationalhymne vertreibt sie wenig später von der Bühne. Vorsichtig, mit unsicherem Lächeln kommen sie aus ihren Verstecken zurück, die Hände erhoben wie bedroht, und beginnen sich zu Walzerklängen langsam zu drehen.

In der schönen Form enthüllt sich der Schrecken: Tänze mit angehaltenem Atem. Die Augenblicke bleiben in der Schwebe, lassen einen in Ungewißheit zurück. Die Alternative Leben oder Tod verwandelt sich in ein Lebendtot oder in eine inmitten aller Bedrohung ausbrechende Lebenslust. *Walzer* lebt zu einem gut Teil aus einer wilden Trauer, die ums Überleben kämpft.

Dabei steckt dieses Stück alles Artifizielle zurück. Die Beleuchtung kommt seit langem schon mit den einfachsten Effekten aus, beschränkt sich weitgehend auf verschiedene Helligkeitswerte, die klare Kontraste schaffen. In *Walzer* wird die Bühne je nach Bedarf mit nur wenigen Requisiten ausgestattet: Stühle, auf denen sich das gesamte Ensemble in Ruhemomenten einfindet, ein Tisch, ein Klavier – und vor allem Blumen. Alles, was noch an eine gewohnte Theatralik erinnern könnte, weicht hier einer Konzentration aufs Wesentliche, die auf alles schmückende Beiwerk verzichten kann. Theater ist ein Ort der Erfahrung wie jeder andere. Die Menschen, die an diesem Ort arbeiten, berichten von Ereignissen ihrer eigenen Erlebniswelt, geben sich als die zu erkennen, die sie wirklich sind. Da stehen alle in einer Reihe mit gesenkten Köpfen, die sie nur heben, um nacheinander wie bei einer Musterung ihre Vornamen samt den dazugehörigen Spitznamen zu nennen. Das geht auch als Reise in die eigene Vergangenheit, wenn dazu noch die Namen ehemaliger Kompaniemitglieder, die nicht mehr dazugehören oder schon gestorben sind, aufgezählt werden. Erinnerung ist etwas, was bewahrt werden muß. Jeder zeigt einen Gegenstand vor, eine Uhr, einen Karabiner, eine Schere, eine alte Modelleisenbahn – Gegenstände mit einer Geschichte, die jeder erzählt. Man berichtet von Lebensweisheiten und Verhaltensmaßregeln, die einem die Eltern mit auf den Weg gegeben haben, zitiert Sprüche aus dem Poesiealbum, die einer unsicheren Zukunft einen Anflug von Beständigkeit geben sollen, und erzählt von früheren Berufswünschen. Das alles geschieht mit einem schlichten Ernst, der jedoch unverhofft durch komische Übertreibung ironisiert werden kann, wenn eine Tänzerin ihre beruflichen Ambitionen demonstrativ mit »Archäologin, Nonne oder Spion« angibt. Die persönliche Geschichte jedes einzelnen behauptet sich als Bestandteil einer größeren, allgemeinen Geschichte, in der sie aufgeht. Und immer ist diese Geschichte auch eine von Tänzern in einem Theater.

Die Reibung an der Institution Theater führt in *Walzer* zu einer noch größeren Öffnung, indem Pina Bausch die eigene Arbeitsweise thematisiert und so die andernorts sorgsam gehüteten Probenvorgänge offenlegt. »Und dann hat die Pina gesagt …« ist ein oft wiederkehrender Kernsatz dieser Produktion. Die Tänzer zeigen, welche Antworten sie auf die Fragen der Choreographin gefunden haben. Sie zeigen auch, wie diese Antworten aus dem persönlichen Erfahrungsschatz eine Form angenommen haben, die sie über die bloße Privatheit hinaushebt. Die Kompanie tritt mit offenen Händen vor die Zuschauer und deckt ihre Karten auf. Dem Druck von außen, den Produktionszwängen des Theaters begegnet man mit einer Veröffentlichung der internen Vorgänge. *Walzer* wirkt so auch wie die Standortbestimmung eines Ensembles, das wie kein anderes auf Persönlichkeiten aufbaut und vielleicht gerade darum mit dem Theaterbetrieb in Widerspruch gerät. Die Individualität will in der Institution nicht wie eine Gleichung ohne Rest aufgehen. Insofern ist die Arbeit des Tanztheaters Wuppertal ein rares Beispiel für einen »Marsch durch die Institution«, die sich nicht dabei aufreibt, sondern Unverwechselbarkeit verteidigt und behält.

Leben und Sterben, Krieg und Frieden, die großen Zusammenhänge und wie sich das individuelle Leben in sie einfügt oder sich ihnen widersetzt: Zwischen diesen Polen erhalten auch die Generationenfolge, das Verhältnis zur Familie einen anderen Stellenwert. War Familie in früheren Stücken nicht selten ein Ort, an dem erstmals ein folgenschwerer

Mangel erlitten, man auf Vorurteile eingeschworen und von Vorschriften eingeengt wurde, zeigt sie sich nun stärker als ein Erbe, in dem etwas gegen das Vergehen in der Zeit bewahrt wird. Das Verhältnis zur eigenen Herkunft wird bereichert um ein fast zärtliches Eingedenken.

Für fast 15 Minuten wandelt sich das Theater zum abgedunkelten Kino, während die Frauen grätschbeinig im Schoß der Männer liegen. Ein Film dokumentiert eine sanfte Geburt: wie das Neugeborene zu atmen lernt, sich in die Welt hineinfindet, vom Arzt liebevoll gestreichelt, massiert. Eine Tänzerin hebt den Rock, malt sich einen Embryo in einer Fruchtblase auf den schwangeren Bauch, ahmt wenig später – alle Mutterschaftsmystik vorweg ironisierend – mit einer Spieldose quäkende Babygeräusche nach. Hier wird kein schwelgerisches Mutterglück beschworen – die Geburt besitzt den Reiz des ursprünglichen Anfangens.

Ohnehin schaffen die zahlreichen Stimmungsmomente in *Walzer* einen Kontrast, der Sentimentalität gar nicht erst aufkommen läßt. Töten, Verfolgung und Jagd sind häufig wiederkehrende Gegenmotive. Da wird nach dem Gefühl gefragt, das ein Tier haben muß, wenn es in die Falle gegangen ist, verbellt man sich gegenseitig wie eine Jagdmeute, legen die Männer die leblosen Frauenkörper säuberlich in eine Reihe, um dann fachgerecht die »Strecke« zu taxieren.

In gepflegt-gelangweilter Partyatmosphäre führt eine Frau mit dem überdrehten Eifer einer Werbeverkäuferin alle erdenklichen Tötungsmittel für Insekten vor, setzt sie gegen die Männer ein, resümiert schließlich, da alle Bemühungen nicht fruchten, man könne sich immer noch die Unterhose über den Kopf ziehen. Insektenkrieg als hysterisches Nahkampfspiel im Wohnzimmer. An anderer Stelle nagelt dieselbe Frau einer Kollegin mit eisiger Sachlichkeit das Kleid an die Wand, klebt ihre Haare mit Kreppband fest, schaut nach getaner Arbeit grimmig in die Zuschauerrunde, als hielte sie Ausschau nach weiteren Opfern. Unterschwellige Konkurrenz und Rivalität machen sich Luft.

Diese tragikomischen Einzelmomente werden durch kleine Tänze verbunden, für die Pina Bausch wieder eine einfache choreographische Formel gefunden hat. Meist sind es Polonaisen, zu denen sich das Ensemble, mal bei der Hand gefaßt und von einer Conférence treibenden Frau geführt, mal einfach hintereinander aufgereiht, findet und in schlängelnden Linien durch den Raum bewegt. Es sind zur Musik formalisierte kleine Körpergesten oder ausladende Revuetänze, die sich gleich Girlanden durch das Stück winden. Zärtlichkeiten für einen imaginären Partner (Wange streicheln, kitzeln, kraulen, durchs Haar strubbeln) fügen sich zu einem stillen Reigen der Intimität.

Daneben gibt es die bekannten choreographischen Grundmuster des Tanztheaters: Ensembletänze, die – in die Raumtiefe verschwindend, bei den Händen gefaßt wiederkehrend – eine große Kraft und Solidarität demonstrieren. Oder man malt mit Kreide die Schritte für einen Gesellschaftstanz auf den Boden, numeriert sie, übt nach ihnen, bis man die Kunst erlernt hat, sich frei und voller Spaß bewegen kann. Immer strahlen diese eingeflochtenen Tanzpassagen, ganz anders als die früher oft wütenden Anläufe, jenen einladenden Charme aus, den schon *1980* kennzeichnete.

Weiter verfolgt wird aber auch in *Walzer* die Untersuchung romantischer Klischees. Unter Anleitung eines Trainers, der die Töne über ein Mikrophon akustisch verstärkt, erlernt ein Paar den »letzten Abschiedskuß«. Über gut einen Meter Abstand saugen sie sich schlürfend aufeinander zu, bis ihre Lippen mit einem explosionsartigen Knall aufeinandertreffen. Wieder und wieder wird der Vorgang einstudiert.

Das Mikrophon, das Pina Bausch seit *Kontakthof* immer wieder einsetzt, erhält eine Funktion wie das Zoomobjektiv im Film: Es präpariert etwas heraus, das ansonsten der Wahrnehmung entgehen würde. Die »Schule des Sehens, der Sinne« lenkt die Aufmerksamkeit auf Details.

Die Kußübung hat im Hintergrund ein Pendant in einer Sequenz, in der die Frau, vom Mann innig geküßt, in eine übertrieben beseligte Ohnmacht fällt, aufsteht, sich süchtig wieder und wieder küssen läßt – wie zum ersten Mal.

Mühsam kriecht ein Paar aufeinander zu, und man weiß nicht recht, ob sie Überlebende einer Katastrophe sind oder ob das ein bloßer Partygag ist. Doch dann beginnen die beiden einen munteren Small talk, als sei diese Position selbstverständlich. Glück und Gefahr liegen so eng beieinander wie Lachen und Weinen.

Ein Tänzer führt vor, was ihm zum Probenstichwort Gefahr eingefallen ist: Er wirft einen schweren Stein in die Luft, schaut ihm nach und weicht ihm erst im letzten Moment aus. Die Tänzer des Tanztheaters vollführen akrobatische Kunststücke, balancierende Hochseilakte auf der Suche nach dem Glück.

Eine Tänzerin läßt sich unter den entsetzten Schreien einer anderen von den Schultern eines Mannes stehend voller Vertrauen in die rettenden Arme einer Gruppe fallen – mit geschlossenen Augen und einem entrückten Ausdruck. Vertrauen in die eigene Geschicklichkeit, um einer lebensbedrohenden Gefahr zu entgehen, und das Vertrauen auf die Hilfe der anderen. Wie im Zirkus, das Publikum in atemlose Spannung versetzt, pokert man mit ganz realen Risiken. Um den Preis des Glücks wird mit hohem Einsatz gespielt.

Zu den tatsächlich einsamen Höhepunkten in *Walzer* zählen die nach demselben Kontrastverfahren in das Stück eingewobenen solistischen Glanznummern. Da liegt eine mit dem Rücken auf dem Boden; die Beine gegen die Wand aufgekippt, gibt sie die betrunkene Gattin, die nicht nach Hause will, bettelt, nur noch auf ein Zigarettchen und ein Weinchen zu bleiben.

Kontrast: Eine Frau in langem Tüllkleid mißt Bahn um Bahn einsam radschlagend den Raum aus – als sei das Tanzen ein akrobatischer Kraftakt. Man sieht, wie sie allmählich unter der Anstrengung müde wird.

Ein Mann, der kein professioneller Sänger ist, steht am Klavier, die Gruppe stumm, mit starrem Blick zur Chorformation aufgestellt, und singt mit schöner unsicherer Stimme »Ich liebe dich so wie du mich«. Unsicher erscheint das Liebesglück, wenn die Stimme, die es besingt, der professionellen Festigkeit entbehrt.

Kontrast: Eine Frau sitzt allein in dem großen Raum auf einem Stuhl, zieht sich – zu dem von Edith Piaf gesungenen Chanson *La Vie en rose* – unendlich langsam die Hände durchs Gesicht: ein Bild der Verzweiflung und Verlassenheit, das die Zeitlupe zu schmerzhafter Deutlichkeit vergrößert. Es ist, als altere ihr Gesicht unter ihren Händen oder gebe ihr wahres Alter preis.

Eine Tänzerin im einteiligen blauen Badeanzug auf hohen Stöckelschuhen tritt wütend auf, preist ihre straffen Muskeln gegenüber der Schlaffheit des Publikums an, kommandiert einen Tisch, einen Stuhl, einen Apfel herbei. In der so vor aller Augen aufgebauten Szene verzehrt sie aggressiv ihren Apfel, ständig beteuernd, sie brauche keine Hilfe. Doch am Ende ihrer bravourösen Haß-und-Neid-Nummer auf die Kollegen, das Theater und sich selbst bricht sie weinend zusammen, verlangt stammelnd nach Unterhaltung, Menschen, Musik.

Wie kann man seine Eigenständigkeit bewahren und trotzdem geliebt werden? Wie bringt man den Wunsch nach Abkapselung und den nach Nähe zusammen? Und wie überlebt man mit solcher Widersprüchlichkeit im Theater?

Während solche Szenen die Persönlichkeit und darstellerischen Fähigkeiten der Tänzer vollkommen zur Geltung bringen, sind sie doch alles andere als technische Bravourstücke der Virtuosität. Dazu fehlt ihnen der vordergründige Glanz.

An den erinnern allenfalls die quer durch alle Stile und Zeiten schillernden Kleider der Frauen und die eleganten Abendanzüge der Männer. Unter dieser gesellschaftsfähigen Außenhaut aber tastet sich das Tanztheater in eine beunruhigende und rebellische Welt der Gefühle, stets vom Absturz bedroht.

Immer wieder gibt es in *Walzer* Hinweise auf Vorstellungen, die nicht zu Ende gebracht werden können, weil der Hauptdarsteller erkrankt ist. Die letzte Szene besteht allein in der Wiedergabe eines Tondokuments von Wilhelm Backhaus' letztem Konzert. Der Pianist bricht eine Sonate ab, läßt eine Änderung des Programms ankündigen und spielt Franz Schuberts *Impromptu As-Dur.* Während der ganzen Zeit sitzt das Ensemble reihum auf seinen Stühlen, ist zum Publikum geworden, hört nur zu.

Walzer geht so weit, wie das wohl innerhalb des Theaters überhaupt möglich ist. Es reiht sich ein in die Chronik der laufenden Ereignisse, die das Tanztheater Wuppertal von Stück zu Stück fortschreibt. Dabei reflektiert es nicht nur den Stand der Dinge in der Außenwelt, sondern auch seinen eigenen Status innerhalb des Kulturbetriebs. Die Grenzerfahrung, die es mit dem Betrieb macht, macht es zugleich auch an sich selbst. Seine Gratwanderung – mit jedem neuen Stück – ist auch immer der eigenen drohenden Erschöpfung abgetrotzt.

Nelken

Mit *Nelken* ändert sich die Tonart in Pina Bauschs Stücken*. Das Glück, um das das Tanztheater kämpft, scheint in erreichbare Nähe gerückt. Die Bühne zeigt ein prächtig erblühtes Feld mit Tausenden von dicht gesteckten Nelken, das eine gelöste Heiterkeit suggeriert – eine Variante jener Spielwiese aus echtem Rasen, die schon in *1980* einen sinnlich präsenten Raum stellte.

Ein Tänzer tritt ein und nimmt auf einem mitgebrachten Stuhl Platz. Nach und nach folgt ihm die gesamte Kompanie und bildet eine hufeisenförmige Sitzgruppe. Operettenhaft beschwingt ertönt vom Band Richard Taubers Stimme: »Schön ist die Welt, wenn das Glück dir ein Märchen erzählt«. Eine Weile noch horcht das Ensemble dem verklungenen Lied nach, dann stelzen die Tänzer vorsichtig durch die Nelken ins Publikum hinunter, bitten einzelne Zuschauer hinaus vor die Tür, als gelte es, Persönliches zu besprechen oder heimliche Zärtlichkeiten auszutauschen. Auf der Bühne übersetzt ein Tänzer George and Ira Gershwins Song *The Man I Love* (in Sophie Tuckers Interpretation) in die Zeichensprache der Gehörlosen.

Wie ein Leitmotiv wird das Lied das Stück durchziehen. Es beschwört den Traum vom kleinen Glück zu zweit, vom Lieben und Geliebtwerden, von Treue, vom kleinen Haus als Liebesnest und ewiger Dauer. Undramatisch, zärtlich und leise beginnt *Nelken* und bezieht den Zuschauer gleich von Anfang an in eine liebevolle Intimität mit ein. Liebe, Partnerschaft und Glück sind die Stichworte, denen diese weitere Expedition ins Innere der Wünsche nachgeht. Dabei ist die Atmosphäre deutlich sanfter, heiter-verspielter als in früheren Stücken.

»Denn Liebe ist stark wie der Tod, und ihr Eifer ist fest wie die Hölle«, dieser Satz aus dem Hohelied Salomons, den auch das Programmheft zitiert, könnte als Credo über dem Stück stehen, das weniger die alltäglichen Probleme mit dem Glück als die scheinbar alles überwindende Kraft der Liebe beschwört. In seiner Grundstimmung ist *Nelken* ein phantastisches Wunschbild des Glücks, in dem die Liebe stärker ist als alle

---

* *Nelken* wurde nach der Premiere stark überarbeitet. Die Beschreibung bezieht sich auf die veränderte zweite Fassung.

Widrigkeiten. Gelassen kann man sich schon mal über die Mühen gegenseitiger Verständigung hinwegsetzen. Immer wieder Bestürmen die Tänzer die Rampe, offerieren glückstrahlend und mit ausgebreiteten Armen lauter komische Klischeesätze über Liebe.

Doch hält das Glück auch Irritationen bereit, verliert sich nicht in schwelgerischer Glückseligkeit. Das Blumenmeer, in dem die Männer und Frauen sich tummeln – die meiste Zeit in den gleichen ärmellosen Hängekleidchen –, wird von vier Schäferhunden an langer Laufleine bewacht. Die Spiele und Tänze sind angesiedelt in einem verbotenen Garten Eden. Das strahlende Nelkenfeld erscheint wie ein verlorenes Paradies des Glücks und der kindlichen Unschuld; nur unter Gefahren kann man sich wieder hineinschmuggeln. Immer ahnt man, was sein könnte, aber längst noch nicht wirklich ist.

Mitten in diese sommerliche Spielwiese setzt Pina Bausch dunkle, verstörende Bilder: Wenn ein Mann und eine Frau sich aus kleinen Spielzeugeimern Erde auf den Kopf schaufeln wie bei einem Beerdigungsritual. Oder rätselhafte: Wenn immer wieder eine Frau, barbusig, nur mit einer Unterhose bekleidet, mit umgehängtem Akkordeon auftritt, aber nicht spielt. Erst am Ende des ersten Teils tritt die stumme Musikantin in Aktion, übersetzt eine Erzählung über die Jahreszeiten in einen Gestentanz, dem – zu einer frühen Musik von Louis Armstrong – das ganze Ensemble folgt.

Geforscht wird in *Nelken* aber auch nach den Ursachen, warum die Fähigkeit, glücklich zu sein, so schwer zu erwerben (oder zu bewahren) ist. Sie finden sich zum Teil in der Kindheit, in den erzieherischen Wechselbädern der Eltern, die mit Zuckerbrot und Peitsche den Grund für alle spätere Gefühlsverwirrung legten. Da greint eine Frau wie ein Kind und antwortet sich gleich selbst im elterlichen barschen Tonfall: »Hörst du auf!«, wird der Wunsch nach Trost rüde mit Schlägen quittiert. Über Mikrophon werden immer wieder Herztöne hörbar gemacht – ein feiner Gradmesser innerer Bewegung.

Nicht besser als in der Kindheit ergeht es den Tänzern, die sich im Hasensprung im Nelkengarten vergnügen: Sie werden vertrieben, doch kehren sie bald schon zurück. Die Lust am selbstvergessenen Spiel ist nicht auszutreiben.

Unmerklich entwickelt sich aus dem zähen Kampf zwischen Spiellust und Ordnungssinn, auf Tischen getanzt, eine komische Chorus line in gebückter Haltung, bei der die Männer die Frauen buchstäblich unter den Tisch tanzen.

Wie ein traurig-komisches Bildzitat der *Drei Grazien* erklärt ein Männertrio in dürftigen Sonntagskleidchen beim Ringelreihen sich und dem Publikum, was man tun muß, »wenn es einmal Krach gibt«.

Ein Mann demonstriert an einem anderen Streit- und Verzweiflungsgesten. Doch die puppenhaft-kraftlose Nachahmung relativiert jede verbitterte Streitsucht; der gewöhnlich verbissene Ernst solcher Momente wirkt auf einmal überzogen dramatisch.

Man zeigt Kinderspiele, die ihren unfairen Charakter enthüllen, wenn sich plötzlich alle gegen den Anführer wenden, der sonst selbstherrlich die Spielregeln bestimmt. Da ist es fast so, als wolle das Tanztheater Wuppertal eine verlorene Unschuld wiederherstellen, einen Zustand, in dem sich die Gefühle wieder ohne Angst und spontan zeigen können.

Zur Lust an der eigenen Lebendigkeit gehört auch der zwanglose Umgang mit dem Körper. So erscheint die Kompanie einer nach dem anderen an der Rampe, gießt – ins Publikum feixend – aus zwei Plastikbechern beständig Wasser um und beginnt einen Exkurs über Lust und Laune beim Pinkeln. Andere Antworten werden ins Mikrophon eines Interviewers gegeben. Man erzählt, wie man sich fühlt, wenn man verliebt ist, welche Situationen einen in Aufregung versetzen und wie der Körper dann reagiert. Wieder mündet die Erkundung der Körperwirklichkeit in einen Tanz: Mit einem eindeutig/mehrdeutig aus verschränkten Händen aufragenden Kraulefinger beschreiben die Tänzer kreisende Zärtlichkeiten.

Zur Liebe gehören aber auch die Ambivalenz der Gefühle, die Zärtlichkeit der Gewalt und die gewaltsame Zärtlichkeit. So wird ein Tänzer in einer schmerzhaft langen Szene auf einem Stuhl kniend, die nackten Fußsohlen nach außen gekehrt, von einem anderen in eine hysterische, zugleich unterdrückte Pein gekitzelt. Am liebsten möchte er wohl schreien, doch wahrt er die Form, weil die Qual auch eine Lust bedeutet.

Mitunter wird ein Gefühlsausdruck mit Gewalt hergestellt. In einer virtuosen Nummer, allein mit einem Wahrsageautomaten vom Jahrmarkt, schneidet ein Mann einen Berg Zwiebeln und hackt sie klein. Andere kommen herein, reiben sich das Gemüse ins Gesicht und präsentieren ihre rot verheulten Mienen an der Rampe – das klassische Mittel, wie auf dem Theater die unechten Gefühle gemacht werden. Das Tanz-

110

theater jedoch sucht die wahren Gefühle hinter den eingelernten Posen und Gesten, sucht einen Ort, an dem man sich wirklich begegnet.

Dabei nimmt man sich selbst nicht allzu ernst. Wie ein im hautengen Lurexmini auftretender Amor, mit Köcher und neckischen Pfeilen bewehrt, jede Liebesidylle untergräbt, ironisiert man auch sich selbst. Im zehnten Jahr der Wuppertaler Kompanie, in dem *Nelken* entstand, gruppiert sich das Ensemble im Schlußbild mit ernster Miene zum gestellten Klassenfoto – in der Mitte eine männliche »Großmutter« mit schief sitzender Langhaarperücke.

Das Kernstück von *Nelken* aber ist eine etwa 15minütige Sequenz zum langsamen Satz aus Franz Schuberts *Streichquartett d-Moll »Der Tod und das Mädchen«*, die die Ambivalenzen, Brüche und Spannungen rund um das Thema Liebe bündelt und radikal auf die Spitze treibt.

Ruhig liegen alle, bei den Händen gefaßt, in umgekippten Stühlen im Kreis. Eine Frau steht auf und verliest einen zärtlich sorgenden Brief ihres Vaters. Plötzlich springen alle auf, stürmen mit ausgebreiteten Armen gegen die Rampe, offerieren Liebe. Doch die ausbrechende Freude wird gleich wieder zurückgenommen, die Tänzer kehren um, holen ihre Stühle und bilden eine Reihe sitzender Schaukel- und Wiegeposen, schaffen die Stühle zurück, rennen wieder mit Liebesworten nach vorn, formieren sich erneut zur Reihe. Währenddessen schichten Stuntmen aus Pappkartons zwei große Quader auf, ängstlich von einer Frau beobachtet, die hilflos, ratlos stammelnd und schreiend die drohende Gefahr abzuwenden sucht. Je höher die Quader aufwachsen, desto schwieriger wird es für die Tänzer, an den Türmen vorbei ihre Sitzreihen zu stellen. Ihre Bewegungen verzahnen sich zu immer komplexeren Abläufen, immer schneller hetzen sie zu ihren pendelnden Klage- und Bittgesten. Zwischen den ruhigen Vorbereitungen der Stuntmen und den hektischen Positionswechseln der Gruppe läuft die Frau zunehmend unruhiger und fassungsloser auf und ab. Sie bittet um Hilfe, doch folgen die Tänzer unbeirrbar ihrem Wiege-und-Klage-Ritual. Schließlich haben die Stuntmen ihre Sprungposition in luftiger Höhe erklettert. Die Gruppe zerstreut sich für einen Moment, findet wieder zusammen, doch ihre Bewegungen der Trauer geraten allmählich immer erschöpfter und langsamer, während sich die Erregung der Frau zur Hysterie steigert. Die Stuntmen springen – und werden von den aufgeschichteten Kartons unversehrt aufgefangen.

111

Unvermittelt macht sich die bis zum äußersten gesteigerte Spannung Luft; die Tänzerreihe löst sich in Protesten auf. Einer schlägt schimpfend einen Salto aus dem Stand; ein anderer – im langen Abendkleid – wird von der Gruppe zu klassischen Kunststücken genötigt. Wütend schreit er – nach und nach von den andern allein gelassen – das Publikum an: »You wanna see something?« Herausfordernd lustlos, aber deshalb nicht weniger brillant, absolviert er seine Jetés und Battements. Das Wuppertaler Tanztheater bezieht seine Kraft aus anderen als den Quellen zirkusgleicher klassischer Bravournummern. Der Wutausbruch gegen die theatralischen Vorzeigezwänge wird jedoch sogleich konterkariert. Ein Mann im Smoking erscheint, fordert von dem verstörten, noch atemlosen Tänzer im Abendkleid in schneidend selbstgefälligem Tonfall bürokratischer Verfügungsgewalt: »Ihren Paß bitte!« Gelangweilt und beiläufig, fast ohne ihn anzuschauen, weist er ihn an: »Ziehen Sie sich etwas Anständiges an!« Allmählich baut sich so in einer bedrohlichen Stille eine Szene absoluter Willkür auf.

Ein weiterer Mann muß seinen Paß vorzeigen, wird mit stummem Fingerzeig auf den richtigen Platz beordert, muß seine Hose ausziehen. Einer hinzukommenden Frau, die ebenfalls ihre Identität nachweisen muß, wird befohlen, sich in ihrem Kleid auf die Schultern des Mannes zu setzen, so daß ein lächerlich zwittriger Popanz mit besockten nackten Männerbeinen entsteht. Der andere Tänzer hat inzwischen weisungsgemäß sein Kleid gegen einen Anzug eingetauscht. Mit gespieltem Desinteresse weist ihn der Zollbeamte an, eine Ziege zu machen, verlangt das Tier »mit Ton«, dann einen bellenden Hund, einen Papagei, einen Frosch, und der hilflose Mann folgt beflissen den Anweisungen des zynischen Sachwalters.

Gegenüber der Kaltschnäuzigkeit der Macht verschlägt es dem »Protest in der Oper« die Sprache. Wo sich Verfügungsgewalt derart selbstherrlich Geltung verschafft, erscheint das Theater wie ein Ort der ständig von äußerem Zugriff bedrohten Narrenfreiheit. Zugleich aber berühren sich beide Welten; deutlich wird, wogegen sich die Verweigerung des schönen Scheins richtet. Der Drill, der die Bravour klassischer Virtuosität hervorbringt, und die verächtliche Pose der Macht – sie benutzen die gleichen Mittel der Einschüchterung.

Doch läßt Pina Bausch auch diese Sequenz wieder umschlagen. Dröhnend bricht brasilianische Marschmusik in die bedrückende Stille ein.

Die Kompanie erscheint in der Chorus line, die Frauen in langen Kleidern, die Männer in schwarzen Abendanzügen. Drohend langsam schreiten sie voran, sich mit der rechten die linke Hand fort schlagend, treiben die Stuntmen vor sich her, die Kostproben aus dem Repertoire gestellter Kampfszenen vorführen. An der Rampe angekommen, sinken alle unverhofft zu pathetischen Knicksen nieder. Die strenge Entschlossenheit, die eine solidarische Kraft verhieß, wechselt über ins feierliche Zeremoniell. Einzelne proben Actionszenen mit den Stuntmen, die schon bei der leisesten Berührung reflexhaft reagieren. Und immer noch irrt der Tänzer, einen Hund mimend, durch das Geschehen; der Zwang scheint längst verinnerlicht.

Dann leert sich allmählich die Szene. Ein Tänzer kommandiert einen anderen an seinen Platz, um sich plötzlich zu verabschieden: »Wenn mich jemand sucht, ich bin in der Kantine.« Gleich darauf erscheint er wieder mit einer Kollegin, die er aggressiv brüllend dem Publikum vorstellt: »Die ist noch jung und frisch, die macht jetzt weiter. Das macht ihnen mehr Spaß und mir auch!« Doch beide treten gleich wieder ab. Zornig erklärt er, die Kollegin habe leider abgesagt.

Hinter der Absage an glatte Schauwerte kommt etwas anderes zum Vorschein: ein chaotisches, gleichwohl genau kalkuliertes Durcheinander, in dem die verschiedenen Ebenen in Reibung miteinander geraten. Starre Ordnungsprinzipien stehen gegen eine scheinbare Orientierungslosigkeit; choreographische Strukturen werden über wilde Läufe transportiert, als suche man nach einem Punkt im Raum, nach einem Ort, an dem sich noch schön und friedvoll tanzen ließe. Doch in die Reflexion über die Gesetze des Theaters brechen immer wieder zerstörerische Realitätsmomente ein.

Von solchen Sequenzen geht eine tiefe Beunruhigung aus. Die Panik, die Hysterie, die die Tänzer umtreibt, entläßt den Zuschauer verunsichert, das heißt wacher und kritischer, in den Alltag. Was draußen in der Welt getrennt voneinander noch seinen scheinbar ordentlichen Verlauf nimmt, tritt im Tanztheater der Pina Bausch in einem Brennpunkt zusammen, der die Widersprüche ins Kreisen bringt. Es sind Tänze auf dem Vulkan, die sich an der Wirklichkeit aufladen und deren widerstreitende Impulse aufeinander wirken lassen. In den Wechselbädern gegensätzlicher Energien und Kräfte aber wird die Wirklichkeit bis zur Kenntlichkeit ausgereizt.

Die Akteure des Tanztheaters geben nicht vor, mehr zu wissen als jeder andere, aber sie halten die Spannungen aus und gehen durch alle Konflikte hindurch – immer in der Hoffnung auf ein besseres Ende. Sie behaupten nicht, sie zeigen, indem sie handeln. Durch Versuch und Irrtum lernen sie. So ist im Tanztheater alles unmittelbare Erfahrung am eigenen Leib – dem Zuschauer angeboten, sie zu teilen.

Am Ende ist das Nelkenfeld niedergetreten. Die Akteure des Tanztheaters Wuppertal und ihr Publikum haben ein weiteres Kapitel auf der Suche nach dem Glück aufgeschlagen. Die Reise geht weiter.

Auf dem Gebirge hat man ein Geschrei gehört

»Etwas, was immer mehr wird und nicht mehr zu stoppen ist / Etwas kaputt machen, weil man glaubt, dadurch etwas stoppen zu können / Zeichen für Tod und Angst / Aus einer Schwäche eine Qualität machen / Die Ruhe vor dem Sturm / Es wird alles wieder gut / Unbedingt etwas fühlen wollen / Der Wunsch, Berge zu versetzen / Ansatz dafür, daß alles besser wird / Etwas Kaputtes und etwas Ganzes« – einige der Stichworte, Themen und Fragen, mit denen sich das Wuppertaler Ensemble erneut auf die Suche nach einem Stück gemacht hatte. Die Begegnung mit den Phänomenen der Wirklichkeit wird direkt gesucht. Die Fragen zielen auf die individuelle und die allgemeine Erfahrung der Tänzer und ihrer Choreographin – dorthin, wo sie als authentisches Material in den Körpern geborgen sind: als erlebte Geschichte und als unerschöpfliches Reservoir jener Archäologie des Alltags, die Pina Bauschs Arbeit auszeichnet und die sich nicht um vorgefaßte Interpretationen kümmert. Themen und Gegenthemen, die sich in der Inszenierung eher nach den Gesetzen freier musikalischer Komposition denn nach Maßgabe rationaler Einsichten fügen, sind in dem Fragenkatalog für die Probenarbeit immer schon vorgegeben: die zwanghaften Formen der Zurichtung und die widerständige Hoffnung auf Heilung.

Nach *Blaubart. Beim Anhören einer Tonbandaufnahme von Béla Bartóks Oper »Herzog Blaubarts Burg«* von 1977 und *Er nimmt sie an der Hand und führt sie in das Schloß, die anderen folgen* von 1978 trägt die einzige Neuproduktion der Spielzeit 1983/84 wieder einen langen Titel. Anders als die vorangegangenen, auf einen einfachen Signalwert verkürzten Titel fängt die Bibelzeile (Matthäus 2, 18), der *Matthäuspassion* von Heinrich Schütz entnommen, aus der das Stück eine Passage zitiert, eine wesentliche Grundstimmung ein. »Auf dem Gebirge hat man ein Geschrei gehöret, viel Klagens, Weinens und Heulens; Rahel beweinte ihre Kinder und wollte sich nicht trösten lassen; denn es war aus mit ihnen.« Der Vers bezieht sich auf den von Herodes befohlenen Kindermord, doch spielt Pina Bausch mit diesem Zitat keineswegs auf religiöse Bezüge an. Was in dem titelgebenden Halbvers belassen ist, ist allein die atemlose Botschaft einer Katastrophe, deren Anlaß und Inhalt ungenannt bleiben. Eine angespannte Unruhe, ein panischer Schrecken vor einer namenlosen Gefahr, der schon in *Arien, 1980* und vor allem in der langen Sequenz zu Schubert-Musik in *Nelken* anklang, liegt von Anfang an über dem Stück.

Die Bühne ist bis zu den Brandmauern offen, rückwärtig begrenzt von einer schwarzen Stahlwand; den hinterwärts leicht ansteigenden Boden bedeckt eine dicke Schicht Erde, die – wie schon in *Le Sacre du printemps* – die Spuren der Aktionen in sich eingräbt, die Gänge und Läufe schwer macht: eine karge, leergefegte Arena.

Die Kompanie erscheint: die Frauen in einfachen Kleidern im Stil der vierziger Jahre, die Männer in Anzughosen und grauen oder weißen Hemden; die dunklen, gedeckten Farben überwiegen. Ängstlich drücken sich die Tänzer an den Wänden entlang, huschen durch den Zuschauerraum, immer Deckung suchend vor einer ungreifbaren Gefahr. Vorsichtig tasten sie sich weiter, man hört – in dieser musiklosen Eröffnung überdeutlich – ihre Schritte, die Momente der Stille, wenn sie stocken, dann weiterhasten, den schneller gehenden Atem, bis sie schließlich wieder verschwinden. – »Etwas, was immer mehr wird und nicht mehr zu stoppen ist.«

Mit tumber, beinahe störrischer Gelassenheit gegenüber solcher Ängstlichkeit postiert sich ein Mann an der Bühnenrampe. Angetan mit einer roten Badehose, passender Badekappe, Sonnenbrille, rosa Gummihandschuhen, die Nase mit einer roten Schnur entstellend flach gebunden, zupft er sich betont ruhig und lässig Luftballons aus der Hose und beginnt sie aufzublasen; ein Bild der Unerschütterlichkeit und ein Spiel mit der gespannten Erwartungshaltung des Publikums. Wie er so dasteht, geht von ihm eine große Fremdheit aus. Seine stumme Präsenz provoziert und verstört wie eine Figur von Samuel Beckett.

Zwei weitere Männer kommen hinzu, der eine auf einem mitgebrachten Stuhl Platz nehmend, der andere neben ihm stehend wie zum Schutz, schauen eine Weile zu und erhalten einen aufgeblasenen Ballon. Langsam und vorsichtig läßt der eine des anderen Kopf auf den Ballon aufpendeln, als wolle er prüfen, wieviel Gesicht der gefangene Atem wohl trage. Während der groteske Mann ungerührt weitere Ballons aufbläst, gehen die beiden ruhig wieder ab.

Eine Frau erscheint, zerknallt mit einer glühenden Zigarettenspitze einen Ballon, rennt erschrocken in die hinterste Ecke und hält sich die Ohren zu. Erst jetzt setzt Musik ein: Billie Holiday singt mit schütterer Stimme *Strange Fruits*.

Wieder kommen die beiden Männer herein; der eine versucht den anderen auf die Ballons zu betten, doch halten sie dem ganzen Körpergewicht nicht stand. Als beide fort sind, springt der Badehosen-Beau in verstockter Wut einige Ballons kaputt.

Zwei weitere Männer treten auf, lassen eine auf ihren Armen liegende Frau senkrecht die Wand hochgehen; Billie Holiday singt *Lover Come Back to Me*. Der Muskelmann nimmt ihnen die Frau ab, stemmt sie in sturer Selbstgewißheit seiner Kraft, trägt sie, die wie in Trance im Leeren weiterläuft, durch den Raum.

Starke Männer, schwache Frauen? Es gehört zu den Qualitäten des Wuppertaler Tanztheaters, daß es die Fragen schwierig stellt und die Antworten leicht nicht geben kann.

So hat auch der selbstsichere Macho einen Gegenpol in einem anderen Mann, der das Stück wie sein hilfloses Pendant durchgeistert. Mal taucht er als kindliches Gruselmonster, mal als humpelnder Glöckner von Notre-Dame auf. Wenn alle von Rock-'n'-Roll-Klängen in eine wilde Tanzwut gerissen werden, steht er dabei und versucht, schüchtern und letztlich erfolglos, sich in die allgemeine Fröhlichkeit einzureihen. Es scheint, als sei er die verleugnete, versteckte Seite der siegesgewissen Männlichkeit.

Zwischen den vage als Leitfiguren erkennbaren zwei Männerbildern hat Pina Bausch in *Auf dem Gebirge hat man ein Geschrei gehört* ihre Gratwanderung zwischen Traum und Wirklichkeit angesiedelt. Dabei wirkt dieses Stück wie eine großangelegte Erinnerungsarbeit. Die Körper-

116

zeichen scheinen wie aus einem altfernen Kulturfundus erinnert, der sich über Zeiten und Nationalitäten hinweg aus unterschiedlichen Elementen zusammensetzt. Die Körpersprache eines verlorengegangenen Glücks, das gerade im Gefühl des Mangels und im Schrecken spürbar wird, sammelt seine Zeichen quer durch die Kulturen. Das verleiht den bewegten Körperbildern eine rituelle, archaische Kraft, die auf Zeitlosigkeit aus zu sein scheint. Doch spiegelt sich in diese Erinnerungsarbeit die aktuelle Gegenwart hinein, weil sie aus einem kollektiven Fundus versunkener Bilder schöpft. Die Geschichte der unerlösten Wünsche, die immer auch von der unterirdisch verlaufenen Körpergeschichte erzählt, liefert aus der Vergangenheit den Schub, mit dem die Wünsche in der Gegenwart auf Verwirklichung drängen. Der Mangel türmt sich als Schuldenberg auf, den jede Gegenwart aufgerufen ist einzulösen. So berichten Pina Bauschs Stücke vom aktuellen Stand der Not, aber auch von der Sehnsucht, die sich gegen sie stemmt. Das wirkt wie der mit aller Anstrengung und Unbedingtheit unternommene Versuch, sich an die vergessene oder verlorene Glücksformel zu erinnern. Die Entbehrung, auf die diese Forschungsarbeit stößt, buchstabiert sich universal: zwischen Traum und Wirklichkeit, in der Schwebe.

Der strenge Auftakt setzt sich in das Stück hinein fort. Klare Wechsel zwischen Auftritten und Abgängen bestimmen – anders als die fast unmerklichen Verschleifungen und Verfugungen in früheren Arbeiten – die dramaturgischen Wechsel. Um so stärker prallen die Gegensätze zwischen Einzel- und Gruppenszenen aufeinander.

Da erklingt martialisch laut im ersten Teil Felix Mendelssohn Bartholdys »Kriegsmarsch der Priester« aus seiner Schauspielmusik zu Jean Racines *Athalie* und treibt das gesamte Ensemble auf die Bühne. Die verhaltene Angst des Anfangs schlägt um in Hysterie: Alle hetzen durcheinander, Gruppen bilden sich, die einen Mann und eine Frau einfangen und brutal zum Kuß aufeinanderpressen. Doch schnell ist die Umtriebigkeit in Ruderformationen gebändigt, in denen sich alle gruppenweise mit ganzer Kraft in die Riemen legen, als könnten sie diesen Kampfplatz unerlöster Gefühle und partnerschaftlicher Brutalität verlassen. Eine Frau bleibt allein, strampelt wie ein Fisch auf dem Trockenen; zwei kommen ihr zur Hilfe, auf einer Matratze heranrudernd. Wieder wird das Paar eingefangen, und unversehens finden sich die Männer zur kriegerischen Front im Schützengraben vereint. Ein Mann schlägt mit einer leblos in seinen

Armen hängenden Frau einen anderen. Doch sobald die Musik endet, löst sich die Szene auf, wie ein von äußeren Zwängen ferngelenkter Spuk.

Zu leiser Streichermusik von Henry Purcell erscheint eine Frau im pastellfarbenen Kleid, lächelt verschmitzt ins Publikum, stemmt den Hintern gegen die Wand und führt so mehrfach mit kindlichem Stolz einen halben Handstand vor: ein Kunststück, das zaghaft um Liebe und Anerkennung wirbt.

Gegen die zerstörerische Lautheit der Gruppenzwänge, die wie eine gesellschaftliche Schicksalsmacht Einzug halten, setzt Pina Bausch wieder die kleinen, leisen Einzel- oder Paaraktionen, die von einer stummen Beharrlichkeit oder unbefangenen Unschuld erzählen. So kommen zwei Frauen in Mädchenkleidern lächelnd bei den Händen gefaßt auf die Bühne und beginnen radzuschlagen, lassen dabei ihre Hände nicht los: ein eindringliches Bild der Gemeinsamkeit, das sich den dröhnenden Zwangsmechanismen querstellt. Etwas von kindhafter Direktheit ist in diesen mit schlichtem Ernst gespielten Szenen bewahrt, eine Spontaneität, die sich nicht einnehmen lassen will.

Doch gleich wird solch geschwisterliche Harmonie konterkariert. Ein Mann rennt durch den Zuschauerraum, umrundet die Bühne, verschwindet in den Umgängen hinter der Bühne, taucht wieder auf, rennt weiter und singt dazu, immer atemloser, das alte jiddische Lied vom brennenden Schtetl, *'s brennt, brider, 's brennt*. Auf einfachste Art beglaubigt die Aktion den Text. Dann wird auch diese Szene abgelöst, in eine traumhafte Sequenz überführt. Eine Solovioline stimmt leise einen russischen Trauergesang an. Auftritt im schwarzsamtenen, beinlosen Trikot ein großer Mann, die Hände zu Hasenohren aufgestellt, gefolgt von einer dicht hinter ihm kauernden kleinen Frau im schwarzen Trägerkleid, die ihn wie ein tanzendes Echo begleitet. Unsicher fragt er in den Zuschauerraum: »Lachst du über mich? Was guckst du mich so an?«

Die Verletzbarkeit auszuhalten ist ein Weg, den Kreislauf der Ängste zu durchbrechen. Wer die Gefahr anschaut, ist so leicht nicht mehr von namenlosem Schrecken zu erpressen. Sich ungeschützt zu zeigen ist auch eine Kraft, aus der sich Widerstand herleiten läßt.

Die Gefahr gewinnt im Motiv der Jagd, schon in *Walzer* ansatzweise erforscht, Gestalt. Für eine lange Sequenz gewinnt die Sprache, die ansonsten in diesem Stück eine untergeordnete Rolle spielt, an Bedeutung. Aus dem Off erklärt eine Stimme vom Band alle Finessen der

Fuchsjagd, übt die fachgerechte Nachahmung von Beutetierlauten ein, der die Kompanie, furchtsam an den Wänden aufgereiht, zu folgen sucht. Was zunächst noch komisch anmutet, schlägt jedoch bald schon um, wenn der Lehrmeister eine beängstigend perfekte Imitation vom »Sterbelied eines in Todesnot befindlichen Hasen« liefert.

Nicht anders als bei einer brutalen Jagd gehen die Menschen miteinander um. Nachdem sich die Frauen dicht an dicht wie schlafend zu einer Reihe auf den Boden gesetzt haben, werden sie von einem Mann zart angestoßen, als wolle er sie wiegen oder wecken. Bald aber erscheint ein anderer, ruft eine heraus, ohrfeigt sie, stößt ihr einen Apfel in den Mund und treibt sie vor sich her. Ein anderer kommt, reißt die Frauenriege auseinander, prügelt auf einzelne ein, würgt sie, tritt, will, daß sie »Onkel« zu ihm sagen. Als die Frauen sich weigern, gerät er in einen wahren Blutrausch, schreit, er wolle Blut sehen, töten, Babys brennen sehen. Ein Ausbruch männlicher Zerstörungswut, der allein dem Neid auf die stille und doch zugleich weltferne Ruhe der Frauen entspringt.

Eine unüberbrückbare Kluft scheint Männer und Frauen in zwei ebenso unwirkliche wie unwirtliche Welten zu bannen: in blindwütigen Haß aus Verzweiflung und traumverlorenen Schlaf der unerweckten Möglichkeiten. Die Spannung, die die Unerreichbarkeit erzeugt, entlädt sich in der Gewalt des Stärkeren.

Mit einfachen Mitteln jedoch läßt sich die rüde Arena in eine bizarre Szenerie verwandeln. Nebel läßt die kahle Erdlandschaft wie ein Moor erscheinen. Die Kompanie findet sich zu einem hektisch auf dem Boden gerobbten Revuetänzchen zu *Back Beat* von Gerry Mulligan und Johnny Hodges, quälerisch und heiter zugleich. Eine Frau in Unterhose, das Kleid an den Leib gepreßt, steht vorn an der Rampe, hält sich selbst an den Haaren gezogen und schreit. Für einen Moment öffnet und schließt sich der Vorhang, teilt den Nebel, während das Geschehen ohne Unterbrechung weiterläuft, durch keine Theaterkonvention zu bremsen, bis sich schließlich die Szene leert, die Akteure sich hustend zurückziehen.

Leise Gespräche sind durch den Nebel zu hören, einzelne Aktionen. Dann erscheint ein Mann, zieht eine Frau hinter sich her, die laut ein Lied singt, als wolle sie die Angst vertreiben oder wie zum Protest.

In solch verhaltener Stille endet der erste Teil. Lange Zeit steht eine Frau vorn in der Mitte des Raums. Ein Mann kommt, küßt sie innig auf den Mund. Als sie nicht reagiert, geht er enttäuscht ab. Ein anderer kommt, färbt ihr die Haare grau, läßt sie ganz langsam, zusehends, altern. Schütz' titelgebender Choral erklingt; der Badehosenmann, jetzt in Smokinghose und weißem Hemd, verkündet: »Pause«. Nach der Pause wird die Frau noch immer an der gleichen Stelle stehen. Wenn ein Mensch so lange an einem Ort regungslos verharrt, schlägt die vergehende Zeit auf den Zuschauer zurück; sie wird spürbar, weil keine kurzweilige Unterhaltung sie füllt.

Im etwa gleich langen zweiten Teil überschneiden sich zwei Linien. Während der oft brutale Gruppenzusammenhang allmählich zerfasert, werden in kleinen Duos und Soli neue Annäherungen erprobt.

Ein Mann führt einen anderen am ausgestreckten Arm, gibt ihm Gegenstände an oder in die Hand, als sei der Partner blind oder zu erschöpft oder wolle die Dinge über eine große, fast unerreichbare Distanz berühren. Sobald er etwas berührt, bricht seine Suchbewegung ab, scheinbar befriedigt. Mit der Zeit entstehen so minimale Tanzanläufe, deren Gesten, abbrechend, eng am Körper haften bleiben, in keinen Schwung ausbrechen. Die beiden entwickeln schließlich ein Gehtänzchen, zeigen ihre Vorder- und Rückseite, entdecken die einfachen Bewegungen. Fred Astaire singt *Maybe I Love You Too Much*.

Ein Mann und eine Frau stehen einander gegenüber. Er versucht sie zu berühren, doch weicht sie erschrocken zurück. Verstört überprüft er die gleiche Stelle, die er an ihr berühren wollte, an seinem eigenen Körper, versteht nicht.

Eine Frau läßt die Hand um ihren Hals kreisen, fährt den Arm lang, streichelt, wiegt sich in Schlaf, folgt dem eigenen Fingerzeig, Raumrichtungen ausmessend.

Eine Frau tanzt ganz für sich in einem roten Samtkleid, während ein Mann ihr folgt, in Hechtsprüngen einem Papierschnipsel nachjagend: Tänzerin und Akrobat, die jeder für sich sind und doch ein Paar ergeben.

Noch einmal wird der »Blinde« hereingeführt. Sein Helfer bringt ihm diesmal eine Frau im rosa Abendkleid, auf die er seine Erschöpfung laden, die er berühren kann. Die singt ihm ein Lied vom »großen« Deutschland und vom »kleinen« Japan, von Matrose und Geisha, die sich im Happy-End finden – und die ganze Zeit zupfen und beißen die beiden aneinander herum.

Die Erotik balanciert zwischen der Gier, sich einander einzuverleiben, und zärtlichen Berührungsversuchen. Das Lieben hat auch mit einem

120

unmäßigen Hunger zu tun. Aber die große Suchbewegung scheint endlich auf einen Partner gestoßen, mit dem gemeinsam sich die Sehnsucht erkunden läßt.

Diese tastende Intimität mündet immer wieder in wenige, sparsam und genau gesetzte Gruppenszenen. Da gehen die Männer wie klassische Ballettprinzen durch den Raum, der plötzlich alle Schwere und lastende Dunkelheit verliert. Dazu erklingt eine von Enrico Caruso gesungene Arie, und die Arena verwandelt sich in ein lichtes Spielfeld der Wünsche.

Wenig später räumen die Männer die halbe Bühne voll mit Tannen und Fichten. Eine Frau schlägt in dem abgeholzten, umgelegten Wald verspielte Rückwärtsrollen; eine zweite baut sich ein Bett aus Kissen und Laken, ruft immer wieder jemanden dazu, der nicht kommt, den es vielleicht nicht einmal gibt. Lucienne Boyer singt *Parlez-moi d'amour*. Wenn die Musik zu Ende ist, werden die Bäume wieder abgeräumt.

Allmählich aber beginnt das Gesetz der Gruppe sich aufzulösen. Noch einmal wandelt Nebel den Innenraum zum Landschaftsbild. Fingerzeichen wie beim Schattenspiel fließen in einen Tanz ein. Die Frau im rosa Kleid wird mit Binden umwickelt, zur starren Mumie verpackt. Für einen Augenblick treffen sich alle zur Polonaise, in der alle sich gegenseitig abzuschütteln versuchen. Rasend schnell wird ein Boot durch die Szene gezogen. Der Vorhang öffnet und schließt sich, als sei der Vorgang, der einmal Theater war, nun endgültig aus den Fugen geraten. Wie auf einer Stehparty bilden sich einzelne Grüppchen. Ein Mann zeigt stolz seine aufblasbaren Brüste; eine Frau steht in einem Eimer Wasser und schreit; einer baut sich aus Menschen ein Schlagzeug und trommelt auf ihren Hintern. Dann fängt sich auch dieser ins Chaos gestürzte Theaterabend wieder, der Aufstand der Körperzeichen wird abgelöst von einer »ordentlichen« Darbietung.

Ein Orchester alter Herren kommt herein, nimmt Platz, beginnt zum Tanz aufzuspielen wie beim Kurkonzert: schräg, ohne alle Perfektion. Eine Tänzerin wird neben ihnen postiert, mit gesenktem Kopf, als solle sie demütig die Darbietung anhören. Dann schaukelt sie, von einer Gruppe Männer getragen, wie ein Gondoliere vorüber, kehrt zurück, beginnt erneut.

Das Phantastische hält Einzug und bricht den Fortgang der Ereignisse auf. Im Moment der Ruhe wird das Unmögliche möglich. Die Kraft der »unwahrscheinlichen« Körperbilder behauptet ihre eigene Wirklichkeit.

Doch so brutal, wie es begann, endet das Stück. Die Musik Mendelssohn Bartholdys gibt noch einmal – diesmal schmerzhaft laut – den Ton an für eine Variation jener Verfolgungsszene des ersten Teils, die die Männer und Frauen am äußersten Punkt der Verzweiflung zeigt. Wieder wird das Paar gejagt, zum Kuß genötigt, bis zur völligen Erschöpfung, bis sie einander keuchend, müde und traurig gegenüberstehen, mit kußwunden Gesichtern.

Am Ende bleibt keine versöhnliche Geste. Die Wirklichkeit, wie sie da im Theater Platz greift, hat längst allen den Boden unter den Füßen fortgezogen. Das Glück läßt sich nicht herbeizwingen.

Der Krieg beginnt nicht mehr, er wird fortgesetzt. Pina Bausch faßt ihn in *Auf dem Gebirge hat man ein Geschrei gehört* in verstörende und beunruhigende Bilder, die zugleich von einer verletzlichen Zartheit sind. Angst, Bedrohung und Verzweiflung nehmen unmittelbar Gestalt an. Die Erfahrung an der Wirklichkeit präsentiert sich auf der Bühne als Erfahrung am eigenen Leib.

Die Tendenz, die sich schon in den vergangenen Arbeiten zeigte, wird in *Auf dem Gebirge hat man ein Geschrei gehört* weitergetrieben. Wenn sich mitten im Stück der Vorhang schließt, die Mechanik des Apparats verselbständigt scheint, so wirkt das wie ein Zeichen, daß die gesicherte Abfolge der Handlung aufgekündigt ist.

Die immer wieder um sich greifende Hysterie bringt die Theaterzeichen in ein heilsames Durcheinander. Die Körperzeichen, aus dem ordnenden Raster der Konventionen entlassen, proben den Aufstand.

Dabei geht es zu wie im Märchen: In der bewegten Bildersprache scheint alles möglich. Der Einbruch des Phantastischen öffnet die Tür für einen Spaltbreit Licht, der die düstere Szenerie der Gegenwart für einen kurzen Moment hell erleuchtet. Auf dunklem Hintergrund zeichnen sich hell die Wünsche ab, greifbar und nah.

Und wie sich in den Symbolen und Metaphern der Märchen quer durch die Kulturen ein altes Wissen um die innersten Beweggründe kristallisiert hat, so wollen auch die Stücke des Tanztheaters Wuppertal gelesen werden wie eine Ikonographie des Widerstreits von engem Gegebenen und großem Möglichen. Innen- und Außenwelt, Vergangenheit und Gegenwart fallen in eins und werden Moment.

Two Cigarettes in the Dark

Schon in der vorangegangenen Spielzeit 1983/84 hatte Pina Bausch mit *Auf dem Gebirge hat man ein Geschrei gehört* nur noch einen neuen Abend produziert. An die Stelle der ersten Premiere in der Spielzeit trat die Neueinstudierung des Brecht/Weill-Programms »Die sieben Todsünden«. Nachdem sie über zehn Jahre dem Tanztheater den Weg geebnet, in jeder Spielzeit zwei abendfüllende neue Stücke, meist in kurzer Zeit und doch auf höchstem Niveau, mit ihrem Ensemble erarbeitet hat, nimmt die Entwicklung in der nächsten Dekade einen ruhigeren Verlauf. Pina Bausch beginnt – ein einmaliges Unternehmen in der Geschichte des Tanztheaters – mit einer vollständigen Rekonstruktion ihres Repertoires, Jahr um Jahr rekapitulierend, bis zurück zu den frühen Produktionen *Iphigenie auf Tauris* und *Orpheus und Eurydike*. Das schützt die Energien der Tänzer, die mit der Wuppertaler Arbeitsweise ganz anders, nämlich mit der ganzen Person, gefordert sind, und zeichnet noch einmal den Entwicklungsweg einer einzigartigen Arbeit nach.

Leisten kann sich eine solche Rückschau jedoch nur, wer in der Substanz etwas berührt, was weit über die Tagesaktualität hinausreicht. Schon früh hat Pina Bausch ihre Arbeit mit dem Satz begründet, sie interessiere nicht so sehr, wie sich Menschen bewegen, als was sie bewegt. Er beschreibt exakt Ausgangs- und Zielpunkt ihrer choreographischen Recherche. Indem sie die Motive menschlichen Handelns aufdeckt und mit meisterhafter Kenntnis formt, trifft sie einen Punkt, der jenseits aller theatraler Moden liegt. Der direkte Zugriff auf die Gefühle, die sich unvermittelt Bahn brechen – das erfährt der Zuschauer auch bei der Wiederbegegnung mit älteren Werken –, ist der Kern, der sich über alle Zeitgebundenheit hinweg mitteilt. Im Tanztheater der Pina Bausch wird nicht mehr nur angedeutet; keine Bewegung weist symbolisch auf etwas hin: Die Schauer des Entsetzens, die Verlorenheit der Trauer, das eruptive Aufbäumen gegen das Schicksal und schließlich die Aussöhnung mit einer ungefügen Welt schreiben sich mit ungebremstem Elan in die phantastischen Räume. Wer zuschaut, versteht nicht nur, er lebt, er leidet, hofft und ängstigt sich mit. Während in den folgenden Jahren die Rückschau Stück für Stück dem Vergessenwerden abtrotzt – und der Truppe ein gewaltiges spielbereites Repertoire erhält –, geht die aktuelle Recherche weiter. Pina Bausch schreibt weiter an dem einen großen Stück, das sie in einem einzigen »work in progress« Zug um Zug fortsetzt. Dabei verliert sie weder den unbestechlichen Blick noch die Radikalität der Formulierung.

Two Cigarettes in the Dark beginnt mit einer rüden Konfrontation. Eine Tür öffnet sich, den nüchtern-weißen Raum durchquert eine Frau, stellt sich an die Rampe, lädt im freundlichen Plauderton ein: »Komm'se ruhig rein, mein Mann ist im Krieg.« Lächelnd macht sie auf dem Absatz kehrt, geht ab. Eine knochige, fragile Tänzerin erscheint, beginnt zu dröhnend lauten Klängen (Claudio Monteverdi) einen verzweifelt die Arme ausschleudernden Tanz, als wolle sie aus sich selbst heraus und schaffe es nicht. Dabei rutscht ihr das trägerlose Abendkleid immer wieder unter die Brüste; der festliche Aufzug und die innere Not gehen nicht zusammen. Die Musik bricht ab. Doch als sie den Raum verlassen will, verstellt ihr ein Mann den Weg. Ein trockener kurzer Schlagabtausch zwischen beiden, dann prügelt er die Weinende hinaus.

Kaum ein anderes Stück beginnt mit einer solch lakonischen Ausgeliefertheit. Die Zeiten, scheint es, sind bedrückender geworden, die Angst ist gewachsen. Die Angst ist eine am eigenen Leib; sie legt zwischen die Menschen immer größere Distanzen. *Two Cigarettes in the Dark*, wie das spätere *Danzón* für nur elf Darsteller, hat den Geschlechterkampf hinter sich gelassen. Statt dessen regiert eine unnahbare Kälte, die jeden in die eigene Einsamkeit zu sperren scheint. Schon die Bühne suggeriert eine kühle Nüchternheit. Die Natur, die bislang die Bühne bevorzugt in einen phantastischen Spielplatz der Leidenschaften verwandelte, ist in einem geräumigen Saal hinter große Schaufenster verbannt: in der Mitte ein Pflanzendschungel, rechts eine Kakteenwüste, links ein »Meer« mit Fischen. Der Raum, durch verschiedene Türen zugänglich, präsentiert die elementaren Landschaften wie Museumsstücke einer verlorenen Zeit. Und wie Museumsbesucher oder Ausstellungsstücke verirren sich die Akteure in dieses merkwürdige Kabinett.

Da steht einer auf einem Holzklotz als Sockel, trinkt genüßlich seinen Kaffee – wie eine lebende Statue. Da dient der bloße Oberkörper einer Frau als Projektionsfläche für einen Urlaubsfilm, wandelt sich die Szene zur Zirkusarena, in der »das kleine Mädchen« wie ein Tier zur Stubenreinheit dressiert wird. Man führt sich gegenseitig und einander vor: wie man sich wünscht und nicht sein darf; wie man ist und nicht länger aushält zu sein. Hinter allem lauert eine latente Aggressivität, die nicht so sehr nach außen als nach innen losgehen will: ein Stück wie mit angehaltenem Atem. Meist sind die Akteure wie verstummt; wenn sie aufeinander losgehen, dann mit einer verbissenen Wut auf sich selbst. In artigem Konversationston rezitiert die Schauspielerin, die den Abend eröffnet hat, Bertolt Brechts pornographisches Gedicht *Über die Verführung von Engeln* an der Rampe wie eine feierliche Ode. Als sie gehen will, wird auch sie von einem Mann aufgehalten, der mit getäuschten Gesten nach ihr schlägt, um ihr dann verklemmt-vorsichtig in den Ausschnitt zu schauen.

Gefahr ist allenthalben im Verzug, wenn ein Mann mit der Axt am Hauklotz imaginäre Hühner zur Schlachtbank lockt und die Kompanie mit gebrochenem Flügelschlag hereintanzt. Aber unversehens kann der Angstdruck umschlagen in eine märchenhafte Traumphantasie. Eine Frau wird, im weiten Tüllkleid malerisch auf einem Teppich sitzend, hereingezogen; zu ihr gesellt sich ein dünner, asketischer Verrenkungsspezialist: Prinzessin und Fakir auf dem fliegenden Teppich.

Die atmosphärischen Wechselbäder skandiert – wie in früheren Stücken – die Musik: dunkel dröhnende Monteverdi-Akkorde, die, derart isoliert, fast wie ein Stück serieller Musik klingen, und als Gegenthema einige leise Takte aus einem späten Streichquartett von Ludwig van Beethoven. Dazwischen spannt sich ein Quergang durch die Musikliteratur: von Minneliedern bis zu Johannes Brahms, von Henry Purcell bis zur aufdringlichen Fröhlichkeit des Kinderstars Shirley Temple. Doch anders als früher werden die Musiken kaum noch zu Ende gespielt – zu schnell schlägt die Stimmung wieder um, wird zärtliche Selbstversunkenheit von eisiger Einsamkeit oder falscher Fröhlichkeit eingeholt.

In aller Brüchigkeit versucht diese festlich gekleidete Gesellschaft die Contenance zu wahren, stehen zwei Herren im Smoking lässig an der Rampe, doch der Champagner, den sie sich einschenken, rinnt dem einen aus dem Mund, sprudelt sich der andere ins eigene Gesicht. Beide verziehen dabei keine Miene; zu groß ist die Sehnsucht nach ein wenig Glanz und Glück. Ganz allein inszeniert eine Frau für sich eine rasende Kutschfahrt, treibt nicht vorhandene Pferde; in ihrer Phantasie erlebt sie noch einmal ein kurzes Kinderglück. Eine andere hüllt sich in ein Tuch wie in eine Hängematte, schaukelt zu einem sanften französischen Chanson versonnen am Boden, ganz entspannt. Doch die Ausflüge ins Private sind nur von kurzer Dauer: Ein Paar, das verliebt in Zeitlupe durch den Terrariendschungel rollt, wird von der Schauspielerin kurzerhand erschossen. Leidenschaften, in aller Öffentlichkeit gezeigt, sind theatralische Übungen, wie bei einem Paar, das hechelnd in Sesseln liegt, sich küßt, hechelt – alles Theater.

Wie in einem nicht zu benennenden Schmerz sind die Frauen gefangen, oft erstarrt. Sie werden wie reglose Käfer hereingetragen, abgelegt und wieder hinausgebracht. Sie liegen wie tot oder zu Tode erschöpft auf einem teuren Pelz, rollen sich in einen dicken Wintermantel, werden von einem Mann wie an einem Rettungsseil hinausgezogen und dann wieder vorsichtig in den Raum gestellt. Sie sagen kein Wort.

Vor ihnen sind die Männer ratlos, befangen. Sie verwandeln sich in schüchterne Spanner, die am Boden hocken, stumm schauen. Doch auch miteinander verfallen sie immer wieder in Konkurrenz. Einer malt sich Stellen am Körper an, die er von einem anderen küssen läßt, und es scheint sich, zu leiser Streichermusik von Beethoven, eine ganz intime Zärtlichkeit zu entwickeln. Plötzlich zieht er sich eine Plastiktüte über den Kopf, zerrt den anderen in einem minutenlangen Showdown an den Haaren zu Boden.

Manch einer wird in der unaushaltbaren Spannung verrückt. Als skurril-verzappelter Kasper irrlichtert einer immer wieder durch das Stück. Sein ratloses Hin und Her steigert sich zu einem überdrehten Marionettentanz. Mal kocht er sich in seinem Hut in einer grandiosen eckigen Harlekinade ein Süppchen, mal schleicht er, ein scheinbar harmloser Irrer, herum, greift sich plötzlich eine Tänzerin und schleppt sie fort. Dabei bringt er das Kunststück fertig, jene abgründige Balance zwischen Ernst und Slapstick zu halten, die immer schon die großen Komiker, von Buster Keaton bis Charlie Chaplin, ausgezeichnet hat.

Selten gelingt eine zärtliche Annäherung wie etwa zum Ende des ersten Teils: Ganz langsam beginnt eine Frau zu live gespielter Klaviermusik von Pjotr Tschaikowski zu tanzen. Ein Mann folgt ihr, hält schützend die Hände um sie, formt sie zu zwei flatternden Flügeln, die ihren Körper umspielen. Während die Musik zu einem sanften Mandolinenkonzert von Antonio Vivaldi wechselt, bewegen sich beide in einer zarten Poesie durch den Raum. Zwei Frauen im langen Abendkleid kommen, stehen lange Zeit lächelnd an der Rampe, bis sie freundlich-förmlich erklären: »Es ist Pause.«

Arbeitet der erste Teil mit einer fast unerträglich gehaltenen Spannung, gibt Pina Bausch im zweiten den komischen Einlagen mehr
Raum. Motive werden wiederholt und mit Gegenmotiven hart kontrastiert. Momente stiller Ratlosigkeit und Einsamkeit stehen gegen Augenblicke ausbrechender Lebensfreude. Der stumme Spanner versenkt sich
selbst im »Meer«, eine Frau brennt sich mit einer Zigarette Löcher ins
schöne Kleid, ein Mann fesselt sich selbst an einen Stuhl – lauter Aktionen eines verbissenen Selbsthasses. Dabei sollte es doch eigentlich ein
glänzendes Fest werden. Souverän lächelnd führt ein Mann Partyvorbereitungen vor, demonstriert das Ankleiden, lockeren Small talk. Als er
gehen will, treibt ihn die fragile Tänzerin des Anfangs wütend mit einem
Stuhl zurück, setzt sich, stopft sich zornig die Backentaschen aus – sie will
schön sein, nicht mager, nicht verletzlich. Doch für kurze Augenblicke
gelingt der Ausbruch in eine heitere Lebenslust. Da gleiten die Männer, in
Badehose und mit Sonnenbrille, die Füße dick umwickelt, wie auf Skiern
gegen die Rampe; eine Frau hüpft wie ein ausgelassenes Kind zu einem
von Shirley Temple gesungenen Lied. Eine dick ausgestopfte Dame verirrt sich ins Museum, verfolgt von einem verklemmten Grapscher, den sie
sich im gouvernantenhaften Anstandston kaum vom Leibe halten kann.
Schließlich nagelt er ihr kurzerhand die Filzlatschen am Boden fest und
läßt die Verdutzte einfach stehen.

Eine lange Nacht senkt sich über die Szene. Zu den sanften Klängen
mittelalterlicher Musik üben vier Frauen im langen Abendkleid Handstand in stiller Anstrengung, ohne jeden Zweck. Sie lassen knallend
Bälle springen. Männer kommen herein mit einem Brett, auf dem die
Frauen in einem ganz konzentrierten, zärtlichen Akt wie auf einer Kinderrutschbahn hinuntergleiten. Entspannt sitzen alle auf Stühlen an den
Wänden, rauchen, warten, lassen die Zeit verstreichen. Ein Kellner offeriert Getränke, doch niemand wünscht etwas.

Noch einmal wacht die Szene auf. Die Schauspielerin gibt mit übertrieben laut eingespielten Geräuschen das Eifersuchtsdrama eines betrunkenen Paars; dann fahren weiße Blenden vor die Landschaftsschaufenster
und sperren die Gesellschaft in einen sterilen, ausweglosen Raum. In
gemessener Tanzhaltung, abgeknickt am Boden sitzend, robben fünf
Paare im Takt zu Maurice Ravels *La Valse* herein. Sie schwanken, rukkeln mühsam vorwärts, stoßen gegen die Wände, drehen ab. Der Kellner bringt Champagner, während die Gesellschaft ihrem Untergang

zuschunkelt. Einer rollt aus der Reihe, klammert sich an ihm fest, bringt ihn zu Fall. Der Tanz brandet gegen eine Wand, kommt nicht weiter. Verzweifelt kriechen die Paare zueinander, umklammern einander, immer weitertanzend, flüchten schließlich zu den letzten zerstörten Takten einstiger Walzerseligkeit aus dem Raum. Für einen Moment bleibt eine eisige Stille nach der Katastrophe. Dann kommt die Schauspielerin; barbusig, im langen blauen Rock, die Kippe lässig im Mundwinkel, gabelt sie Heu herein, stapelt Briketts, als stelle die gewöhnliche Arbeit den Frieden wieder her. Erschöpft lehnt einer der Tänzer an der Wand. Ein düsteres Lied von Hugo Wolf erklingt: *Alles endet, was entsteht.* Für einen Moment scheint das Stück die Zuschauer mit diesem traurigen Abgesang entlassen zu wollen, doch nimmt es noch einmal eine unverhoffte Wendung: Das Licht blendet auf; im leichten Swing zum titelgebenden Song *Two Cigarettes in the Dark* gehen alle mit ausgebreiteten Armen auf das Publikum zu – in strahlender Abendrobe: Das Fest findet doch noch statt.

Viktor

Die Bühne zeigt ein riesenhaftes Grab aus meterhohen Erdwänden, das ein Totengräber zuzuschaufeln beginnt. Zu dröhnend lauter Musik kommt eine Tänzerin lächelnd im roten Kleid an die Rampe, doch armlos wie ein zerstörter Torso. Unter der auftrumpfenden Fröhlichkeit des russischen Walzers, der schier nicht enden will, wird das Lächeln eine Anstrengung, ihr großer Auftritt ein hilfloser Akt. Ein beschädigter Mensch, der sich für einen langen Augenblick aussetzt, stumm seine Sehnsucht nach dem Glück aushält. Ein Mann kommt, bedeckt die Frau mit einem Mantel und führt sie hinaus. Teppiche werden hereingebracht, eine Frau darin eingewickelt. Wie tot am Boden liegend wird ein Paar von einem Mann getraut. Während die Musik seine Worte übertönt, dreht er beiden vorsichtig die Köpfe zum Hochzeitskuß zueinander, aber die leblosen Körper rollen wieder auseinander. Ein anderer Mann führt eine widerspenstige Frau herein, die singt, mit einem Fingerspiel Zeichen in die Luft schreibt. Er legt sie ab, versucht, peinlich berührt, die zarte

128

◁ *Le Sacre du printemps* (Malou Airaudo) | *Blaubart* (Aida Vainieri, Mariko Aoyama,
Ruth Amarante, Cristiana Morganti, Julie Anne Stanzak, Barbara Hampel) | *Blaubart*
(Hans Beenhakker)

Bandoneon (Dominique Mercy) | *Bandoneon*

Nelken | *Der Fensterputzer* (Beatrice Libonati)

◁ *Arien* | *Auf dem Gebirge hat man ein Geschrei gehört* (Helena Pikon, Pascal Merighi)

Renate wandert aus

Viktor (Anne Martin, Ed Kortlandt) | *Le Sacre du printemps*

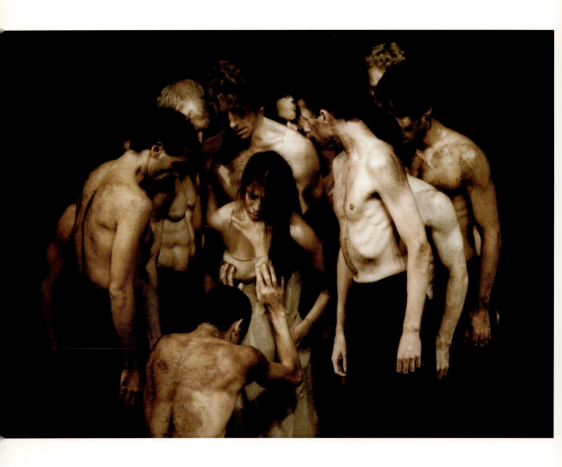

Le Sacre du printemps | *O Dido* (Fernando Suels, Jorge Puerta Armenta, Azusa Seyama, Cristiana Morganti)

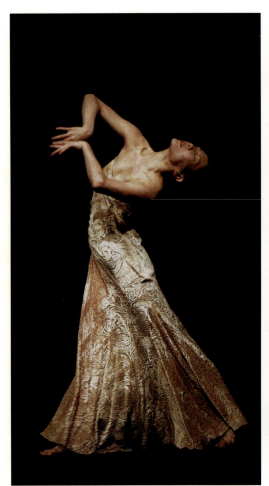

Nefés (Na Young Kim, Nazareth Panadero, Ditta Miranda Jasjfi, Melanie Maurin)

O Dido (Julie Shanahan) | *Palermo Palermo* (Andrey Berezin)

1980 (Meryl Tankard) | *Arien* (Josephine Anne Endicott, Christian Trouillas)

Er nimmt sie an der Hand und führt sie in das Schloß, die anderen folgen (Lutz Förster, Mariko Aoyama) | *Für die Kinder von gestern, heute und morgen* (Helena Pikon)

◁ *1980* (Anne Martin, Jean-Laurent Sasportes) | *Masurca Fogo*

Keuschheitslegende (Gary Austin Crocker, Anne Martin, Jan Minarik, Beatrice Libonati)

Ahnen | *Walzer*

Walzer | *Nur Du* (Nazareth Panadero)

Le Sacre du printemps (Ditta Miranda Jasjfi, Andrey Berezin) |
Die sieben Todsünden der Kleinbürger

◁ *Palermo Palermo* | *Die sieben Todsünden der Kleinbürger* | *Café Müller* (Pina Bausch)

Two Cigarettes in the Dark (Josephine Anne Endicott, Jan Minarik) | *Kontakthof*
(Anne Martin, Kyomi Ichida, Dominique Duszynski, Anne Marie Benati, Nazareth Panadero)

Kontakthof (Jean-Laurent Sasportes, Nazareth Panadero) | *1980* (Hans Dieter Knebel,
Vivienne Newport) | *Komm tanz mit mir* ▷

Komm tanz mit mir | *Die sieben Todsünden der Kleinbürger*

Tanzabend II (Madrid) (Nazareth Panadero, Julie Shanahan) | *Palermo Palermo*
(Azusa Seyama) | *Ein Trauerspiel* (Barbara Hampel) ▷

Lebensäußerung unter einem schweren Wintermantel zu ersticken. Kein Wort ist erlaubt im Massengrab.

Die Musik wechselt zu einem traurigen bolivianischen Klagelied. Zu den Seufzern, dem Weinen ruckelt eine Tänzerin sitzend, im schwarzen Trägerkleid, mit einem schlingenden Armtanz gegen die Rampe vor. Dort verkündet drohend eine Geisterstimme: »Ich heiße Viktor. Ich bin wieder da.« Sie wird zurückgeschleift und beginnt unbeirrt von vorn.

Abrupt wechselt die Szene. Zu einer heiteren New-Orleans-Musik schleppen die Männer die Frauen, die sich mühsam rittlings auf ihren verschränkten Armen halten, nach vorn. Dann findet sich der Zuschauer unversehens auf einer Auktion wieder. Rasend schnell haspelt eine Frau die vermeintlichen Gebote herunter, während hektisch Bilder, Vasen, ganze Schränke herein- und hinausgetragen werden. Der allgemeine Ausverkauf hat begonnen; eine Gesellschaft am Abgrund. Mag sie sich auch noch so sehr nach Festlichkeit und Glanz sehnen – *Viktor* konfrontiert gleich im Auftakt mit einer verzweifelten Brisanz. Die versprengte Gesellschaft ist in die Grube gefallen und träumt nur schwer sich wieder hinaus. Es ist wie der Blick in eine fremd-vertraute Welt.

Schon immer hat Pina Bausch die Erfahrungen, die sie auf ausgedehnten Tourneen mit ihrem Ensemble sammeln konnte, in ihre Stücke einfließen lassen. Rasch schien dabei das Fremde faszinierend im Eigenen auf, wurde das vertraute Bild des eigenen kulturellen Horizonts fremd. Aus der wohlbemessenen Distanz begegnete dann das Gewohnte, Bekannte wie nie gesehen, neu. Diesmal grundiert sie das aufrührende Wechselbad der Stimmungen vorwiegend mit italienischen Klängen. Es dominieren Volksmusiken aus der Lombardei, der Toskana, Sardinien und Süditalien, durchsetzt mit Werken von Pjotr Tschaikowski und Antonín Dvořák, bis hin zu Tanzmusiken der dreißiger Jahre. Einmal mehr erproben die Männer und Frauen zwischen den wechselnden Stimmungen die Möglichkeiten der Annäherung. Nur selten will sie gelingen.

Da steht ein Paar wild knutschend; eine zweite Frau mogelt sich dazu, ergaunert einige blinde Liebkosungen, wird schließlich wüst überfallen. Der nächste Mann versucht, sie schiefmündig von der Seite zu küssen, was bei ihr nur einen hysterischen Lachanfall auslöst. Ein dritter begießt sich und sie in der innigen Umarmung mit Wasser. Später steht er steif in Hut und Mantel neben einer anderen, beäugt sie förmlich, distanziert, riskiert kein Wort. Ein weiteres Paar gesellt sich dazu; sie geht in den Handstand, während er lakonisch die Festigkeit ihrer Oberschenkel prüft.

Aber nicht nur die Frauen sind bloßer Gegenstand einer rüden Fleischbeschau. Wenn eine Frau einen Mann wie ein Baby auf den Armen trägt, gilt ihr einziges Interesse seinem monatlichen Einkommen. Eine andere balanciert in gravitätischem Stolz einen Wäschekorb auf dem Kopf. Ein Mann schlägt einen Salto um ihren Arm, doch das überraschende Kunststück beeindruckt sie nicht. Etwas in den Beziehungen ist aus dem Lot, läßt sie zu einer schrägen Bläsermusik schief aneinandergelehnt gehen, gestützt aufeinander und doch nicht verbunden. In eisiger Stille sitzt ein Paar beieinander. Wütend blafft sie ihn an: »Du bist ja so gesprächig und so spendabel!« Aggressiv hält sie ihm das Märchen der Großmutter aus Georg Büchners *Woyzeck* entgegen. Schneidend schließt sie: »Und da sitzt es noch immer und ist ganz allein.« Doch nichts durchbricht sein Schweigen; beide gehen ab. Erst später, wenn die traurige Tänzerin des Anfangs zu ihm kommt, findet er eine Partnerin. Da durchläuft er eine lange Verwandlung, ist erst eine verhärmte alte Frau, die sorgsam Krümel für Krümel eines kargen Mahls verzehrt. Dann schält er sich aus Kopftuch und Mantel, steht schnarchend hinter einem Mikrophon, läßt sich nur widerwillig zum Verzehr einiger zugesteckter Kekse bewegen, wacht schließlich auf, schaut lange die Frau an, bevor er Wange an Wange rauchend mit ihr hinausgeht. Nicht der plötzliche geile Überfall, nur die vorsichtige Annäherung hat Aussicht zu gelingen.

In ihrer Verlassenheit träumen sie alle vom großen Auftritt, der doch nie gelingt. Entweder ist er eine groteske Inszenierung, wie bei der Frau, die einige Männer halb ohnmächtig vor einem Mikrophon mit Buch drapieren, ihr die Mundwinkel zu einem Lächeln verziehen. Oder er gerät absurd, wie bei dem Mann, der im Abendanzug mit kunstvoller Geste auf einer Kreissäge Holz zerkleinert. Auch der Traum vom Reichtum entschädigt nicht. Geschäftig zerrt eine Frau ihre Pelze aus dem Kühlschrank, überprüft ihren Zustand. Später sitzt sie einsam rauchend auf einem Stuhl, dreht dem Publikum den Rücken zu, will nicht angesehen werden.

Sie alle sind Wanderer, Reisende, die sich danach sehnen, aus dem Gefängnis ihrer Einsamkeit auszubrechen. Aufgebahrt liegt ein Mann, von allen verlassen, im Riesengrab. Seine Armbanduhr erweckt ihn wieder zum Leben; laut schreit er einen klischeehaften Reisebericht, dann

130

bricht er weinend zusammen: »Ich will schlafen, essen.« Ein vorübergehender Wanderer schaut ihn nur ratlos an.

Eine bittere Sehnsucht gilt auch dem Tanz. Demonstrativ stopft sich eine Frau rohes Fleisch in die Spitzenschuhe, bindet sie um und absolviert damit einen langen einsamen Tanz zu einem Ausschnitt aus Tschaikowskis *Symphonie h-Moll Nr. 6 »Pathétique«*. Unvermittelt bricht sie ab. Nur einmal ganz zu Anfang trifft sich das Ensemble zu einer eng getanzten Polonaise. Während eine Frau ausgelassen lacht, nicht zu beruhigen ist, schlängelt sich die Reihe ins Parkett. Rudi Schuricke singt dazu »Du bist so zauberhaft«.

Gegen Ende des ersten Teils kehrt das Motiv wieder, aber es geht zu wie beim »Ball der einsamen Herzen«. Zu einer Tarantella kommen lauter charmante ältere Herren herein, reichen den Damen die Mäntel; sie plaudern angeregt, schminken sich. In grotesker Verzerrung taucht eine Lady en travesti auf, führt Kunststückchen vor. Dann müssen die Frauen vor einem Mann auf Stühle steigen, die Röcke raffen, Bein zeigen, sich Bänder ins Haar binden. Zufrieden malt er ihnen Strumpfnähte auf die nackten Beine. Unvermittelt kehrt sich die Szene um. Zu einem traurigen russischen Walzer sitzen plötzlich die Männer an der Rampe und schminken sich wie die Frauen, die sie ratlos anschauen, dann doch einen förmlichen Paartanz mit ihnen beginnen. Wieder kommen die alten Herren herein, reihen sich ein – und für einen Moment breitet Harmonie sich aus. Zu *Puttin' on the Ritz* nimmt das Ensemble mit einem Revuetanz einen beschwingten Anlauf gegen die Rampe, an der die Herren wie eine Verlängerung des Zuschauerraums sitzen. Doch mürrisch scheucht die skurrile Lady alle auf die Ausgangsposition zurück. Der Spaß darf nicht überspringen.

Die Lust am eigenen Leib, die im Tanz sich Bahn brechen will, wird immer wieder kujoniert. Im zweiten Teil, nach der Pause, übernimmt das verkaufte Mütterchen als mürrische Alte die Regie. Skeptisch starrt sie zwei Frauen an, die genüßlich die Arme um Brüste, Kopf, Mund und Schultern kreisen lassen. Wenn ein Mann in sanften Sprüngen an einem Stab den Raum ausmißt, ein anderer als Bauchtänzerin verkleidet die Hüften wiegt, kommandiert sie schnell eine Frauenriege herein, die in steifen, schweren Schritten, die Arme weit ausholend, vorbeiparadiert. Unwirsch korrigiert sie, schickt einzelne zurück. So wird der Tanz zu einer Last oder einer einsamen Leidenschaft. Eine Frau absolviert ihn voller Hingabe, während zwei Männer ihr unbeteiligt rauchend ein Tuch vorhalten. Erschöpft hört sie auf, steckt eine Zigarette an, wird von der Alten mit Anweisungen traktiert. So verfliegt alle Fröhlichkeit wie bei der Frau, die wie ein Kind im Kreis hüpft – bis zur völligen Erschöpfung. Frustriert erscheint die Tänzerin als Betrunkene, verflucht die männliche Bauchtänzerin, schreit das Publikum an: »Haut ab!« Unbeirrt führt die Alte ihre Frauenreihe herein, bevor alles in eine wilde Panik verfällt. Zu einem schwungvollen Marsch (Komponist ist der titelgebende Viktor) rennen alle kopflos, balancieren wie über einem Abgrund, spannen Seile, schreien, torkeln und taumeln. Dann beruhigt sich die Szene, und plötzlich ist es wie im Traum.

Als lebendigem Wasserspeier wird einer Frau der Mund mit Wasser gefüllt. Zwei Männer waschen sich unter dem feinen Strahl, dann eine Frau. Ein junger Mann schaut schüchtern einem Mädchen unter den Rock, sie lächelt, er bekennt stotternd, er könne sich nicht vorstellen, daß seine Eltern miteinander schlafen. Eine andere Frau erhält von einer müden Lehrerin Ballettunterricht. Stolz schaut er zu, fixiert ihren Arm, ihr Bein in Arabesque-Position, setzt sich strahlend davor und merkt nicht, daß er in seiner Unbekümmertheit das Mädchen wie ans Kreuz geheftet hat.

Die Ruhe ist von kurzer Dauer. Wieder mischt sich die allgegenwärtige Alte ein, dressiert eine Tänzerin. Als wolle sie deren Verzweiflung herausschreien, brüllt eine Frau, den Kopf zwischen zwei Steine gepreßt. In einer komischen Nummer strandet ein Mann in einem Café bei dem Versuch, eine Bestellung aufzugeben. Die drei trägen, schlampigen Kellnerinnen betrachten jeden Gast als unbotmäßige Belästigung.

Wie zum Beweis des Gegenteils solcher Ungastlichkeit sitzen wenig später die Frauen an Tischen an der Rampe, schmieren Brötchen, die sie mit charmantem Lächeln ins Publikum reichen. Schuricke singt »Du bist so zauberhaft«. Eine heiter-gelöste Atmosphäre greift Platz. Die alten Herren treffen sich im Hintergrund zur Stammtischrunde. Zu einem von Fred Astaire interpretierten Song proben die Frauen einen kurzen Flug ins Glück. An langen Seilen hängen sie, schaukeln im prächtigen Abendkleid, lächeln trotz aller Anstrengung: »I'm in heaven«.

Die dominante Alte kann solche Seligkeit nicht dulden; schlagartig wechselt die Musik. Jetzt drillt sie die Männer, die die gleiche Sequenz absolvieren müssen wie die Frauen und genauso zurückgeschickt werden. In einer Kintoppeinlage wird eine Großmutter im Bett ermordet, dann senkt sich Dunkelheit über das Bild, alle gehen ab. Übrig bleibt die schreiende Frau, die als einzige ein Zeichen ihrer Verzweiflung gibt. Wie gekreuzigt an eine Stange voller Kleider, wird eine Frau nach vorn geführt. Zwei Männer markieren auf der Stelle einen genau abgezirkelten Tanz zu einem kehligen Volkslied, die Füße akkurat hin und her setzend. Es ist, als herrschten endgültig wieder die von der Alten verteidigten ehernen Regeln eines archaischen Bauernlebens, das keinen Ausbruch duldet.

Noch einmal erscheint das beziehungslose ältere Paar. Noch einmal schnarrt sie ihm schneidend das Märchen der Großmutter entgegen. Aber nichts löst ihn aus seinem Schweigen. Stumm bleiben die beiden nebeneinander sitzen; keiner kommt, der sie aus ihrer zweisamen Einsamkeit erlöst. Am Endpunkt angekommen, beginnt das Stück von vorn.

Zu Takten aus Tschaikowskis »Pathétique« steht wieder die Frau armlos lächelnd an der Rampe. Teppiche werden hereingetragen, das tote Paar am Boden liegend getraut, die Lebenszeichen der singenden Frau unter einem Mantel erstickt. Wieder haspelt die Auktionatorin in rasendem Tempo die Gebote herunter, beginnt die Tänzerin ihren mühsam-traurigen Sitztanz, wird zurückgeschleift. Dann ist es für einen Augenblick still. Das ganze Ensemble setzt sich zu ihr, und noch einmal erklingt das bolivianische Klagelied. Mit hängenden Köpfen schaukeln alle auf die Zuschauer zu. Nur die Tänzerin schlingt ihre Arme, behauptet ihren Schmerz über alles, was fehlt, tanzt ihre Trauer über das, was verloren und vielleicht – wer weiß es – nicht wiederzugewinnen ist.

Scheinbar ohne Trost entläßt *Viktor* sein Publikum. Die Menschen auf der Bühne erscheinen am Rand eines Abgrunds, in ihrer Existenz bedroht: von einem äußeren Inferno oder von inneren Zusammenbrüchen. Mit jedem Stück absolvieren sie ihre heiklen Balanceakte neu, als wollten sie sagen: Nur was sich im panischen Schrecken, im Aushalten äußerster Einsamkeit bewährt, hat Bestand. Nur eine Freude, die vom Grund durchstandener Trauer aufsteigt, hat Gültigkeit. Es ist, als müßte sich in den harten Wechselfällen, aufs äußerste zugespitzt, die Existenz jedes einzelnen erst bewähren, um seine Substanz zum Vorschein zu bringen. Das Leiden an der ungefügen Welt, will das bedeuten, ist eine Übung, die letztlich erstarken läßt. Wenn alles durchgestanden ist, wenn sich die Illusionen verbraucht haben und man sich und die anderen anschauen kann, wie man ist – erst dann steht man unanfechtbar da. Eine Souveränität ist das, die eine wahre Freiheit bedeutet, von keinem Schein, von keiner Maskerade und keinem Selbstbetrug getrübt.

So ist der Trauergrund, dem die Stücke der Pina Bausch entspringen, keine Sackgasse der Hoffnungslosigkeit. Er erzählt von einer Verletztheit, die ausgehalten und durchgestanden sein will. Die nicht abläßt, bis sie das Glück, ganz bei sich selbst zu sein, wiederhergestellt hat. Dafür werfen die Menschen in den Stücken des Tanztheaters all ihre Energie ins Feuer ihrer Leidenschaften. Sie verstehen es, sich ganz hinzugeben, ohne Rest. Das führt sie – sind sie nur ehrlich und genau – am anderen Ende aus der Malaise hinaus. Es ist wie in der Weisheit alter Märchen: Ein Vertrauen wird wiederhergestellt, daß das Leben einen trägt. So erfüllt das Tanztheater die immer schon gestellte Aufgabe der Kunst: einen genauen Blick auf die Verhältnisse zu werfen, ihre Grundkonflikte zu formulieren und zugleich den Menschen auszusöhnen durch ein ruhiges Anschauen dessen, was ist – in all seinen mitunter beängstigenden Facetten und in all seinen Möglichkeiten.

Das ist, was der beständige Flirt mit dem Publikum im Tanztheater will: ein Einverständnis herstellen über die Not und über die Sehnsucht, die allen gemeinsam ist. »Ich bin«, sagt Pina Bausch in einem Gespräch, »ein realistischer Optimist.«

Ahnen

Ungewöhnlich in der Musikwahl und aggressiv ist der Auftakt der einzigen Neuproduktion der Spielzeit 1986/87. Aus den Lautsprechern dröhnt der stursinnige Rhythmus einer Punkgruppe. Wenn das Licht aufblendet, zeigt die Bühne eine Wüstenlandschaft, von lauter riesenhaften stacheligen Kakteen bewaldet: ein keineswegs öder, doch gefährlicher Irrgarten menschlicher Ängste und Sehnsüchte. Auf einer Sandbank im Hintergrund liegt reglos ein Seelöwe – wie gestrandet oder nur sich sonnend. Ein pomadiger Punk in Schottenrock und Lederjacke führt Personen herein und gruppiert sie zum Standfoto: einen Mann und eine Frau, beide im Leopardenabendkleid mit Katzenmaske, daneben ein

134

konventionelles Paar im Stil der zwanziger Jahre, einen Mann mit einem Kopfsalat, einen Strumpfmaskenträger – lauter Personen, die nichts miteinander gemein haben, wie zufällig verirrt im Kakteenwald oder wie eine planlos zusammengewürfelte Reisegesellschaft.

Die Heavy-Metal-Musik wird von lauten Glockenklängen abgelöst. Ein Mann tanzt ein kleines Solo, bei dem er den in den Raum hinauszeigenden Finger immer wieder gegen sich selbst richtet. Dunkelheit fällt über die Szene. Eine Frau geht mit einer großen Glocke um den Hals vorüber. Männer heben einen auf einen Stuhl, tragen ihn stehend wie eine Prozessionsfigur. Eine Frau kommt, zeigt einen kurzen schottischen Volkstanz, wird auf einer Bahre wieder hinausgetragen. Erneut wechselt die Musik, kombiniert den beharrlichen Rhythmus einer Maultrommel mit ohrenbetäubendem Preßlufthammergeräusch. Zwei Männer zeigen dazu einen knappen Fußtanz auf der Stelle, behaupten einen Ort inmitten des Chaos. Eine Frau tippelt durch die Szene, eine andere streift verwundert im langen roten Abendkleid zwischen den Kakteen. Im Hintergrund richtet eine auf der Sandbank eine Baustelle ein, karrt Steine heran, beginnt ein Haus zu bauen, das nie fertig werden wird.

Es ist, als habe sich jemand die verschiedenen Menschen aus unterschiedlichen Schichten und Zeiten ausgesucht und sie gemeinsam in eine Wüste geschickt, herausgefordert, sich zu bewähren. Unbeirrt tun sie, was sie auch sonst tun; darum will nichts so recht zusammenpassen. Es geht zu wie auf einer offenen Baustelle: Sie bauen, sie zerstören, aber keiner kennt den dahinter wirkenden Plan. So liest sich auch dieses Stück wie ein Zwischenbericht einer Feldforschung, die die verschiedenen Charaktere zusammenführt, sie aufeinanderprallen läßt, oft genug, um sie in einer babylonischen Verständigungslosigkeit, in einem skurrilen Neben- und Gegeneinander zu zeigen. Häufiger als in anderen Stücken sinkt in *Ahnen* – das in seinem Titel offenläßt, ob es sich um unbekannte Vorfahren oder dunkle Vorahnungen handelt – die Stimmung in eine allgemeine Ratlosigkeit, ein dumpfes Brüten. Keiner weiß weiter; man kann nur da sein, ausharren, warten – oder leise Zeichen geben.

Immer wieder senkt sich Nacht auf die Szene, wird es still, erklingen leise Musiken aus Mittelalter und Renaissance oder italienische Lamenti. Dann geschieht minutenlang kaum etwas. Eine Frau kommt, sitzt an der Rampe, zerreibt Seife zu Pulver; eine andere wickelt einen nassen Faden aus einem Eimer zum Knäuel. Ein Bett wird hereingetragen und warm gebügelt; in einem großen Kessel wird gekocht. Es sind die alltäglichen Vorgänge, Arbeiten, bei denen die Zeit vergeht.

Ein Indianer sitzt stumm im Kakteenwald – wie ein Relikt aus einer vergangenen Zeit. Es geht darum, auch das Schweigen auszuhalten, sich nicht, wie Pina Bausch es während der Proben formuliert, »in Sprache zu retten«. Das Programmheft zitiert einen Sioux-Indianer: »Wann immer wir von heiligen Dingen sprechen, bereiten wir uns selbst durch die Opferung vor. Einer stopft seine Pfeife und reicht sie dem nächsten, der sie anzündet und dem Himmel und der Erde anbietet. Wir rauchen gemeinsam. Erst dann sind wir bereit zu sprechen.« Wenn überhaupt, erhalten die Worte erst aus der Stille heraus wieder Gewicht. Meist aber bezeugen sie eher ein absurdes Aneinandervorbeireden. Da schaffen drei Männer Sessel zur Rampe, wickeln sich in Decken und liegen aufgereiht nebeneinander wie im Sanatorium. Der erste, mit auf den Lidern aufgeklebten weit aufgerissenen Augen, singt leise die Arie der Carmen vor sich hin. Der zweite, ein Bilderbuchfranzose mit Baskenmütze und unvermeidlicher Zigarette im Mundwinkel, übersetzt mit trockener Ironie dem dritten den Text. Der sitzt, als Chinese verkleidet, bedächtig nickend dabei und scheint doch hinter der unbewegten Miene nicht ein Wort zu begreifen. Die Zeit steht still; die drei beziehungslosen Figuren eint allein ein zum Gassenhauer verkommenes Lied über die Liebe. Doch die darin beschworene Leidenschaft ist fern wie eine mögliche Verständigung zwischen den dreien.

Beziehungslosigkeit herrscht – wie stets – auch zwischen den Paaren. Während die Frau staunend durch die Wüste geht, folgt ihr still ein Mann mit einem Geschenk, den sie gar nicht beachtet. Treffen die Partner doch einmal aufeinander, dann zum freundlich-boshaften Zweikampf. Sie demonstrieren mit lächelnder Miene, wie sie sich gegenseitig die Arme ausreißen, mit der langgezogenen Zunge erdrosseln, die Augäpfel aus den Höhlen drehen und sich gegenseitig in den Mund stopfen. Sind sie fürsorglich miteinander, dann wie der Mann, der die Frau wie eine Gans mästet.

Unberechenbar ist die Liebe, wie es im Lied der Carmen heißt, und nicht zu halten. Aber unversehens, wenn man es am wenigsten vermutet, ist sie wieder da. Dann finden sich alle, in zwei Reihen hintereinander, zu einem intimen, ganz ruhigen Paartanz, schwanken langsam vor, während einer Klavier spielt, ein anderer Saxophon. Es ist wie am

136

Ende einer Party, entspannt und zärtlich. Da kann man einander auch trösten wie die Frau, die von den Männern mit Brot abgerieben wird. Man kann sich die Verletzungen liebevoll verbinden, wie die Frau, die dem Mann seine Schußwunden verpflastert. Aber die kurzen innigen Momente sind immer von einer namenlosen, nicht zu überwindenden Trauer grundiert.

Durch das ganze Stück wird immer wieder eine offensichtlich reiche einsame Dame hereingeführt. Mit Kopftuch und Sonnenbrille sitzt sie am Tisch, den ihr der Butler richtet, liest stumm in alten Briefen, hängt Erinnerungen nach wie einer verlorenen Liebe. Depressiv hält sie einen Revolver in der Hand, spielt mit Selbstmord. Einmal schießt sie in die Luft, als wolle sie ein Zeichen aus ihrer Verzweiflung heraus geben. Dann brechen all ihre intimen Tänze ab, flüchten. Der Butler richtet sie wieder auf, haucht ihr zärtlich ins Ohr, beruhigt sie. Später sitzt sie wieder einsam am Tisch, wickelt Rosen in nasses Zeitungspapier, die niemandem überreicht werden. Der Butler bügelt im Hintergrund das verknitterte Papier wieder trocken – ein sinnloser Kreis von Tätigkeiten in einer leer verwarteten Zeit.

Manchmal verschlägt die Trauer eine Tänzerin in eine taumelnde Benommenheit; sie muß gestützt, geführt werden, ist außer sich. Es sind stille Zeichen, die auf Verletzungen hinweisen, über die man nicht sprechen, vor denen man sich nicht »in die Sprache retten« kann. Sie führen einen Mann zu einer stummen Selbstbestattung. Er legt sich in ein großes Aquarium, läßt sich mit Wasser zugießen, bis er leichenhaft unter der Oberfläche treibt – ein Toter vielleicht oder einer, der die schöne Schwerelosigkeit im Wasser genießt.

Es gibt in *Ahnen* immer wieder Bilder, die von der Sehnsucht erzählen anzukommen, auszuruhen. Sorgsam bereitet sich ein Mann ein Bett aus Heu. Eine Frau legt sich zum Schlaf in die Wüste und wird von einer anderen mit Steinen ummauert, gegen alle Gefahren geschützt. Das ist mehr, als sich von den Kämpfen um das Glück zu einer kurzen Rast wegzustehlen. Es ist die unausgesprochene Sehnsucht, endlich in der Welt anzulangen, entspannt da sein zu können: in einer Geborgenheit, die – keiner weiß wann – verlorengegangen ist.

Seitdem ist das Leben an einen unwirtlichen Ort, in eine Wüste verschlagen, durch die der Wind wie in einer Western-Geisterstadt Papierfetzen jagt. Die Frauen sitzen an der Rampe, sprechen ins Leere, verschränken die Arme zu einem kokettierenden Tanz, bis ein großer Modellhubschrauber sie alle mit tosenden Rotorblättern vertreibt.

Die Ruhe ist unsicher und ständig bedroht. Jederzeit kann die Stimmung umschlagen. Zu einem kehligen afrikanischen Gesang steigert sich die Szene zu chaotischer Hysterie. Ein Mann trägt ein brennendes Tablett; zwei suchen, einer auf den Schultern des anderen stehend, die Balance zu halten; ein anderer soll durch einen brennenden Reifen gegen die Wand springen. Aus allen Richtungen laufen die Tänzer herein, markieren kurze, hektische Tänze am Platz, fliehen wieder. Nur eine Frau steht ungerührt, während ihre lange Schleppe in Flammen aufgeht – bis der Spuk sich verflüchtigt, alle anfangen zu wischen, die Spuren des Ausbruchs zu beseitigen.

Gegen die Attacken innerer Not hilft nur der Humor. Da führt ein Mann an der Rampe lauter charmante Huttricks vor. Später zeigt er zu einer swingenden Musik einen trippligen Fächertanz im engen roten Abendkleid, erzählt eine Katz-und-Maus-Geschichte mit deftiger Pointe. Auf der Flucht vor der Katze läßt sich die Maus in ihrer Not von einer Kuh zuscheißen. Unglücklicherweise schaut noch der Schwanz heraus. Die Katze sieht ihn, zieht die Maus heraus und frißt sie. Lakonisch verkündete Moral: Nicht jeder, der dich bescheißt, ist dein Feind; und nicht jeder, der dich aus der Scheiße zieht, ist dein Freund.

Eine Erlösung schafft die Komik nicht, nur eine Erleichterung – für einen kurzen Moment, in dem man gemeinsam mit dem Publikum darüber lachen kann, wie schwer es ist, das stete Auf und Ab der Gefühle auszuhalten und die Suche nach der Liebe nicht aufzugeben.

So endet auch *Ahnen* dunkel und chaotisch, wie es begonnen hat. Die Welt ist aus den Fugen und die Trauer nicht beruhigt. Noch einmal kocht die Stimmung in einer hektischen Unruhe auf. Der eiserne Vorhang fährt herunter. Auf schmalem Grat an der Rampe turnt der ausgeflippte Punk an einer Stange. Man drängelt, schiebt sich vorbei. Dann gibt der Vorhang die Szene wieder frei: Auf den Tod traurig legt sich der Mann ins Aquarium, läßt sich treiben. Wieder sitzen die Frauen, reiben Seife, wickeln ein Knäuel. Das Leben geht weiter.

Im Programmheft notiert der Dramaturg Raimund Hoghe eine Probenanekdote: »In einem Magazin ist das Bild einer alten Tänzerin zu sehen, die vor zwanzig Jahren im Death Valley strandete und sich dort einen Traum erfüllte, ein eigenes Theater eröffnete. Ihr Publikum ließ sie

138

sich an die weißen Wände malen. Auf dem Foto steht sie im roten Ballerinenkleid im Tal des Todes und tanzt vor einem verfallenen Haus.« Pina Bauschs Reaktion: »Die Wirklichkeit kann man ja gar nicht überbieten.«

Die Klage der Kaiserin
Film

Ein träg-schräger Trauermarsch legt eine melancholische Stimmung über die Szene. Es ist ein naßkalter Herbst. In einem Park, zwischen hohen Bäumen, kämpft sich eine Frau mit einem Laubgebläse ab und trägt dabei einen Revolver in der Hand. Schnitt. Zwei weitere Frauen führen ruhig zwei Hunde durch Unterholz. Schnitt. Eine Frau, als Bunny verkleidet, stöckelt wie verirrt, zunehmend erschöpfter, über einen feuchten, gepflügten Acker. Schnitt. Wie ein kleines Mädchen rennt eine andere durch einen finsteren Wald und schreit verzweifelt nach der Mutter. – Das Bunny taumelt, fällt, richtet sich wieder auf. – Alte Männer in dicken Wintermänteln stapfen durch die schweren aufgebrochenen Schollen. – Frierend warten zwei Frauen in Badeanzügen an einem Straßenrand. – Eine Frau geht rauchend, nur in Unterhose und Jacke, an einem Treibhaus entlang. – Eine andere, eine seltsame Bäuerin in Badeanzug und Kopftuch, schleppt ein Schaf, zerrt eine störrische Ziege hinter sich her. – In einem schönen blauen Abendkleid, einen Arm wie amputiert, irrt eine Frau durch den Wald, sucht jemanden, etwas. – Die Raucherin sitzt mitten im dichten Straßenverkehr, stoisch, unbeirrbar. – Die alten Männer tragen schreiende Babys durch den Wald. – Keuchend gräbt ein Mann im schwarzen Anzug auf dem Acker, als müsse er etwas verbergen. Dazu klingt wie eine nicht enden wollende Klage der Trauermarsch.

Es ist Spätherbst/Winter. In einer langen Exposition entwickelt Pina Bauschs Film, den sie 1988 anstelle eines neuen Tanzabends erstellte, seine Charaktere, legt lauter kleine Geschichten an. Eine düstere Stimmung liegt über der Szene: verzweifelte Suchbewegungen, voll innerer Anspannung, beharrliches Brüten, selbstversunkenes Warten auf etwas, was man nicht genau kennt. Eine Kompanie hat es aus dem Theater aufs Land, hinaus in die Stadt verschlagen. Innen- und Außenräume sind vertauscht. Wo sonst der Reiz poetischer Verfremdung oft darin bestand, ein Stück Natur hinein ins Opern-, ins Schauspielhaus zu holen, verirrt sich die Truppe diesmal in ihren bunten Theaterkleidern hinaus in die Fremde. In ihren meist sommerlichen Kostümen wirken sie in der unwirtlich kalten Landschaft verloren und verletzbar oder am falschen Platz. Nichts paßt zusammen, die Orte und Zeiten haben sich vertauscht, sind verwechselt. Da behauptet keiner mehr seine gewohnte Identität. An den Normbruchstellen der Kollisionen aber, in den harten Schnitten und Stimmungswechseln, entstehen Raum und Zeit für eine Ahnung dessen, was auch diese Expedition ans Licht bringen will: ein Träumen von jener verlorenen Zeit, als man noch ganz bei sich selbst sein konnte und ganz in der Welt.

Pina Bausch hat *Die Klage der Kaiserin* – der Titel ist einer alten chinesischen Komposition entnommen – angelegt wie eines ihrer Bühnenstücke. Kein Plot, keine Story leiten durch eine Handlung. Die Geschichte ist aufgelöst in viele kleine Geschichten. Die meist langen Einstellungen lenken einen ausdauernden Blick auf die Dinge, die Menschen, ihr Suchen nach Glück. Eine Fragmentgeschichte in kontrastierenden Schnitten, die doch die besonderen filmischen Mittel für sich nutzt. Außen- und Innenaufnahmen wechseln einander in freier Komposition ab. In intensiver Intimität zeigt ein Close-up ein weinendes Gesicht minutenlang und schneidet in der Raumtotalen eine müde lachende Frau in einem Ballettsaal dagegen. Landschaftstotalen wechseln zu Regenbildern in einem dunklen Irgendwo, nicht Innen-, nicht Außenraum.

Dabei schreibt der Film mit leichter Hand eine Topographie der Heimat des Tanztheaters: der Stadt Wuppertal und des umgebenden Bergischen Landes. Mühelos verweben sich Stadtgesicht und die Gesichter der Menschen mit den poetischen Innenbildern einer Exkursion in die aktuellen Seelenlandschaften. Äußere und innere Landschaften spiegeln einander – mal verzerrt, vergrößert, mal gelassen ruhend. Wie in Georg Büchners *Lenz* reflektiert die Landschaft ein Panorama schwankender Gefühle – zwischen Trauern und Hoffen, verzweifeltem Aufbegehren und gelassenem Ausharren.

In dieses Spannungsfeld montiert Pina Bausch auch in der *Klage der Kaiserin* die Ergebnisse ihrer Probenfragen, die keine Lösungen vorgeben, nur den Standort, die Nähe und Ferne zwischen den Menschen, genau vermessen. Ganz allmählich schälen sich Motivgeschichten heraus: etwa von der einsamen Raucherin, die mit nacktem Oberkörper dasitzt,

140

eine Binde vor Augen, wie um die Welt nicht zu sehen oder nicht erkannt zu werden. Später steht sie im Bad, wählt eine Telefonnummer, läßt Wasser rauschen, knistert mit Papier, betätigt die Klospülung, sagt kein Wort. Mit einem Mann steht sie tropfnaß in einer Regennacht, fragt in die Kamera, was sie tun, wohin sie schauen soll; niemand antwortet. Minutenlang steht das Paar stumm, keiner, der sie erlöst, sie entläßt. Mit dem Mann trifft sie sich wieder beim Essen. Den Schmuck des Tutanchamun auf dem Kopf erzählt sie von der Erbauung der Pyramiden und läßt dabei ganz beiläufig die Kleider fallen. Der Mann zeigt keine Reaktion. In ihrer Verzweiflung chargiert sie vor einem Theatervorhang in der Rolle der Besoffenen, krächzt einen Text wie im Märchen: »Jetzt komm' ich noch einmal und dann nimmermehr. Mich wundert's nicht, daß einer stirbt vor des Geliebten Zelt. Mich wundert nur, daß einer liebt und sich am Leben hält. Ich sprach: ›Du bist mein Leben.‹ Sie sprach: ›Ich end' es bald.«« Die Verletzung, scheint es, reicht tief und kann nur im Suff ertragen werden. Torkelnd eine Flasche schwenkend, schwankt die unglückliche Alkoholikerin durch eine Schafherde, ein schwarzes Lamm im Arm. Dann liegt sie wie tot auf der Wiese am unteren Bildrand. Über ihr spannt sich, groß und weit, ein unbeteiligter Himmel.

Immer wieder insistiert der Film auf der Not, die Liebe in die Welt zu bringen, sich aus der Einsamkeit zu befreien. Da ist Leben wie ein Kampf mit einer großen Last. Zitternd balanciert ein Mann einen schweren Kleiderschrank auf seinem Rücken über eine Wiese. Er strauchelt, setzt ab, lädt sich die Last von neuem auf, will nicht aufgeben. Ein Baby zurrt er an einem Seil schwebend in einem Baum fest, als wolle er es in Sicherheit bringen. Später sitzt der einsame Wanderer im Rinnstein, um sich zu rasieren, während schöne Zigeunermusik dazu erklingt. Vorbeifahrende Autos spritzen ihn naß – ein verlorener Tramp.

Auf-sich-selbst-zurückgeworfen-Werden, Warten, Brüten und Träumen hat in der *Klage der Kaiserin* viele Gesichter. Tropfnaß steht ein Mann in einem Tüllkleid allein im Regen, während eine Trommel einen unerbittlichen Zeitpuls schlägt. Wie tot liegt er im Wasser, im Schnee, schon halb zugeweht, irrt mit Flügeln am Trenchcoat wie in *Renate wandert aus* durch den Wald. Oder er steht, im langen Tutu und geschminkt wie eine alte Ballerina, an eine Wand gepreßt, während vor ihm drohend nah ein Modellhubschrauber kreist. Das Kleid fliegt im Wind der Rotorblätter; er verzieht keine Miene.

Manchmal ist es nur ein endlos langer Blick, der für Minuten alle Ratlosigkeit einfängt, aber auch die Fähigkeit auszuharren.

Immer wieder taucht ein Mann auf, der, den Körper mit Schlamm eingerieben, in einem Blumengeschäft sitzt, wartet, raucht, dann aufsteht, zu einer arabischen Musik einen Bauchtanz probiert, sich wieder hinsetzt. Ein anderer geht in einem langen Abendkleid sinnend durch einen prächtigen alten Ballettsaal, streicht zärtlich mit der Hand über die Stangen. Später sitzt er mit sich selbst redend in einem kitschigen Kino, träumend wie von ganz anderen Zeiten. Niemand kommt. Eine Frau läuft singend, Akkordeon spielend im dünnen Sommerkleid über Schneefelder, trotzt der Kälte und dem Alleinsein.

Das Leben ist mitunter ein Spiel, bei dem man gnadenlos wieder auf Start gesetzt wird – wie der Mann, der im Schneetreiben auf Knien durch den Wald hetzt und von zwei anderen wieder auf seinen Startpunkt zurückgeschleift wird. Er beginnt von vorn. Es verleitet zu Akten einsamer Grandiosität, wenn man allein im Regen vor einem Tisch voller Geschirr sich selbst große Oper mit großer Geste dirigiert. Oder man fühlt sich wie das wieder und wieder nach der Mutter schreiende Kind. In einer langen Einstellung fährt die Kamera parallel zu ihr, während sie heulend über die Felder in den Wald hinein rennt. Billie Holiday singt dazu *Strange Fruit*, einen alten Blues über das Elend der Sklaverei, eine Klage aus tiefster Verlassenheit.

Wieviel Nähe die Menschen aushalten und wieviel Distanz sie aufrechterhalten müssen, untersucht der Film immer wieder an Paaren. Es gibt die Jungverliebten in wechselnder Besetzung. In einer Szene sieht man in Großaufnahme ihr unbewegliches, schönes Gesicht, während eine Männerstimme leise Liebesworte spricht, sie neckt, in die Nase zwickt. Wenn sie (beide in Tüllkleidern) miteinander zärtlich werden, ist sie nur auf den korrekten Sitz ihres Kleids, die Makellosigkeit ihres Make-ups bedacht, unnahbar.

Es gibt das ältere Paar, das beständig seine eingeschliffenen Rituale zelebriert. Immer wieder muß er sie, auf seinen Schultern stehend, durch Räume schweben lassen. Sie will fliegen, das Glück erfahren – und beschimpft ihn doch nur dauernd, unzufrieden. Wie eine stumme Anklage steht sie mit zwei nackten Kindern, die sich heulend an ihr festklammern, und läßt sich später auf einem Drehstuhl vermessen und wie fürs Verbrecheralbum fotografieren.

142

In den alltäglichen Zwängen, rüden Abweisungen geht alle Leichtigkeit verloren. Ein Junge wird von einem Lehrer im klassischen Tanz unterrichtet und dabei mit bösen Vorwürfen unter Druck gesetzt. Wenig besser ergeht es ihm bei einer Sprechlehrerin, die ihn mit korrekten Artikulationsübungen malträtiert und als hoffnungslosen Fall abtut. Erst als er mit seinem Freund zusammenkommt, beide strahlend, innig miteinander tanzen, erfüllt sich ein Moment eines ganz unbefangenen Glücks. Schüchtern lächelnd sitzen sie vor einem festlichen Essen, lächeln, trauen sich nicht anzufangen.

Für nur wenige Augenblicke öffnet Pina Bausch den Ausblick auf eine unbeschwerte Leichtigkeit: Da kreisen Tänzer auf Rollschuhen, Männer wie Frauen im festlichen Abendkleid, von außen gefilmt hinter hell erleuchteten Erkerfenstern – ein irreal schwebendes Fest, ein unverkrampfter Spaß wie beim Kindergeburtstag.

In einer anderen langen Einstellung sieht man zu Tangomusik nur die Beine eines Paars, wie sie umeinander wirbeln, einander umspielen, umwerben.

Trotzdem ist *Die Klage der Kaiserin* kein harter Film. Die Musiken – der wie ein Leitmotiv wiederkehrende Trauermarsch, lateinamerikanische und arabische Musiken, Trommeln, Tango, Boogie-Woogie und alter Blues – halten nicht nur die wechselnden Szenen wie eine Klammer zusammen. Sie unterlegen sie auch mit einem vertraut klingenden Klangteppich, der wie aus einer Erinnerung herüberreicht und den Zuschauer versöhnt. Es sind alte Musiken, oft traditionelle Gesänge, die aus der Vergangenheit aufsteigen und sich mit den träumerisch-märchenhaften Szenen zu einer zwar aufstörenden, nie aber hoffnungslosen Erfahrung verbinden. Es ist, als wollten sie einem sagen, daß auch die größte Not, die tiefste Verlassenheit überstanden werden können, weil es schon in der Vergangenheit jemanden gab, der sie ausgehalten und zu einem neuen Anfang gestaltet hat. Das ist der Trost, kein billiger, in den Stücken der Pina Bausch und auch in diesem Film: die Gewißheit, daß das Leben ausgehalten, gestaltet werden kann. Man braucht keine Lösungen. Man muß nur genau hinschauen und einen ehrlichen Blick darauf riskieren, wie die Dinge sind. Von der Kindheit bis zum Alter schlägt *Die Klage der Kaiserin* den Bogen. Alles ist da, zu jeder Zeit.

Palermo Palermo

Nach einer Pause von fast zwei Jahren, in denen Pina Bausch ihren Film
Die Klage der Kaiserin drehte und auf der Bühne die Rekonstruktion ihres
Repertoires mit den Neueinstudierungen von *1980* und *Keuschheits-
legende* fortsetzte, ist die Koproduktion mit dem Teatro Biondo Stabile in
Palermo die erste Neuproduktion seit *Ahnen*.

Wenn die Zuschauer den Saal betreten, ist das Portal zu drei Vierteln
zugemauert. Donnernd schlägt die Wand auf die Bühne zurück und gibt
den Blick frei auf ein Trümmerfeld, schmucklos bis zu den Brandmauern
offen. Im Jahr der deutschen Vereinigung entstanden, glaubte mancher
darin einen Hinweis auf deutsch-deutsche Befindlichkeiten zu erkennen. Doch *Palermo Palermo* betreibt keine nationale Nabelschau, sondern
hat ganz die Atmosphäre des Südens in sich aufgenommen. In einer weiteren Station seiner Recherche über den Ursprung der Trauer und ein
mögliches Ende des Leids erzählt das Tanztheater von den Spannungen
zwischen Arm und Reich im Mezzogiorno, von der inneren Not jenseits
der Äußerlichkeiten. Wenn die Mauer fällt, ist es wie ein lange überfäl-
liger Zusammenbruch, nach dem etwas Neues möglich wird. Etwas Sta-
tisches, scheinbar Unverrückbares stürzt und eröffnet den Blick auf die
Innenräume wahrer Gefühle. Zwischen den Steinen, die teils bersten,
teils in akkurater Formation am Boden liegen, müssen die Akteure sich
durchkämpfen, balancieren, aufpassen, daß sie sich nicht verletzen. Ein
Hindernislauf über die Liebe und ihr Verfehlen, über die Sehnsucht nach
Nähe und ihre Enttäuschung.

Es sind die Themen, die Pina Bausch von jeher interessieren, diesmal
in ein italienisch grundiertes Ambiente verlegt. Rot stäubt es aus dem
Bühnenhimmel, wie von Saharawinden hereingeweht. Die orientalisch
gefärbten Klänge der sizilianischen Volksmusik, Maultrommeln, afrikanische Gesänge, durchsetzt von Glockengeläut und Zikadenzirpen, versetzen in eine archaische, eher ländliche Welt. Dagegen gesetzt sind leise
Bluesstimmen der amerikanischen Women Independant Blues Group aus
dem Amerika der dreißiger Jahre, sanfte Lautenklänge der Renaissance,
einsame Violinmotive von Niccolò Paganini. Kaum einmal, daß Tanzmusiken von Ben Webster und Georges Boulanger einen in eine heitere
Entspanntheit entlassen. *Palermo Palermo* erzählt vom harten Überleben in

einer kargen, von Armut geprägten Landschaft. Über der Szene scheint die sengende Sonne des Südens zu lasten, und wie sich im grellen Gegenlicht Kontraste um so härter abzeichnen, sind auch die Aktionen von einer präzisen Schärfe.

Ist die Mauer gefallen, stöckelt eine Frau im billigen Sommerkleid zur Rampe, malt wütend ein Kreuz auf den Boden, über ihr Gesicht, markiert einige Revueposen. Sie kommandiert zwei Männer zu sich, die ihre Hand nehmen, sie umarmen müssen, aber nichts ist ihr recht. Schließlich läßt sie sich von ihnen mit matschigen Tomaten bewerfen, schreit: »More! To my face!« Ein verzweifelter Liebeswunsch, der in Selbsthaß gebunden ist. Die Frau ist eine der Leitfiguren, die durch das Stück führen. Wenig später liegt sie am Boden; ein Mann umwickelt ihr Hände und Füße mit Lumpen: Sie kriecht auf allen vieren, vertiert, wird zur behinderten Bettlerin. An der Rampe erzählt sie eine Geschichte vom Selbstmörder auf dem Dach, den eine sensationsgierige Menge auffordert, endlich zu springen. Es klingt wie eine zornige Anklage. Ihre wütende Gereiztheit verliert sie das ganze Stück über nicht. Mal sitzt sie als stumme Bedrohung mit Strumpfmaske und gezogenem Revolver am Rand, mal leert sie scheppernd ein ganzes Kleid voller Teller auf den Boden – wie ein hilfloses Zeichen aus der Einsamkeit. Nur einmal, zu einem zärtlich-leisen Gesang, begleitet ein Mann ihren Tanz, läßt sie sanft zur Seite, nach hinten fallen, ist schützend, liebevoll um sie.

Ihr gegenübergestellt ist eine kleine, zartgliedrige Tänzerin im schmucklosen schwarzen Kleid, eine Witwe, die in ihrer Trauer geführt, gestützt werden muß. Erst wird sie wie ein verkauertes Tierchen hereingetragen, später einem Mann vorgestellt, von fünfen gehalten, die ihr eine Wasserflasche zwischen die Beine klemmen; mit stummem Vorwurf läßt sie das Wasser herauslaufen. Immer wieder werden Wiederbelebungsversuche an ihr demonstriert: Beatmung von Mund zu Mund, Schläge auf das Herz wie nach einem Infarkt. Dann erlebt auch sie einen Moment einsamen Glücks, beginnt einen kleinen Gestentanz, als wolle sie etwas aus der Luft pflücken, läuft durch das Trümmerfeld, dreht beseligt aus und ein, und die Violinmusik von Paganini macht ihr einen ganz großen, leeren Raum. Die in ihren Selbsthaß verstrickte Frau kommt, jetzt als lässige Lady im weißen Pelz, nimmt die »arme Kleine« unter ihre Fittiche, präsentiert sie stolz lächelnd an der Rampe und geht generös mit ihr ab.

Eigentlich träumen sie alle von etwas Schönem – wie der Mann, der im glänzenden satinroten Frack ein Konzert auf wassergefüllten Gläsern gibt. Aber die Schönheit des Augenblicks können sie so wenig halten wie das Wasser, das er der verzweifelt Ungeliebten in die Hände schüttet.

Eigentlich träumen sie alle von der Liebe: wie die Frau, die ihre Lippen mit Wasser benetzt, Zucker darauf tupft, dann einen Mann hereinruft, sie zu küssen. Arrogant läßt sie zum Dank lässig eine Münze auf den Boden fallen. Er quittiert die kühle Geste, indem er einen ganzen Sack Geld vor ihre Füße kippt. Sie geht ungerührt ab. Nüchtern und äußerst eigenwillig übersetzt eine Frau ein Zigeunerlied über die Sehnsucht nach dem Geliebten. Aus dem Tonfall ist alle Leidenschaft verbannt; um so deutlicher wird, was fehlt. Vor der Einsamkeit flüchtet man in absurde Besitzgier. In schneidendem Ton verkündet dieselbe Frau, die Spaghetti in ihrer Hand seien ausschließlich ihre, die sie nicht teile, nicht verleihe. Einzeln zeigt sie sie vor, belegt jede Nudel mit ihrem Namen. Später sortiert sie eine ganze Kollektion von Pumps vor sich auf dem Tisch und beginnt aufzuzählen, wovor sie sich fürchtet: Heuschrecken, nackte Beine, Steine, Schlangen, ausgetrocknete Haut, kleine Katzen und so weiter. Schockiert über sich selbst, rennt sie schreiend davon, um gleich wieder zurückzukehren, ihre steife Konversation mit einer Tänzerin wiederaufzunehmen. Die Haltung zu wahren ist oft die einzige Zuflucht.

Armut verbürgt nicht »natürliche Einfachheit«, und Reichtum schützt nicht vor Einsamkeit. Angesichts der wahren Sehnsucht ist die Welt ein absurder Ort. Da wird ein festliches Picknick zwischen den Steinen gedeckt, mit weißem Tischtuch, Geschirr und Besteck, offensichtlich für einen Hund, der genüßlich den Teller leer frißt. Da schreitet die ganze Truppe in feierlicher Haltung zu einem Trauermarsch gegen die Rampe und verstreut mit pathetischer Geste lauter Müll.

Sind die Frauen gefangen in namenloser Trauer oder verzweifelter Wut, so sind auch die Männer an ihre eigene Welt verloren. Grimmig schauend steht einer mit schwarzgemaltem Gesicht, raucht, beißt Rauchringe aus der Luft. Um einer Frau zu imponieren, macht er den Affen, rennt ihr nach, die an der Hinterwand einen Handstand macht, geht selbst kopfüber auf die Hände – und erntet nur rüde Beschimpfungen, er solle sich nicht lächerlich machen. Ein anderer hat sich als einsamer Junggeselle mit armseligem Spind und Fernseher eingerichtet, in dem er einen Film über Haifische ansieht. Er träumt davon, furchteinflößend zu sein, doch einstweilen erpreßt er von einem anderen, den er zu Boden wirft, nur eine Zigarette. Allein zu Hause, brät er Fleisch, das er sich buchstäblich aus dem Ärmel schneidet, auf einem Bügeleisen und trägt dazu den Seidenmantel eines Boxchampions. Eine Frau schüttet ihm Wasser auf den Boden, und zu einigen Takten aus Edvard Griegs dramatischem »Königslied« aus seiner Schauspielmusik *Sigurd Jorsalfar* übt er sich in verzweifeltem Trockenschwimmen. Danach sitzt er wieder allein, verbrennt eine Zeitung. In der Pose des Paten läßt er sich später von den Männern die Hände küssen, doch das Gefährlichste, was er vollbringt, ist, einige Tomaten zu erschießen.

Eigentlich träumen alle von der Liebe. Sie liegen im Trümmerfeld und stecken zum Zeichen der Geilheit den gestreckten Zeigefinger in die Hose, unter die Pullover und Blusen. Manchmal, in den stillen Momenten und im Tanz, ahnen sie, wie das sein könnte, ganz gelassen zu sein. Zur *Klage der Kaiserin*, einer sanften, meditativen chinesischen Musik des Mittelalters, malt die Witwe Blumen auf den Boden. Eine weitere Frau setzt sich mit einer Tasse Kaffee an einen Tisch, rührt sorgfältig, bevor sie mit einigen Schlucken erst den eigenen, dann den Ring des Mannes verschluckt in einem still beherrschten Trauerritual. Die Musik wechselt zu ostinaten Maultrommelschlägen wie ein endloses Zeitpendel. Die Verzweifelte wird in einem langen Abendkleid von einem Mann gehoben, in der Luft schlägt sie leicht die Füße zusammen. Eine andere schwebt in der Waagerechten, von einem Mann getragen, durch den Raum, drückt sich im Froschsprung von der Wand. Alle Männer nehmen die Witwe, lassen sie in der Luft laufen, über ihre Hände gehen, die sie ihr wie einen Weg auf den Boden legen, wiegen sie auf ihren Füßen – und in dieser schwerelosen Leichtigkeit ist es ein Trauerbild und zugleich eines der Ruhe, der Gelassenheit.

Dem entspricht in einer dynamischen, erdhaften Kraft der Schluß des ersten Teils, den Pina Bausch ganz ähnlich zu Ende gehen läßt wie in *Bandoneon*. Laut erklingt ein sizilianischer Fischergesang, kehlig und rauh. Während die Arbeiter schon die Bühne aufräumen, der Junggeselle als groteskes Nummerngirl auf einem Schild die Pause annonciert, geht der Tanz immer noch weiter. In stechenden, schneidenden Gesten, erst in Soli, dann paarweise behaupten die Tänzer eine scheinbar unermüdliche Lust am Bewegen. Das erscheint wie Zweikämpfe und ist doch auch eine geteilte Zärtlichkeit, geboren aus einer urgründigen Kraft.

Wie so häufig wiederholt und variiert der zweite Teil die Motive in einem Scherzo. Leicht beginnt er, wenn eine Frau im lachsfarbenen Cocktailkleid zu Bluesklängen einen Ball in ihrem Kleid fängt, in komischen Verrenkungen dem in die Luft gesprühten Parfüm hinterherspringt, schließlich einen großen Kühlschrank hereinrollt und erklärt, wie sie als Kinder den Schnee in den Sommer gerettet haben. Zwei Männer im Trenchcoat bereiten sich lächelnd fürs Ausgehen vor, schmieren sich Zitronensaft ins Haar. Ein anderer probiert lauter kleine Kunststücke, pustet eine Feder in die Luft, die er mit einer Pinzette fängt. Ein anderer hebt gleich den ganzen Tisch an den Mund, um ein Glas zu leeren – lauter kleine Flirts, mit dem Publikum in augenzwinkerndem Einverständnis.

Unversehens wandelt sich das Theater zum Konzertsaal. Fünf verstimmte alte Klaviere werden hereingerollt, auf denen die Akteure die Einleitung zu Pjotr Tschaikowskis *Klavierkonzert b-Moll Nr. 1* feierlich intonieren. Danach formieren sich die Frauen zu einem rhythmisch strengen Gruppentanz, fassen sich an den Hüften, streichen sich durchs Haar. Ganz allmählich ebbt die Stimmung ab; eine drückend heiße Sommernacht senkt sich auf die Szene, während nur noch das angespannte Geräusch von Zikaden zu hören ist. Ein Mann lackiert sich die Fingernägel, geht nach hinten, zieht sich aus und wäscht sich. Ein anderer taucht sein Hemd in kaltes Wasser und zieht es tropfnaß an. Dann heftet er sich lauter Kerzen auf den Arm, spielt auf dem Saxophon den Song *Stormy Weather*. Wieder läßt sich die Frau mit dem Zuckermund küssen und zahlt; sie wäscht ihre Perlen, läßt sich vom Publikum die Handflächen küssen und tupft den Zuschauern sanft den Schweiß von der Stirn. Ganz intim, ganz einfach geht es zu im Theater, und der Zuschauer ist einbezogen in die vertraute Atmosphäre. Aller Erwartungsdruck, alle Feindseligkeit ist gewichen, und für einen Augenblick kann man ausruhen von den tagtäglichen Kämpfen.

Dann blendet das Licht wieder auf. Zum Trauermarsch balanciert die Kompanie, untergehakt, Äpfel auf den Köpfen gegen die Rampe – in einer gefaßten Trauer, die nicht ausbricht, in einem drohenden Ernst. Dann ertönt eine festliche Dudelsackmusik, und alle hüpfen, in abgeknickter Körperhaltung wie gebrochen, die Rampe entlang. Sie öffnen, schließen die Arme, die Beine mit hängenden Köpfen, und die triumphale Musik kontrastiert die Körperhaltung, die in ihrer Trauer alles hergibt. Arbeiter kommen, sortieren die Steine; aus dem Bühnenhimmel schweben an Seilen, die Krone unterwärts hängend, blühende Bäume. So scheint das Stück zu enden. Doch in den schon einsetzenden Applaus kommt noch einmal ein Tänzer auf die Bühne und erzählt in intimer Konversation mit dem Publikum die Geschichte von den Gänsen, die sich vor dem Fuchs nur retten können durch ein Gnadengebet. »Und so beten sie noch heute, gute Nacht«, schließt er seine Geschichte versöhnlich. Da sitzt man fast komplizenhaft vereint in etwas, »über was man«, wie Pina Bausch es in einem Gespräch formuliert, »gemeinsam lächeln könnte«.

Immer wieder sind ihre Stücke Versuche über die Liebe − nicht als weit entferntem Ziel aller Sehnsucht, sondern als dauernd gegenwärtiger Möglichkeit. Sie erzählen von der Angst und der Lust, ganz in der Welt zu sein, mit allen Sinnen, wach. Wer sich zu sich selbst bekennt, sagen sie, wer sich annehmen kann, so, wie er ist, der ist angekommen an der Quelle, am Ursprung aller Bewegung. Der liegt nicht in der Zeit, der wirkt über die Zeit hinaus.

Tanzabend II (Madrid)

Eine Landschaft im Schnee, kahl, der Raum wieder bis zu den Brandmauern offen, am Ende von einer schwarzen Stahlwand begrenzt. Erst später wird ein Wald aus dem Bühnenhimmel fahren, werden Dias von Blüten, Bergen, der Wüste, dem Meer das fahle Schneefeld färben und beleben. Wieder macht sich das Tanztheater Wuppertal auf eine Reise − in unwirtliches Gebiet. Wieder ist nicht das Vollenden, das Ziel, das Entscheidende, sondern der offene Prozeß. Wichtig ist, unterwegs zu sein, Fundstücke zu sammeln und sie nach den Gesetzen freier Komposition zu neu versuchter Ordnung zu fügen.

Die Atmosphäre des Stücks, einer Koproduktion mit dem Festival »Otoño« und der Stadt Madrid, ist ausgespannt zwischen den orientalisch-sinnlichen Klängen Marokkos und Ägyptens, einer raunenden Schamanenstimme Zentralafrikas und den Klageliedern Spaniens und Italiens, kontrastiert von den sanften Tönen Brasiliens und europäischer Musik des Mittelalters. Einen weiten Bogen spannt die Collage und setzt dabei auf harte Kontraste: zwischen südlichen Klängen und nordisch-eisiger Landschaft, zwischen schöner Selbstversunkenheit und ausbrechender, manchmal selbstquälerischer Tanzwut. Die Stimmung ist ruhig, getragen. Die Landschaft ist wie ein Topos innerer Befindlichkeit – Geschichten vom Überleben im Eis. Darin erforscht die Kompanie die bekannten Themen: Armut und Einsamkeit, das kurze Glück von Nähe und Zärtlichkeit und die schwer auszuhaltenden langen Momente der Ratlosigkeit, die skurrilen Verwicklungen des Alltags und die schmerzhaften Anwandlungen von Verzweiflung.

Es beginnt mit einer Exposition kurzer Szenensplitter. Zu leiser Musik von John Dowland, während sanft Schnee aus dem Himmel rieselt, betreten einzelne Akteure die Bühne. Eine Frau sammelt in einem Sparschwein beim Publikum Geld ein, eine andere läßt einen Stein knapp neben ihren Fuß fallen. Mitten im Schnee offeriert ein Mann frierend ein paar Habseligkeiten, die niemand kauft; ein anderer bietet dem Publikum ein Glas Sekt an. Armut und Reichtum, Not und Überfluß existieren direkt nebeneinander. Eine Frau taucht ihren Rock in Wasser und zieht ihn tropfnaß an. Zwei Frauen im Abendkleid liegen plötzlich bäuchlings wie tot auf dem Boden, doch ein Mann kommt ruhig, richtet sie wieder auf; sie gehen hinaus. Mühsam krabbelt eine zierliche Tänzerin auf alle vieren durch den Schnee, bis sie gegen die Portalwand stößt, weiterzukriechen versucht. Auch hier kommt ein Mann und trägt sie gelassen zum Ausgangspunkt zurück. Die Not, das Aus-der-Reihe-Fallen werden stillschweigend korrigiert. Die Frau beginnt von vorn, unbeirrbar, blind. An der Rampe wird eine Geschichte erzählt: von einer besonderen Fliegenart, die im Auge des Nilpferds lebt und sich ausschließlich von dessen Tränen ernährt. So ist auch der eigentliche Grund, der Nährboden des Tanztheaters die Trauer, eine ungestillte (und vielleicht unstillbare) Sehnsucht danach, ganz ruhig, in einer entspannten Gelassenheit in der Welt zu sein, ohne Kampf. Doch davon gibt es allenfalls einen Vorschein, eine Ahnung in den poetischen Zeichen des Tanztheaters, in dem sich Unglaubliches mit der größten Selbstverständlichkeit ereignet.

Die Stimmung schlägt um. Zu dröhnendem röhrendem Gesang bilden die Frauen eine Hockreihe, fallen verkauert um wie sterbende kleine Tiere. Zwei Männer schleppen schnell eine Leiter zur Rampe; eine Frau steigt hinauf, als wolle sie über die imaginäre vierte Wand hinaus zum Publikum, aus dem Gefängnis der Bühne ausbrechen.

150

Bald beruhigt sich die Szene; im rieselnden Schnee zu einem leisen Gesang tappt ein Eisbär herein, schaut einen Moment, dreht wieder ab. Wie so oft die Tiere im Tanztheater erscheint auch er wie ein stummer Maßstab des hektischen, manchmal hysterischen menschlichen Treibens. Das Nilpferd in *Arien*, die Krokodile in *Keuschheitslegende* — immer sind die Tiere stille Zeugen einer verzweifelten oder glücklichen menschlichen Suche, mit der sie nichts verbindet. Anders als die Menschen auf der Bühne (und im Parkett) können sie einfach da sein. Sie sind ohne Frage und darum ohne Sorge. Mag sein, daß »die Natur im Menschen ihr Auge aufschlägt« (Ernst Bloch), daß sie in ihm zu sich selbst und zum Bewußtsein erwacht. Aber der Preis dafür ist die Vertreibung aus dem Paradies, der Verlust jener Geborgenheit, die den Menschen einmal ohne Differenz in der Welt aufgehen ließ. Seit er seine angestammte Heimat, seine natürliche Herkunft verlassen hat, ist er auf Gedeih und Verderb an eine Sehnsucht gekettet, die zwar aus der Vergangenheit herreicht, die er aber nur in der Zukunft erfüllen kann. Er muß sich das Glück, ganz in der Welt und mit ihr verbunden zu sein, erst wieder schaffen.

Es scheint, als zielten die wütenden Anläufe, die hysterischen Ausbrüche oder stumm-verbissenen Kämpfe mit sich selbst immer wieder auf diesen Punkt: Wenn die Wut aufgebraucht, die Verzweiflung verflogen ist, stellen sich Ruhe und Gelassenheit wieder ein. Man kann endlich da sein, ohne Frage, ohne Rest in der Welt.

Für beides, für das Anrennen wie für das Inne- und Einssein, ist der Tanz ein beredtes Medium. Er läßt die Not physisch, hautnah erleben, und er zieht mit suggestiver Kraft in die großen, weit ausgespannten Tableaus. Mehr noch als ein weiteres Stück Tanztheater ist *Tanzabend II* ein Stück über den Tanz. Wie ein endloser ostinater Rhythmus durchwebt er ihn mit Soli, Paartänzen und ruhigen Ensemblemomenten voller Zärtlichkeit. Zu einer sanft raunenden brasilianischen Musik bilden die Männer eine Reihe mit einem kleinen Handgestentanz. Die Frauen schieben sich in die Lücken, schließlich vor die Männer, lassen die Gesten um ihren Körper spielen, legen sich vor sie, steigen auf die Schultern der Männer, sitzen zwischen ihren Beinen und lassen sich im Takt der Musik wohlig schaukeln und wiegen. Für einen Moment weicht alle Schärfe einem freundlichen, heiteren Konkurrieren. Eine feine Erotik scheint auf wie im Solo einer Frau, die zu einer arabischen Bauchtanzmusik inmitten einer Boden und Rückwand füllenden Projektion riesiger Blüten mit weich schlingenden Armen sich ihres Körpers vergewissert. In einer anderen Szene verabreden zwei Tänzerinnen wie zwei Schulfreundinnen, in glänzenden kurzen Satinunterröcken, ein Duo, lassen zu Swingmusik genüßlich die Hände am Körper entlanggleiten, gehen mit Revuegesten auf die Rampe zu und kichernd wieder ab.

Hart dagegen, kantig und schnell, sind die Tänze der Einsamkeit. Zur rauchig flüsternden Stimme eines afrikanischen Schamanen läßt ein Mann vorgebeugt die Hände um die Knie kreisen, wagt sich ein wenig in den Raum, dreht die Beine einwärts. Vom Hocktanz eines anderen wird er abgelöst. Er probiert große Spreizschritte, sinkt in die Grätsche, richtet sich wieder auf – als wolle er den Raum abmessen mit dem Körper, Richtungen erproben, Anläufe nehmen, die doch nie ausbrechen.

Immer wieder neu beginnt die Frau auf allen vieren ihre Krabbelläufe, bis ein Mann sie mitten in den Raum stellt. In stiller Verzweiflung tanzt sie ihre Wut und ihren Selbsthaß. Zu den Klängen eines italienischen Lamentos, das Thema in einer einsamen Geige, formt sie zeitlupenhaft die Hände zu Krallen, fährt sich übers Gesicht, als wolle sie eine Maske fortreißen. Weitere Frauen werden hereingebracht, kauern, lassen die Hände um Bauch und Herz kreisen, deuten mit dem Finger auf den Mund, die Brust, werden hinausgebracht. Allmählich entwickelt sich daraus eine der längsten Tanzsequenzen des Tanztheaters. Wieder rieselt Schnee; die Musik wechselt zu einem leisen spanischen Streicherthema der Renaissance. Die Frauen kommen und gehen, stehen am Platz, schlingen immer wieder in den gleichen Sequenzen die Arme um den Körper, schwingen in einem leichten Wiegen der Hüften, springen Schritte vor, lassen sich rückwärts fallen, werden aufgefangen – lauter einsame Tänzerinnen im fahlen Halblicht, die mitten im Schnee ihren Ort behaupten. Es ist wie eine nicht enden wollende tänzerische Meditation. Die Zeit scheint aufgehoben; nichts kann die Frauen beirren.

Ein Mann schleppt einen Herd herein, kocht, klappert mit Töpfen. Er zerrt eine Wanne herein und gleich wieder hinaus. Eine Frau legt ihr Bein zwischen zwei Baguettehälften, erzählt, doch die Tänzerinnen folgen ruhig ihrem Rhythmus. Es ist wie in einer märchenhaften Zeit, die sich gegen alles Getöse verschlossen und ganz nach innen genommen hat. Dort werden die Wünsche verwahrt – am sicheren Ort. Dort behauptet sich der Tanz.

152

Bevor die Zeit endgültig stillzustehen scheint, formiert das Ensemble noch einmal ein Gruppenbild: Die Männer tragen die Frauen mit schnellen Schritten querüber, lassen sie durch die Luft laufen. Dann hört man nur noch, mit langen Pausen dazwischen, einzelne Glockenschläge. Zwei Frauen sitzen an der Rampe, warten, lassen Zeit vergehen. Eine weitere kommt, rollt sich in eine Folie wie zum Schlaf. Eine entlaust ihr Haar, wäscht sich notdürftig über einem Eimer, zieht Männerkleider an, Pumps, geht brustfrei, einen Hut vor den Busen haltend. Das ganze Ensemble betritt ruhig die Schneelandschaft, setzt sich auf den Boden; nur die Arme markieren einen spärlich winkenden Tanz, gegen die Rampe vorwärts ruckelnd. Ganz langsam sinken die Körper im ersterbenden Tanz auf den Boden zurück, bis nichts mehr sich regt, nur noch der gleichmäßig pochende Zeitpuls zu hören ist. Die Frau mit der Folie rollt sich zwischen den leblosen Körpern ein, einsam wie in einen Leichensack. Projektionen blenden über den Boden, die Körper: ein Wolkenhimmel, eine Schneelandschaft, eine Wüste, ein Schneegebirge, ein Getreidefeld, Blumen, windgerippter Sand, eine südliche Landschaft mit Meer. Langsam stehen alle auf, gehen in die Pause ab.

Tanzabend II, entstanden unter dem Eindruck des ersten Golfkriegs, nimmt sich Zeit für ein langes Memento mori, das unspektakulär, leise und eindringlich ein Bild aller möglichen Katastrophen vorhält.

Der zweite Teil ist wie ein heiterer Kontrapunkt dagegengesetzt. Im dichten Wald tanzen die Männer eng miteinander, während einer Cole Porters *Night and Day* zu Klavierbegleitung singt. Langsam gehen sie in einer leichten Beuge zurück, nehmen wieder ihre förmliche Tanzhaltung an, balancieren auf kleinem Raum. Wenn sie nicht innig miteinander tanzen, geben sie vor den Frauen den Vorstadtcasanova, posieren im grell orangefarbenen Anzug mit zwei Bunnys, trinken Bier in Heldenpose, antichambrieren im Schlafanzug einladend mit zwei Sektgläsern. Sie üben groteske Selbstmordrituale, wie etwa sich mit einer Hantel selbst zu erschlagen und theatralisch in ein Kissen zu stürzen, oder sie flutschen eine eingefettete Flasche zwischen den Händen von einem zum anderen. Still, verloren ist nur einer, der immer wieder mit einer brennenden Kerze suchend durch den Wald irrt. Einmal steht er plötzlich wie ein verwirrter Kasper an der Rampe, zappelt, redet stumm, ist gleich wieder verschwunden.

Stiller als die Männer sind die Frauen, die sich die Beine, das Gesicht schwarz bemalen – wie zum Zeichen der Trauer oder um Körperstellen zu markieren. Eine zieht sich – in einer »Stunde der Wahrheit« – Schulterpolster und Brustformer aus dem Kleid, nimmt die falschen Wimpern, die Perücke ab und wischt sich die Schminke aus dem Gesicht. Sie will angesehen werden, wie sie ist, ohne Maske.

Sie alle stehen – Parodie des Choreographenberufs – unter der Fuchtel einer mürrischen Alten und ihres beflissenen Assistenten. Schon im ersten Teil wird sie als groteske Tote auf einem Sessel drapiert, den Kopf mit einer Schnur durch den Mund an einen Stock fixiert. Jetzt muß ihr Mitarbeiter ihre unwirsch hingeworfenen Korrekturen den eilfertigen Tänzern übersetzen. Immer wieder muß einer vortanzen, doch keiner findet Gnade, jeder wird ausgetauscht. Die kritische Alte ist nicht zufriedenzustellen. Das Theater ist auch nur ein Zwang, zu bedeuten, zu unterhalten, seine Könnerschaft zu beweisen. Und immer – so scheint es – ist da einer, der die Leistungsmarke höher hängt, der einem bedeutet, daß man nicht genügt.

Mit diesem Eindruck endet das Stück – fast beiläufig. Da tritt noch einmal die Bauchtänzerin auf, wird wieder und wieder von einem Mann unterbrochen, korrigiert, darf nicht aufhören, muß ihren Tanz wiederholen, bis er jede Poesie verloren hat. Schließlich kommt das Ensemble zum Applaus auf die Bühne, bricht die Szene ab.

Aber noch lange hat man die Bilder und Tänze vor Augen, die von der Sehnsucht nach einer ganz eigenen Freiheit erzählen: in den endlosen Soli der Frauen, wenn sie die Arme um sich schlingen, als wollten sie sich ihres Körpers vergewissern, der Brust, der Beine, des Rumpfs, des Kopfs. Doch ist es, als kämen sie aus dieser stillen Selbsterfahrung noch nicht hinaus in eine Freiheit, die die Arme schon greifen wollen. Wo sie auskreisen wollen, kehren sie doch wieder zu sich selbst zurück und strafen sich mitunter mit rüden Kopf-ab-Gesten. Die Wut ist so groß wie die Sehnsucht auszubrechen. Das zeitvergessene Rondo ist ein auf der Stelle verharrendes Zwiegespräch mit dem eigenen Leib, der noch nicht gewonnen ist und der nicht hinausziehen kann in den Raum.

Erst kommt die Einkehr bei sich selbst, dann die Ausfahrt ins Freie.

Das Stück mit dem Schiff

Eine gestrandete Gesellschaft, irgendwo an Land geworfen, an einen felsigen Sandstrand, der in die Bühnentiefe hinein aufsteigt. Obenauf liegt das Schiff, mit dem die Passagiere wohl gekommen sind. Einmal mehr beschreibt die Bühne einen Zustand wie nach einer gerade überstandenen Katastrophe. Wieder finden sich die Reisenden des Tanztheaters in einem fremden Land, in dem die Orientierung von neuem beginnt.

Immer wieder entzieht Pina Bausch ihren Figuren den sicheren Grund der Gewohnheiten, stellt sie in faszinierend schöne oder wüste, verlassene Landschaften. Dort müssen sie sich erst wieder finden, denn die Perspektiven sind vertauscht. Wie die Natur die Bühne besetzt, das Außen nach innen wandert, müssen die Akteure umgekehrt Farbe bekennen, ihr Innerstes nach außen kehren. Eine Erschütterung hat stattgefunden, die sie an den Rand eines Abgrunds stellt. Die Frage stellt sich radikal: Untergang oder Überleben. Das macht die Brisanz aus im Tanztheater. Nicht nur hat es den Tanz aus der Fesselung des schönen Scheins befreit; es hat sich aufgemacht, hinter der Harmlosigkeit die existentiellen Fragen zu berühren. Die barfüßigen Expeditionen des Tanztheaters sind nicht freiwillig angetreten, sondern von der Not gefordert, nach einem gerade überlebten Zusammenbruch. Er verschlägt die Reisenden in Gegenden, die vor ihnen noch keiner betreten hat – an phantastische, ebenso beängstigende wie verzaubernde, innere Orte.

In der Fremde bewegt man sich zugleich vorsichtiger und wacher. Aus den gewohnten Ritualen eines sicheren Alltags gerissen, merkt man auf, ist feinfühlig für kleine Nuancen, schwankende Stimmungen. Man sieht und hört, man riecht, man schmeckt und ertastet eine ungewohnte Welt, wie sie so nur Kinder erfahren: noch einmal ganz neu, wie nie gesehen. Die Eindrücke sind stärker und wirken länger nach. Die Akteure erkunden das neue Land mit einem unbekümmerten Charme und einer – bei aller Konfrontation – großen Verletzlichkeit. Weil sie nicht vorgeben, mehr zu wissen oder irgend etwas besser zu können, laden sie das Publikum ein, ihm in die magischen Räume zu folgen und dabei – mag sein – sich selbst zu entdecken.

Das Stück mit dem Schiff entführt in eine schwül-heiße Tropenregion wie das Amazonasbecken, dem die Geräusche entstammen:

Tierstimmen, Vogellaute, das Rauschen und Tröpfeln von Regen, durch-
woben von zärtlichen und rauhen Klängen aus Lateinamerika, Indien
und Afrika. Wie Nebelhörner klingt es durch den Urwald, die traurig-
stillen Momente begleitet von Arien Georg Friedrich Händels und Christoph Willibald Glucks, Musiken aus Renaissance und Mittelalter.

Nur einige gehaltene Akkorde auf dem Akkordeon erklingen am
Anfang. Dazu beginnt das Stück mit lauter Soli und Duetten, die alle
eine andere Not, eine andere Sehnsucht in sich bergen. Ein Mann kommt
mit einer Frau, die sich an seinen Hals klammert, langsam abgleitet. Er
hält sie, die auf allen vieren weiterkrabbelt; gemeinsam bewegen sie sich,
ein seltsames Gespann aus Mensch und Tier. Immer wieder wird er mit
ihr und anderen Partnerinnen erscheinen, wird sie stützen, zu trösten versuchen, doch die Frauen sind untröstlich. Ein anderes Paar hockt eng beieinander am Boden in einem schwankenden Tanz. Unbekümmert geht
ein Mann vorüber, wirft eine Bananenschale, auf der er selbst ausrutscht.
Zu einer Arie aus Glucks *Alceste* tanzt eine Frau in Schwarz am Platz,
rudert mit den Armen rückwärts, wiegt den Kopf in den Händen, spannt
die Arme wie Flügel aus, hält doch nur wieder schwer den Kopf. Der
Flug will nicht gelingen. Eine andere folgt ihr im bunten Sommerkleid,
birgt ihren Kopf, wirft die Arme aus in den Raum, umrundet zärtlich
mit den Händen ihre Brust. Dann steht sie einen Moment da, man hört,
sieht ihren Atem: Sie hat sich behauptet.

Wenn die Trauer sie nicht schwer macht, zu Boden zieht, sind die
Frauen wie in einem schönen Schlaf gefangen. Da sitzt eine in einem festlichen Abendkleid im Sand, kommt hoch, schreibt kleine Handzeichen
in die Luft, pirscht vorwärts wie ein lauerndes Tier mit Krallen – das alles
zu leiser Renaissancemusik wie in schlafwandlerischer Sicherheit.

Der Schlaf ist wie eine Sehnsucht, endlich anzukommen, auszuruhen.
Penibel bereitet ein Mann aus Decken ein Bett, rollt sich akkurat ein. Viel
später findet er ein Pendant, wenn der Sitztänzerin aus Laubzweigen ein
Lager bereitet wird, sie sich nackt hinlegt zu einem langen Schlaf, als sei
sie ganz sicher in der Natur, mit ihr eins. Das Bild ist wie der Vorschein
oder die Erinnerung an eine Geborgenheit, die längst noch nicht erreicht
ist. Einstweilen trainiert ein Mann das Überleben, indem er, den Kopf in
einem Eimer Wasser, endlos lang die Luft anhält.

Gegen die Trauer steht das sehnsuchtsvolle Öffnen der Arme gegen
den Himmel wie in einem Frauensolo oder das spiralige Niederdrehen

und Hochschnellen eines Mannes. Die Stimmung in der Wechselspannung ist gereizt. Ruppig verlangt eine Frau vom Publikum Feuer für ihre Zigarette. Zwei Männer liefern sich ein kurzes Duell, in dem sie einander immer wieder einen Arm auf die Schulter legen, ihn herunterschlagen. Ein anderer stellt eine tanzende Frau Stück für Stück mit sachlicher Miene zurück, bis er sie schließlich ganz hinausgeschafft hat.

Selten und nur für kurze Momente erfüllt sich die Sehnsucht nach einer zärtlichen Berührung. Eine Frau kollabiert in die Arme eines Mannes, den sie herbeiruft, schminkt sich, legt sich ein Tuch aufs Gesicht, geht blind zur Wand, lehnt sich an wie zum Schutz, während leise ein italienisches Lamento erklingt. Er küßt ihre Hände hoch bis zu ihrem Mund, zieht die Frau in einen innigen Kußtanz, dann geht er fort. Ein anderer kommt herein, hebt sie, dreht sie, folgt ihren Bewegungen, bietet ihr seinen Arm, legt sich unter sie, um ihren Fall abzufangen; doch unmerklich passen die Bewegungen der beiden nicht mehr zusammen. Sie stockt, er brüllt sie an, sie solle weitermachen. Der erste Partner versucht sie durch einen dummen Partywitz aufzuheitern, aber sie steht unbewegt. Der kurze Traum, die geborgene Sicherheit sind vorbei. Wütend setzt er sich ins Publikum.

Auf welch schwankendem Grund sich die Menschen bei ihrer Expedition bewegen, zeigt wenig später ein verzweifeltes Männersolo, in dem der Tänzer immer wieder stürzt, mit einem Arm schlackernd winkt, den schweren Kopf hochreißt – und doch fällt er wieder rückwärts ins Leere. Als Gegenstück steht ein anderer bald darauf bewegungslos auf zwei Flaschen auf einem Tisch – in einem einsam triumphierenden Balanceakt. Dann führt der Tänzer die Männer in einen ersten Ensembletanz. In einer Reihe hintereinander heben sie die Arme zum Port de bras, lassen den Kopf in den Nacken fallen; die Frauen treten in die Lücken dazu, und langsam rückt die ganze schwankende Reihe vor. Gern würden sie fliegen, sich von der Schwere des Bodens, ihrer Trauer lösen – wie die Frau, die vier Männer über einen als Startrampe am Boden Liegenden in die Luft heben. Aber Anfälle von Kraftlosigkeit drücken sie immer wieder an die Erde, auf der auch der Tänzer nach einem weiteren Solo erwacht. Er geht zu einer schlafenden Frau, leckt sie wie ein Tier im Nacken. Taumelnd tanzt sie, während er sie, aus seinem Mund sprühend, in einen erfrischenden Wassernebel hüllt. Das Prusten mischt sich mit der einsam schönen Gluck-Arie, doch alle Bemühungen fruchten nichts. Verloren auch wirkt eine Tänzerin, die sich Beine und Unterleib eng mit Plastikfolie umwickelt und knirschend einige Ballettübungen exerziert.

Plötzlich aber bündelt sich alle unterdrückte Tanzlust zu einer poetisch eindrucksvollen Metapher. In das Geräusch einer gewaltigen Brandung mischt sich ein lateinamerikanischer Schlager. Hoch oben steht die Kompanie an der Schiffsreling und übt Ports de bras und Cambrés. Wie schwankende Passagiere in einem tosenden Sturm wehen ihre Arme im Takt. Schrille Tierstimmen mischen sich hinein. Eine durchsichtige Folie, an der Wasser herunterrinnt, verschließt die Bühne, verwischt das Bild wie auf großer Sturmfahrt. Für einen Augenblick ist das Ballett nicht mehr nur Drill, sondern etwas, an was man sich in größter Not noch halten kann.

Dann löst sich das Bild auf. Zu leiser Drehleiermusik irrt der Mann mit der Vierfüßlerin durch die Szene, weiß nicht, wo er sie deponieren soll, was tun, um sie zu trösten. Eine einsame Frau an der Reling hat einen hysterischen Lachanfall. Einem Mann wird das Unterhemd mit Sand gefüllt, bis er mit dickem Schwangerenbauch dasteht und alles wieder herausrieselt. Er zerrt sich ein kleines Boot herein, legt sich hinein, um zu träumen. Dumpf klingen australische Didgeridoos wie Nebelhörner in einem Meer der Orientierungslosigkeit. Die Männer finden sich ein, fassen sich bei den Händen, tanzen im Wiegeschritt eine Polonaise. Die Frauen kommen dazu; lange kreisen sie umeinander, kreuzen ihre Wege; ein Männergesang intoniert ein Gebet aus Litauen – dann ist Pause.

Mit einem Gewitter, zuckenden Blitzen, Donnerhall beginnt der zweite Teil. Unter den Sturmgeräuschen liegen die Gestrandeten an der Küste, scheinen zu schlafen. Bald aber hat sich das Unwetter verzogen, und eine heitere Stimmung breitet sich aus. Eine Frauenstimme singt ein Zigeunerlied, und ein Mann tanzt dazu immer schwungvoller die Füße hin und her setzend, bis drei Männer ihn in einem kurzen Flug die Wand hoch tanzen lassen. Eine Frau läßt in einem Solo voller Lebensfreude die Hand um ihren Kopf kreisen, während das letzte Donnergrollen im Hintergrund verebbt. Immer mehr Tänzer erscheinen, laufen im Kreis, spornen sich gegenseitig an. Die Szene steigert sich zum ausgelassenen Strandspiel. Da liegen die Männer an der Rampe, drücken sich, rückwärts springend, vom Publikum fort, werden von den Frauen wie Frösche zurückgeworfen. Man schleppt, man wirft sich gegenseitig zurück wie ins Meer. Düster klingen schottische Hörner, und unversehens verwandelt sich die Szene wieder in einen traurigen Augenblick, in dem – wie am Anfang – die Frau am Hals des Mannes hängt, von ihm jetzt in rasendem Kreiseln herumgewirbelt, während sie hilflos mit den Füßen in der Luft läuft.

Schnell beruhigt sich der Aufruhr. In das Geräusch nachtröpfelnden Regens mischen sich Vogellockrufe, und spielerisch erprobt die Kompanie Annäherungen und das Glück der Kindheit. Ein Mann wirbelt eine Frau an einem Stock wie bei einer wilden Karussellfahrt, und sie jauchzt beseligt, kann nicht aufhören zu lachen. Fünf Männer werfen eine Frau zwischen sich wie ein aufrechtes Pendel hin und her; zwei lassen später eine andere zwischen sich schaukeln, und die Glückliche geht strahlend ab. In der allgemeinen Entspanntheit kann man auch seine kleinen Geheimnisse preisgeben. Nur in Unterhose und BH küßt eine Frau hektisch eine Tischplatte, erläutert: »Mein Vater hat mich immer so geküßt.« Sie erklärt ihren Körper, jede Geste, die sie macht – und führt so vor, wie im Tanztheater Wuppertal die Tänze aus ganz einfachen, übersetzten Geschichten entstehen. Ein Mann malt sich Herzen auf die Brust, den Oberarm, den Bauch, flirtet ins Publikum und zieht sich dabei immer weiter aus. Barbusig, die Hände vor den Brüsten, erklärt eine Tänzerin den Genuß, den ihr Pellkartoffeln bereiten. Dazu weben die sanft wechselnden afrikanischen Musiken einen ruhigen Klangteppich.

Man offeriert dem Publikum Essen und Trinken. Ein Mann klettert auf den Schiffsmast, um sich in unbequemer Position zu rasieren, und entpuppt sich als Kapitän. Wenig später erscheint er wieder ohne Uniform, wäscht einen Spiegel, an dem erschöpft eine Frau lehnt, die er gar nicht beachtet. Achtlos gießt er einen Eimer Wasser über sie. Es ist, als senke sich eine geheimnisvolle Urwaldnacht über die Szene. Geräusche unsichtbarer Tiere mischen sich unter die Musikstücke. Es wird absurd über den fachgerechten Gebrauch einer Gießkanne parliert. Ein Mann in Badehose übt Radschlagen, ein anderer schröpft sich mit Weingläsern, die er sich auf die Brust heftet. Eine Frau zeigt verstohlen den nackten Hintern unter dem Abendkleid; eine andere führt mit einem winzigen Hund an der Leine einen Bootswachgang vor. Rollen werden vorgezeigt und gleich wieder entzogen – wie szenische Splitter, wie Erinnerungsfetzen.

Eine Frau beginnt ein Solo, während die Musik wie ein nächtliches Gamelanorchester klingt. Mit dem Finger zeichnet sie Richtungen in die

Luft, die die Männer aufgreifen, doch bohren sie ihre Finger in den Sand. Mit der Musik, die von Gluckern und Tropfen durchsetzt ist, sieht es aus wie ein unverständliches fremdes Ritual – und ist doch ein Versuch, vom Körper ausgehend, seinen Linien folgend, eine Orientierung, einen Weg zu finden.

Aus dem Bühnenhimmel schweben Lianen, an denen die Männer ruhig hinauf- und herunterklettern, leise pendelnd schwingen. Noch einmal werden zu weicher Flötenmusik einzelne Motive angespielt: Die Frau fliegt über die menschliche »Startrampe« hinaus in die Luft; der Mann taucht den Kopf in den Eimer, hält die Luft an. Der Mann mit der Vierfüßlerin erscheint, versucht alle aufzumuntern. Dann stehen sie, stumm und ernst zum Gruppenbild aufgereiht, an der Reling. Einer macht ein Foto, erst von ihnen, dann vom Publikum.

Die Reise ist zu Ende. Jetzt könnte sie beginnen.

Ein Trauerspiel

Mit dem Stück, 1994 entstanden, das einen Gattungsbegriff zum Titel erhebt, habe Pina Bausch, hieß es in der deutschen Presse, endgültig all ihre Arbeiten auf den Begriff gebracht. Doch das *Trauerspiel* des Tanztheaters ist keine Tragödie. Es entbehrt der ausweglosen Dramatik ebenso wie einer durchgängigen, auf einen Höhepunkt zustrebenden Handlung. Eine Dramaturgie der Wünsche führt Regie, die sich nicht verpflichtet fühlt zu vollenden. Viel eher gleicht das Spiel einem nimmermüden Erproben des Glücks zwischen Versuch und Irrtum. Jeder Irrtum motiviert zu neuem Anlauf, denn wenn auch niemand die Lösung kennt, so weiß man doch, was man künftig als Fehlversuch auslassen kann. In genau kalkuliertem Wechselspiel von Verdichtung und Leere suchen die Stücke die Bruchstellen auf, in die die Phantasie des Publikums eintreten kann, um sie mit eigenen Erinnerungen, Träumen und Wünschen zu füllen. Sie nehmen sich die Freiheit, die den Zugriff auf das Leben, die eigene Biographie erlaubt: der Tänzer und Schauspieler ebenso wie der Zuschauer. In der offenen Collage szenischer Bruchstücke wird keiner am Gängelband eines Handlungsfadens geführt, wird kein Zusammen-

160

hang einer schlüssigen Weltinterpretation mehr behauptet. Die filmische Montage entspricht einer nur mehr fragmentarischen Wahrnehmung, die auswählt, zuspitzt, verdichtet, um gleich darauf allen Überdruck weichen zu lassen und sich einer entspannten Heiterkeit hinzugeben. Es ist ein trauriges und komisches Spiel mit den verschiedenen Färbungen und Tönungen der Erfahrung. Alles kann dabei wichtig werden, den Blick konzentrieren auf ein Detail, eine Nuance, wenn sie nur erzählen. Die Hierarchien der Bedeutungen und Bewertungen sind abgeschafft. Es ist ein Theater, das angenehm frei ist von Moral und das doch unnachgiebig auf einer Menschlichkeit beharrt, die bereit und fähig ist, jeden ernst zu nehmen. Unspektakulär, aber unbeirrbar klagt es ein Menschenrecht ein: auf Respekt und auf Liebe.

Entgegen allen dramatischen Erwartungen, die der Titel wecken könnte, beginnt *Ein Trauerspiel* fast beiläufig, leicht, mit einer langen Exposition der Themen. Die Bühne ist schwarz, leer, der Boden von einer Schicht Erde bedeckt; in der Mitte aufgebrochen treibt darin eine große Scholle im Wasser wie eine Insel. Ein Spiel beginnt auf festem und auf schwankendem Grund, Versuche zwischen Einsam- und Gemeinsamkeit, Rückzug und Begegnung. Gemessen schreitet eine Frau in einem durchscheinenden schwarzen Kleid durch das wüste Land, schlägt mit dem Bogen ein afrikanisches Saiteninstrument wie in einer ruhigen, selbstgewissen Wanderschaft. Eine Tarantella erklingt. Ein Mann in Trainingskleidern tanzt in weit ausholenden Armschwüngen auf die Scholle hinüber; ein zweiter gesellt sich dazu, läßt die Hände um den Bauchnabel, die Brustwarzen kreisen. Eine weitere Tänzerin betritt die weite Fläche; sie laufen zu verschiedenen Orten, nehmen vorsichtig den Raum in Besitz, berühren die Erde. Zwei Männer lassen wie im Traum eine Frau durch die Luft laufen. Eine kühlt den Tanz eines Mannes mit Wasser, das sie zwischen den Lippen über ihn sprüht. Eine Tischplatte wird in Brand gesetzt und gleich wieder gelöscht; dann ist es still.

Eine Frau in dicken, knallig gelben Schuhen steht da, frisiert sich – ein grotesker Clown, der ein paar Stampfschritte probiert, dann im Charlie-Chaplin-Gang ins Parkett watschelt, einen Zuschauer küßt, verschwindet. Leise sephardische Musik setzt ein, und laut lamentierend, zwei Servietten gegen Achselnässe unter die Arme geklemmt, beginnt eine andere zu tanzen, läßt sich im Grand plié zu Boden sinken, während sie weit die Arme zum Himmel hin öffnet. Immer wieder unterbricht sie sich, schimpft, kommandiert ihren Körper in die richtige Haltung. Der Tanz ist nicht selbstverständlich, er muß geübt und neu erfunden werden. Aber schon weiß man, wo er nicht zu finden ist: in den erlernten traditionellen Drillformen.

Ganz zwanglos beginnt *Ein Trauerspiel*: Eine Kompanie sucht den Tanz zwischen lauter zerbrochenen, untauglich gewordenen Formen, hineingestellt in ein dürres, weites Land. Nur die Elemente sind gegenwärtig: Erde und Feuer, Wasser und Wind bis hin zum tosenden Sturm. Nichts, woran sie sich halten könnten; auf weiter Fläche sind sie mit sich und ihrem Körper allein, ausgesetzt, eine elementare Bewegung zu finden, die den Naturgewalten standhält.

Ihre Suche betreiben sie fast durchweg zu leisen Klängen von sephardischer und Zigeunermusik. Immer wieder wird der Raum der Stille, den Geräuschen der Akteure preisgegeben. Sanfte Harmonien aus Italien, Portugal und der deutschen Romantik (Kammermusik von Franz Schubert) mischen sich hinein. Am Grund einer melancholischen Einsamkeit sind es im zweiten Teil mehr und mehr Zitate aus Schuberts *Winterreise*. Nur selten entlassen einen Unterhaltungs- und Tanzmusiken aus Rußland, Argentinien und Polen oder der Jazz von Louis Armstrong, Duke Ellington und Django Reinhardt in eine gelöste Stimmung. Auf der Reise durch die inneren Kontinente dominieren die sanften traditionellen Gesänge der Völker; kaum einmal werden die Traumsucher durch die martialischen Hörner einer Hubertusmesse aufgeschreckt oder vom hämmernden Stakkato einer sibirischen Schamanenmusik in umtriebige Panik versetzt. *Ein Trauerspiel* bleibt beharrlich am inneren Ort, aus dem der Tanz geboren wird.

Ihn aufzusuchen ist ein Spiel mit dem Feuer, immer in Gefahr zu scheitern. Lustvoll jauchzend springt eine Frau mit großem Anlauf auf Stuhllehnen und läßt sich beseligt ins Leere kippen. Eine andere macht einen Hechtsprung in Männerarme und landet kopfüber in einem Eimer Wasser. Wie ein Kind im Hängekleid rauft sich eine tanzend die Haare, folgt mit dem Finger den Körperlinien hinaus in den freien Raum. Im festlichen Abendkleid folgt ihr eine andere, hält in Posen an, kauert am Boden, will die Arme zum Himmel hin öffnen und kehrt doch immer wieder bei der eigenen Körpermitte ein.

Die sanfte Zigeunermusik wird von einem schweren, gebetsmühlenartigen Derwischgesang abgelöst, und die Atmosphäre sinkt in eine

162

düstere Verzweiflung. In einem fragmentierten Solo stürzt ein Mann immer wieder zu Boden, versucht sich selbst hochzuziehen, wird schließlich achtlos im Vorübergehen umgerannt. Aggressiv springen die Frauen die Männer an, werfen sie um. Nicht weniger rüde wird eine von ihnen auf eine Tischplatte gesetzt und ins Wasser gekippt. Am Ende der mechanisch im Musikrhythmus absolvierten Aktionen bleiben vier für einen Moment wie tot am Boden liegen. In der Stille, die folgt, fällt eine mit einem Schrei mitsamt einem Kleiderständer um. Im langen rosafarbenen Abendkleid singt eine ein Lied, während eine andere ihre Verzweiflung herausschreit, wütend in die Luft boxt. Dann badet sie ihre Füße und leckt an einer Feuerzeugflamme. Noch einmal versucht der gestürzte Mann einen Tanz zu Schuberts *Klaviertrio*, streckt hingebend die Arme aus, sucht sich immer neue Orte, doch aus dem zerborstenen Material läßt sich keine harmonische Folge mehr fügen.

Weil keiner mehr weiter weiß, geht man ins Publikum, vernäht mit dünnem Faden die Zuschauer miteinander, schießt sich selbst wie einen Pfeil über die Rampe. Eine Tänzerin ruft eine Freundin herein, um ihr im engen gelben Mini einen eingeübten Revuetanz zu zeigen, doch die ist nicht beeindruckt. Wieder und wieder wird im Tanz eine Selbstvergewisserung gesucht, und manchmal scheint sie zu gelingen. Da steht eine Frau im Profil, breitet die Arme aus, streicht zärtlich ihre Rundungen aus wie vor dem Spiegel, mißt mit den Händen den Körper ab, spricht leise zu sich oder zu ihm. Lakonisch fragt eine ins Publikum: »Was glauben Sie, was das alles bedeutet? – Nichts!«

Es klingt wie ein Kernsatz des Tanztheaters, das in seinen bewegten Bildern eine Poesie formuliert, die sich über die reine Sprache von Metaphern erzählt. Nichts ist da zu interpretieren, kein verborgener Hintersinn auszuforschen. Alles ist genau das, was man sieht und hört: eine verstörende, faszinierende, so vertraute wie fremde Exkursion ins Labyrinth der Leidenschaften.

Wenn eine Frau eilfertig hinter einem Mann herläuft und ihn mit lauter Patentrezepten gegen Schmerzen vollredet, dann zeigt sie einen Menschen, der verzweifelt Kontakt sucht, die eigenen Vorzüge anpreist. Lange steht sie, erwartungsvoll lächelnd, aber der Mann zeigt keine Reaktion. Ihr Lächeln erstirbt, enttäuscht fängt sie an zu kehren. Wenn eine große, dünne Tänzerin stolz mit ausgestopften Brüsten hereinkommt, mit einer Nadel in die wassergefüllten Ballons sticht und sie wieder flachbrüstig, naß und traurig dasteht, dann entzaubert sie nüchtern einen falschen Traum, ihre Unfähigkeit, sich anzunehmen, wie sie ist. Nichts weiter ist dahinter zu vermuten. Die kleinen hysterischen Anfälle, die Ausbruchsversuche erzählen davon, wie schwer es ist, einander wirklich zu berühren. Die einsamen Kunststücke und komischen Selbstdressuren berichten von der nicht aufzugebenden Sehnsucht, geliebt zu werden.

Wie eng beides beieinanderliegt, zeigt noch einmal das Ende des ersten Teils. Zu den infernalischen Hörnerklängen einer Hubertusmesse erscheinen zwei Paare, die Frauen auf den Rücken der Männer hockend. Sie gleiten herunter, die Partner können sich nicht mehr erreichen; wie hilflose strampelnde Käfer werden die Frauen hinausgetragen. Dann ruft eine Tänzerin alle herein, gibt Anweisungen, sich auszuziehen, und für einen Augenblick scheint ein unbefangen-lustvoller Kontakt sich anzubahnen. Plötzlich jedoch ändert die Regisseurin ihre Meinung und bricht den Spaß ab. Eimer werden hereingetragen; als müsse man Wasser auffangen, rennen alle geschäftig durcheinander. Einige Männer werfen sich zu einer anarchischen Schamanenmusik auf den Boden, robben, drehen auf, stürzen nieder – bis zur Erschöpfung steigern sie sich in ihre Tanzexzesse. Schlagartig ist der Spuk beendet. Ein Paar liegt am Boden, sie auf seinen Beinen über ihm. Zu einem Swing von Armstrong läßt er sie langsam zum Kuß zu sich niederschweben. Dann stehen die Männer traurig gefaßt an der Rampe; einer wischt sich die Tränen ab, die ein anderer aus seiner Hand preßt.

Wie so oft variiert der zweite Teil die Themen in einem Scherzo. Je größer die Not wird, desto eher mühen sich die Akteure, sich heiter über die Runden zu kalauern. Zunächst wird noch einmal das zärtliche Motiv vom Ende des ersten Teils aufgegriffen. Auf der schwankenden Scholle treffen sich lauter Paare zu einem stillen, intimen Tanz, der sich ruhig wieder zerstreut. Man spielt ins Publikum, aber die Zitate aus der *Winterreise* belegen alles mit einer romantisch-sehnsüchtigen Trauer. Eine Frau zitiert einen berühmten Satz, Königin Viktoria zugeschrieben: »Leg dich hin, mach die Beine breit, und denk an England.« Sagt's und macht's – aber keiner kommt. Ein Mann posiert feminin im grünen Unterrock, macht einen Purzelbaum: »Na? Was war das? – Eine Frühlingsrolle.« Später folgen ähnliche Scherze im Übersetzen von Wörtern und Redewendungen. Eine Frau im Abendkleid rafft den Rock, legt Speckscheiben auf ihren Oberschenkel, kommentiert: »Dicker Speck.« Eine andere kontert, indem sie einen aufgefädelten Apfel aus der Tasche zieht: »Apfeltasche.« Aus dem Spiel wird ein Showdown. Träufelt die erste Zitronensaft auf einen Stock (»Stocksauer!«), antwortet die zweite, indem sie eine Feuerzeugflamme unter einen Hund hält: »Hot dog!«

Trotz der betonten Heiterkeit verschärft sich die Lage. Die Elemente richten sich gegen die Akteure. Eine Frau wird von einem Wasserfall erschlagen, der plötzlich aus dem Bühnenhimmel in den Spalt zwischen Insel und Festland rauscht. Eine andere stopft sich die Ohren zu: »Jetzt könnt ihr alle schreien.« Sie setzt sich, singt gegen das tosende Wasser an, geht durchs Publikum ab. Von zwei Männern wird einer Frau wild Luft zugefächert, daß sie schwankend im Zugwind steht, bekennt, der ihr geschenkte Vogel sei ganz von allein gestorben. Ein Mann in Frauenkleidern berichtet vom Gelöbnis der Mutter, auf Knien zur Kirche zu gehen, käme nur sein Bruder heil aus dem Krieg zurück. Dietrich Fischer-Dieskau singt *Am Brunnen vor dem Tore.*

Auch der Tanz wird erpreßt. Ein Mann schleppt eine Tänzerin auf die Insel; sobald sie aufs feste Land hinübertanzt, führt er sie zurück, läßt sie weitermachen. Selbst als sie erschöpft auf dem Boden liegt, zwingt er sie in den Tanz zurück. Als eine andere kommt, sich selbst aufreizend auf einem Stuhl in Pin-up-Pose modelliert, lacht er sie nur aus, schickt sie weg, setzt sich selbst auf den Stuhl, kann die Selbstvergewaltigung nicht fassen.

Die Zwänge verleiten zu unvermittelten Bekenntnissen. Eine Tänzerin tanzt ein paar klassische Schritte, bricht ab und erklärt, sie putze nie ihre Schuhe, bügle nie. Eine andere unterrichtet im herben Kommandoton einen Tänzer an der Stange. Weil er die Pobacken nicht richtig zusammenpreßt, steckt sie ihm einen Bleistift dazwischen, den er halten muß, schließlich ein Blatt Papier. Beides fällt immer wieder herunter. Nichts hilft, schon gar nicht, sich selbst abzurichten oder von anderen sich dressieren zu lassen zu attraktiven Kunststücken.

In der allgemeinen Ratlosigkeit erklärt eine schon mal unverblümt: »Ich bin beleidigt, ich geh' jetzt nach Hause.« Eine andere kommandiert den Repetitor zu sich: »Spiel was, ich will weinen. Ich bin jetzt dran.« Sie schmiert imaginäre Brote, die sie in den Saal hinunterreicht, während sie in verzweifelt-fröhlichem Small talk mit dem Publikum parliert. Aber der allgemeine Untergang ist nicht aufzuhalten. Stumm spaziert ein Paar am Rand des Wassers, zieht unverdrossen seine Bahn, auch wenn der

Mann dabei sang- und klanglos im Graben verschwindet, bis nur noch der Kopf herausschaut. Mühsam klettert er heraus, dreht eine einsame Runde. Wenn der Wasserfall wieder tosend niederrauscht, unternimmt er ein paar sinnlose Flugversuche wie ein tölpelhafter Vogel.

In einem plötzlich aufkommenden Sturm rennen alle gehetzt übers wüste Feld, stolpern, stürzen, versuchen ihr Hab und Gut zu retten. Nur eine steht allein in ihren Stöckelschuhen, balanciert auf einem Bein, hält ihr Kleid, behauptet sich. Ein Mann kommt, zündet das Wasser an, und die Szene beruhigt sich wieder. Zu den leisen Klängen einer sephardischen Musik setzt sich eine Frau im rosafarbenen Abendkleid auf die Erde und tanzt – ein Bild wie in einer verlassenen Einöde und doch von einer traumartigen Schwebung: Es brennt, jemand singt, der Mann steht und raucht, jemand tanzt für sich allein. Eine Frau füllt Honig in Lilienblüten, fragt erst ängstlich, dann hysterisch in die Luft, als erwarte sie aus dem Himmel eine Antwort. Zu einem weiteren Lied aus der *Winterreise* beginnt ein Mann ein langsames Solo. Eine Frau gesellt sich dazu; in wippenden, auspendelnden Bewegungen berührt sie den eigenen Körper, zart und fragend.

Dann rundet sich der Bogen, und das Stück kehrt zum Anfangspunkt zurück. Wieder kommt der Tänzer in Trainingskleidung, ein weiterer, eine Frau. Sie markieren Orte, probieren mögliche Plätze für einen Tanz, der erst noch gefunden werden muß. Mitten in der Musik hören sie auf. Während die Tarantella noch weiterklingt, kommt das Ensemble zum Applaus.

Seine Reise ist noch lange nicht zu Ende.

Danzón

Der Titel bezeichnet im Spanischen eine Tanzwut, eine Besessenheit, in Mexiko einen allmählich sich steigernden, in der Art des Boleros akzelerierenden Tanz. Doch in Pina Bauschs mit eindreiviertel Stunden relativ kurzem und mit nur elf Tänzern realisiertem Tanzabend der Spielzeit 1994/95 regiert alles andere als eine beseelte Tanzmanie. Die Erkundung dessen, was Tanz sein kann, wenn er ehrlich ist, ist auch diesmal vorsichtig, genau. Gesichert werden bei der Spurensuche nur Fragmente, einzelne Soli, kurze Gruppenmotionen, die mit um so größerer Heftigkeit die Akteure befallen. Anfälle von Tanz, Ausbrüche, wenn Sprache, Gestik, Mimik nicht mehr hinreichen. Der »danzón«, der Tanzteufel, fährt den Betroffenen eher aus Not denn aus Freude in die Glieder.

Am Anfang ist die Bühne kahl-schwarz und leer, bis zu den Brandmauern offen. Während leise Jazzmusik von Ben Webster erklingt, kommen zwei Frauen in langen weißen Kleidern herein, legen sich auf den Rücken, rudern wie hilflose Käfer mit den Armen, den Beinen in der Luft – wie träumend, wie noch nicht geboren. Von der Seite kriecht auf allen vieren ein Monsterbaby herein, schiebt schwere Steine vor sich her, lutscht am Daumen, guckt. Es beschwert die beiden Träumerinnen mit den Steinen, als wolle es noch die kleinste Bewegung zum Stillstand bringen.

Eine Tänzerin kommt herein, stellt lakonisch ins Publikum hinein fest: »Also Sie sind hier, und ich bin da.« Sie geht ins Parkett, holt einen der Tänzer, als alte Dame verkleidet, auf die Bühne, fordert ihn auf, etwas Schönes zu machen. Verschämt zeigt die Lady einen gebrechlichen Hofknicks, geht ab.

Ein mexikanischer Schlager erklingt. Eine der weißen Frauen schlüpft, zu plötzlichem Leben erwacht, in ein schwarzes Kleid, mißt mit einem schnellen Fußtanz ihren Ort aus, während das Baby die leblose andere rüde hinausschleift. Zwei Frauen verschränken ihre Arme zur Brücke und lassen sich von zwei Männern in einem begeisterten Spiel das luftige Sommerkleid von einem auf den anderen Körper ziehen.

Unversehens hat sich die Szene gewandelt zu heiterer Ausgelassenheit. Ein Heuhaufen wird hereingebracht, in den sich lustvoll tobende, knutschende Paare werfen, während ein Butler mit Augenbinde, personifizierte Contenance und Anstand, stumm inmitten des verliebten Treibens steht.

Wieder schlägt die Stimmung um. Zu einem Rock 'n' Roll von Johnny Hodges robben die Männer, in plötzlicher Panik gegrätscht sitzend, über den Boden. Erst jetzt fährt ein Gazevorhang aus dem Schnürboden. Eine Projektion blendet auf, zeigt auf ganzer Bühnenbreite rosafarbene Kirschblütenzweige. Zu einer sanften japanischen Unterhaltungsmusik werden Wannen hereingerollt, in denen die Frauen selbstverloren-entspannt ein Bad nehmen. Als der Vorhang unvermutet wieder hochfährt, tauchen sie ängstlich ab. Der blinde Butler fährt jede in ihrer Wanne diskret hinaus.

Eine Schauspielerin kommt, liest mit ruhiger, intimer Stimme einen Brief, in dem die Sendung einiger Teeblätter an einen Freund angekündigt wird, als Zeichen der Ehrerbietung und mit genauer Anleitung für den richtigen Aufguß. Immer schwankt das Stück zwischen der Lust, sich gehenzulassen, den eigenen Körper, die Liebe zu entdecken, und den strengen Formen der Konvention. Doch anders als in vielen früheren Stücken birgt die Förmlichkeit diesmal auch eine zärtliche, leise Annäherung, die das Gegenüber nicht aufdringlich belästigt, sondern ihm Raum für sich selbst gibt.

Danzón ist arrangiert wie ein Reisebericht. Die Projektionen auf den auf- und niederfahrenden Gazetüchern, die die leere Bühne unterschiedlich in der Tiefe teilen, zeigen Landschaften wie aus dem Urlaubsalbum: ein Gebirge, einen Wald, eine Eislandschaft, eine wilde Brandung, Frauen in altmodischen Badeanzügen, ein ganzes Bild voller weißer Schwäne. Der Reisebericht präsentiert die Fundstücke einer weiteren Erkundung des Glücks: zwischen Nähe und Ferne, Fremdheit und Berührung, Privatheit und Öffentlichkeit. Und wie so oft bleibt sich das Tanztheater darüber bewußt, daß es seine intime Recherche über Wünsche und Sehnsüchte in einem öffentlichen Raum betreibt. Das Theater mit seiner stummen Erwartungshaltung des Publikums wird immer wieder attackiert.

Wütend schimpft die Schauspielerin: »Ich mache alles. Alles!« und tritt nach einem Mann, würgt einen anderen. Nüchtern kommentiert sie wenig später eine Tänzerin im rosafarbenen Kleid, die auf Spitzenschuhen durch den Raum trippelt: »Die Tänzer: Erst tanzen sie nach rechts, dann nach links, dann in der Mitte.« Wie zum Beweis, daß es dem Tanztheater um anderes als schönen Schein und erbauliche Unterhaltung geht, erklärt sie dem Publikum drohend, während sie an den Saaltüren rüttelt: »Die Türen sind verschlossen. Ich möchte gern in Ruhe mit ihnen arbeiten.« Dann stellt sie sich, nur mit grellen Federboas umschlungen, auf der Bühne in die fünfte Position, zeigt ihre körperlichen Vorzüge, demonstriert Tänzertricks, um den Körper optisch zu verlängern. Selbstironisch annonciert sie sich: »Ich bin die Tante Mechthild. Ich bin ja so schön. Na ja, Sie wissen schon.«

Erst jenseits der Theaterkonvention kann das Erforschen der wahren Wünsche beginnen. Dabei hilft es, sich an die Anfänge zu erinnern.

168

Noch das Küssen zu erlernen war eine aufregende Erfahrung, wie eine Frau an der Rampe demonstriert. Sie zerteilt eine Orange, probiert mit den anderen das richtige Ansetzen der Lippen, lustvolles Lutschen und Zungenspiele. Doch was ist geschehen, daß eine Frau sich später gegen Übergriffe schützt, indem sie sich die Oberschenkel mit Klebestreifen bandagiert? Der nächste Mann, der ihr unters Kleid greift, bleibt haften, muß am Ende – peinlich berührt – die ganze Frau hinaustragen. Dabei ist auch eine andere Lesart möglich: Er ist ihr auf den Leim gegangen und sitzt fest.

Ständige Ambivalenzen, die Ungewißheit jeder Situation geben auch diesem Stück den Rhythmus. Jedem fröhlichen Aufbruch folgt ein Schattenbild, das ihn konterkariert. Wie am Strand flitzen alle nackt zwischen zwei Vorhängen, auf die eine wilde Brandung projiziert ist, über die Bühne. Plötzlich fallen sie auf den Rücken, in ein zeitlupenhaftes Schweben: wie hilflos gelähmt oder wohlig entspannt. Da schmachten die Männer die Frauen an, die artig auf Stühlen sitzen. Die Verehrer legen sich ihnen zu Füßen, das Kinn bewundernd auf den Frauenknien, doch erhört werden sie nicht. Zum titelgebenden Musikstück steigen die Frauen durch die aufgehaltenen Arme der Männer, lassen sich fangen. Plötzlich aus der Balance geworfen, fallen die Männer auf den Rücken. Immer wilder und schneller wird der Tanz. Alle stürzen, versuchen vergeblich, sich zu erreichen, zu umarmen, als sei ihnen der Boden, jeder sichere Stand entzogen. Die Welt ist aus dem Lot, der Versuch, einander zu berühren, kippt ins Bodenlose. Da sind auch die Kindheitserinnerungen an eine Zeit des Glücks nicht ungetrübt. Wenn ein Paar an der Rampe auf einer dünnen Eisenstange ohne Sitzfläche wippt und dabei mit dem Publikum kokettiert, ist das auch eine schmerzhafte, hinter Lächeln verborgene Anstrengung.

Nur selten stellt sich eine ganz ungestörte Intimität ein. Unversehens ist tief hinten auf der Bühne ein Zeltlager aufgebaut. Da liegt das Ensemble vertraut beieinander, erzählt sich im Schein einer Taschenlampe Geschichten und Witze, kichert wie fröhliche Teenager. Nur selten ist einer so unbefangen frei, daß er sich stolz im Jackett präsentiert, den Oberkörper frei macht, an wechselnden Stellen imposante Haltung probiert. Doch dann zwingt ihn ein Tanz auf den Boden; er dreht auf und nieder – wie eingespannt zwischen die Schwerkraft und den Willen, aufrecht und schön zu sein. Kaum einmal, daß eine Frau in ungebremster

Kinderunschuld singend über die Bühne hüpft, dabei an ihrem Trägerkleid zieht, die Brüste herausschauen läßt.

Meist wird solche lustvolle Körpererkundung unverzüglich geahndet. Wenn die Frauen auf Stühlen an der Rampe sitzen, ins Publikum feixend sich eine Feuerzeugflamme unter den Po halten, um sie lächelnd »auszusitzen«, kommt gleich der Butler und scheucht alle mit indigniertem Blick davon. Solche Momente lassen ahnen, wann denn und wie eine zärtliche Intimität beginnen könnte, gegen alle Regeln der Öffentlichkeit.

Wie in allen Stücken gibt es auch in *Danzón* einzelne durchgängige Charaktere. Das Baby geht durch das Stück wie ein Ausdruck monströser Infantilität, ein Moment der Anarchie und (Zer-)Störung. Es wirft Bücher, Papier aus der Höhe des Schnürbodens, taucht plötzlich als Kraftprotz auf und läßt eine Frau am ausgestreckten Arm schaukeln oder sitzt mit stumpfem Blick – eine dauernde Irritation.

Es gibt den Einsamen, den es immer wieder in wütende, verzweifelte Tänze reißt. Er steht da als Stigmatisierter mit überlangen Pappohren, die er traurig wackeln läßt. Allein in dem groß aufgerissenen Raum winkt er stumm wie zum Abschied, geht. In einer anderen Szene kommt er plötzlich in greller Travestie in der Boa der Schauspielerin auf die Bühne, hockt sich in die Portalecke, will eine Opernarie hören, zieht zornig die Frauenkleider aus. In den eigenen Kleidern tanzt er zu einer dramatischen Ouvertüre von Henry Purcell stürzend und armrudernd ein Solo, sich selber hochziehend, abbrechend und von neuem einsetzend. Eine namenlose Unruhe treibt ihn um. Wenn die Schauspielerin auf einem Tisch massiert wird, wartet er ungeduldig, zerrt an ihren Füßen. Der Masseur zieht sie zurück; ein anderer Mann kommt, übernimmt, bis die Frau im Takt der Musik komisch auf dem Tisch hin und her gezerrt wird, während er sich nervös und laut schimpfend die Haare rauft.

Es gibt die pummelige, dick ausgestopfte Frau mit Reisetasche – eine verlorene Zeitreisende, die immer wieder verkrümmte, abbrechende Tanzposen probiert. Gleich zu Anfang erscheint sie, schnippt angespannt mit den Fingern, verzieht sich selbst den Mund zum Lächeln, deutet eine Pirouette an, applaudiert sich leise selbst. Den Traum von ätherischer Leichtigkeit und Schönheit, symbolisiert im Schwanenbild, wird sie nie erreichen. Doch später erscheint sie noch einmal, deutet Gänge, Wege an. Ein Mann kommt dazu, tanzt mit ihr, liftet sie zu winzigen Hebungen, und ein ganz eigener Tanz entsteht – von großer Zartheit und Verletzlichkeit. Dazu erklingt Camille Saint-Saëns' »Schwan« aus *Le Carnaval des animaux*.

Selten sind die Tänze in *Danzón* so ruhig und bei sich selbst. Schon zu Anfang schreiben die Männer in plötzlichem Aufruhr wilde Zickzacklinien in den Raum. Ihre eingestreuten Soli sind kantig, scharf akzentuiert. Die Männer werfen sich auf den Boden wie in ein Grab. Sie klatschen in die Hände, versuchen sich aufzurichten, fallen zurück. Sie schlagen harte Akzente mit den Armen in die Luft, schütteln sich, hetzen sich in leere Umarmungen; verzweifelt führen sie die Hände zum Mund. Auch in den Tänzen der Frauen zu portugiesischer Musik gibt es keine Befreiung. In schneller Drehung versuchen sie den Körper zu öffnen, kreisen sofort wieder nach innen, tragen den eigenen Arm wie einen langen, schönen Schwanenhals – über dem Wasser.

Einmal mehr – wie schon in früheren Stücken – spielt Erde eine Rolle. In einer langen Sequenz zu traurig-schöner Fadomusik streut sie der einsame Mann gezielt auf Punkte im kahlen Raum: wie das Memento mori eines Totengräbers. Eine Frau tanzt ein kauerndes, sich windendes Bodensolo, während eine andere versucht, sie zuzuschaufeln. Dietrich Fischer-Dieskau singt Gustav Mahler *(Lieder eines fahrenden Gesellen)*.

In der portugiesischen Fadomusik beschreibt »saudade« das grundsätzliche Lebensgefühl: Es ist eine weiche, melancholische Trauer, der man sich ganz hingeben kann, die gegen nichts ankämpft. So liegt auch über Pina Bauschs eigenem Solo zu drei Fados, das sie in *Danzón* zum erstenmal seit *Café Müller* von 1978 wieder auftreten läßt, ein Hauch von Einsamkeit und Abschied. Da steht sie in einer bühnenfüllenden Videoprojektion bunter Fische in einer lebendig-bunten Unterwasserwelt. Die Arme greifen in den Raum aus, kehren zum Körper zurück, berühren eine Wange, lösen die nächste Bewegung aus und lassen sie geschmeidig durch den ganzen Körper gleiten. In entspannter Präzision zeigt Pina Bausch einen Menschen, der sich, allein zwar, doch ganz bei sich selbst, gegen alle Wechselfälle behauptet. Man muß nichts tun, nur da sein, wach, aufmerksam und mit allen Sinnen in der Welt. Mit einem Winken verläßt sie die Bühne – wie ein Abschiednehmen oder doch wie aus einer großen Ferne.

Mit einer solch sanften Botschaft endet auch das Stück. Die Schauspielerin berichtet, wie der alte Johann Wolfgang von Goethe noch einmal sein Jagdhaus besucht, in dem er über 50 Jahre zuvor eines seiner bekanntesten Gedichte mit Bleistift neben dem Fenster an eine Wand geschrieben habe: *Über allen Gipfeln ist Ruh'.* »So«, habe er nach einem Moment der Stille gesagt, die eigene lange Lebensspanne abmessend, »nun wollen wir wieder gehen.« Während das Licht langsam wegzieht, klingt der Satz noch lange nach.

Nur Du

Wie das vorhergehende *Danzón* ist auch *Nur Du* ein weiteres Stück über die Liebe. Einmal mehr entführt Pina Bausch ihr Publikum in jene Kinderwelt der Unbefangenheit, in der das Wünschen und Träumen noch geholfen hat. Niemand war je dort. Es ist ein Ort, der aus den Sehnsüchten der Vergangenheit genährt wird, doch in der Zukunft zu suchen ist. Ein Ort wäre das, an dem die Gefühle wiederhergestellt wären – unverfälscht und direkt. Da das aber nur im Märchen möglich ist, spielt *Nur Du*, dem Songtitel *Only You* folgend, in einem veritablen Märchenwald.

Die Bühnentiefe ist mit gewaltigen Baumstämmen versperrt, zwischen denen die 22 Akteure wie verirrte Kinder wirken. Doch sind sie durchaus erwachsen, wie eine Tänzerin lakonisch klarstellt. Anders als Rotkäppchen verkündet sie trocken: »Ich gehe zur Oma, das heißt: Ich gehe Wodka kaufen.« Und durchaus erwachsen sind auch die Probleme, die sie miteinander und mit der Liebe haben. Denn mögen die bekannten Songs aus den fünfziger Jahren, die nostalgischen Blues- und Rock-'n'-Roll-Passagen den Zuschauer noch so versöhnlich stimmen – die Nöte der Einsamkeit, die Mißverständnisse der Begegnungen sind die gleichen wie je. Einmal mehr stellt Pina Bausch in *Nur Du* die Frage, wann wir uns denn wirklich begegnen können, wann wir frei sind von aufgesetztem Imponiergehabe und dem erpresserischen Wunsch, geliebt zu werden. Wann sind wir fähig, gleichsam nackt dazustehen, verletzbar und unsicher, bereit für eine wirkliche Berührung?

Bis es soweit ist, absolvieren alle – Tänzer wie Zuschauer – einen tragikomischen Hindernislauf voller Verwicklungen und absurder Übertreibungen, voller Maskeraden und verzweifelt-einsamer Wutausbrüche. Denn selten sind wir ganz bei uns selbst, gewiß, daß wir geliebt werden

172

können, so, wie wir sind, ohne Verstellung und ohne Angst. Das Tanztheater nimmt sich die Freiheit, alles anzuschauen, jede Verspanntheit und jeden Irrtum, und nichts zu bewerten. Es gibt die Charaktere, die es vorführt, nicht an ein vordergründiges Gelächter preis, sondern bewahrt sich eine grundsätzlich Liebe und ein Verständnis gegenüber jedem menschlichen Verhalten, ist es nur aufrichtig. Alles darf sein, denn nur so ist es möglich, etwa in der übertriebenen Selbstinszenierung auch einen Charme und eine Verletzlichkeit zu entdecken. Nur wer sich mit fast kindlicher Unbefangenheit zeigt und ganz in die Welt bringt, kann auch erkannt und geliebt werden. So ist die nimmermüde Erkundung des alten Themas bei aller Radikalität auch von einer großen Vorsicht und Zärtlichkeit. Das Tanztheater geht den Gefühlen auf den Grund; aber zugleich schützt es sie mit einem Respekt vor jedem, der den Mut hat, sich zu zeigen, wie er ist. In dem Raum, der so entsteht, kann das Ersehnte, scheinbar Unmögliche sich ereignen: daß die erhoffte Nähe gelingt, daß die Kraft frei wird, die jeden mit dem vitalen Lebenselan wieder verbindet.

So beginnt auch *Nur Du* leise, tastend. Eine Tänzerin setzt sich auf einen Stuhl an der Rampe, hebt ihr Kleid, zeigt Bein und singt dazu, allein im Märchenwald, einen traurig-schönen Blues. Rasch schlägt die Stimmung um. Hektisch lassen drei Männer einen vierten einen Stamm hinaufkrabbeln. Dann ist der panische Spuk verschwunden. Lächelnd betritt eine Frau die Bühne, legt sich auf lauter willig gebeugte Männerrücken wie auf eine Chaiselongue und erzählt kokett, sie sei unter ihrem Kleid völlig nackt. Kichernd spekuliert sie, wie es wohl wäre, wenn auch alle im Saal nackt wären. Wie um ihre frivole Idee auch wirklich nahezubringen, wiederholt sie die ganze Aktion noch einmal im Zuschauerraum. Währenddessen sitzt ein Mann stumm verloren neben einem winzigen (echten) Bäumchen im Wald. Er wird in diesem Stück als verschwiegener Arrangeur und stiller Zeuge fungieren. Manchmal wirft er vom Rand des verwirrten Treibens nur einen stumm konstatierenden Blick, der das stete Auf und Ab der Gefühle mit Ruhe und Abstand betrachtet. Mit der inneren Zerrissenheit der anderen hat er längst nichts mehr zu tun. Wie ein nüchterner Regisseur schaut er alles an, greift nur im Notfall ein. Er folgt einer anderen Spur, die still sinnierend schon in die Zukunft weist. Aus Brettern baut er sich eine Treppe zu einem hochgelegenen Baumspalt, fegt altes Laub und Federn hinaus und richtet sich rauchend ein: wie ein Beginn neuen Lebens.

Die anderen dagegen gehen noch einmal auf eine Reise in die eigene Vergangenheit. In Glitzerkorsage und zerrissenen Strümpfen stürmt eine Frau herein und verkündet aufgeregt »sein« Kommen. Sie rennt wieder raus, schaut nach und sagt frustriert die ersehnte Ankunft wieder ab. Wieder und wieder trippelt sie herein und heraus. Wie bei einem Teenager liegen Vorfreude und Enttäuschung dicht beieinander und oszillieren unentschieden auf dem Scheitelpunkt der Erregung.

Noch einmal dürfen in *Nur Du* alle wieder jung sein, wie am Anfang ihrer Lebensreise, als die Hoffnungen groß waren und die Gefühle sich mit unvermitteltem Elan Bahn brachen. Voller Begeisterung verliert sich eine Frau an den eigenen Überschwang, bis der distanzierte Regisseur sie von der Rampe pflückt und ihren Hitzkopf mit Eiswürfeln kühlt. Emsig sind sie alle bemüht, sich gegenseitig zu beeindrucken, um die Liebe und die Aufmerksamkeit eines Partners zu gewinnen. Aus dem Stand springt ein Mann immer wieder über eine Stuhllehne. Ein anderer mimt den notorischen Witzbold, faltet für sich und die Angeschwärmte zwei Gläser aus Papier und gießt Champagner ein. Stilvoll prosten sie einander zu, doch unvermutet quittiert er die ganze Aktion mit hysterischem Gelächter. Einen Apfel zerteilt er so, daß er ihr am Ende nur – unter stupidem Gekicher – das Kernhaus überreicht. Kunstvoll und stolz schwingt eine Tänzerin ihren Körper um eine hereingetragene Ballettstange. Ein Mann läßt sich die um den Kopf gebundene Plastiktüte mit Wasser füllen, um heroisch lange die Luft anzuhalten. Eine Frau klebt sich zwei Zigarettenschachteln als Absätze unter die Schuhsohlen und stöckelt lächelnd davon.

Kein Kunststück ist zu absurd, um nicht im Kampf um Aufmerksamkeit und Zuwendung erprobt zu werden. Da sagt eine Frau an der Rampe eine ganze Litanei von Anfeuerungsrufen aus vergangenen Collegetagen auf, bis sie still wird vor Erschöpfung, allein wieder abgeht. Sieger wollen sie alle sein, weil sie gelernt haben, daß nur die Sieger geliebt werden. So ergeht sich eine Tänzerin in einer brillanten Sprecharie über den Namen eines Kollegen, in der sie genußvoll das »R« ihres spanischen Akzents auf der Zunge zergehen läßt. »Ich kann das«, stellt sie befriedigt fest, »er kann das nicht.« Nur ist »er« gar nicht da; die imposante Nummer läuft glanzvoll ins Leere. Später steht sie allein im Wald und singt ein spanisches Liebeslied. Immer wieder hält sie lange einen Ton, schaut gelangweilt auf die Uhr. Niemand kommt, ihre Virtuosität zu würdigen.

174

Nur Du ist ein Stück über die Liebe und die Träume, die an sie gehängt werden — auftrumpfend laute oder zurückhaltend leise. Im Abendkleid mit Glitzerkollier erklärt ein Mann vor einem einprojizierten Schmacht-fetzen, wie sehr er sich immer gewünscht hat, ein Star und berühmt zu sein. Später stellt er aus Papiertüten geschnittene kleine Häuser auf, streut Kies, legt säuberlich einen Garten an. Zufrieden lächelnd liegt er im kleinen Glück, baut immer größere Häuser auf — der Traum einer Erfolgsstory. Zwei Frauen kommen dazu und möblieren ihre Kindheits-träume — still ihre Zukunft ausbrütend die eine, lauthals ihr Glück aus-posaunend die andere. Ein seltsam verlorenes Stilleben inszeniert sich da: lauter einsame Träumer, niemand da, das Glück zu teilen.

Oft liegt das Problem in der eigenen Unsicherheit, wie der Mann in einer späteren Sequenz vorführt. Da probiert er immer neue Glücks-arrangements, fächelt sich Wind zu, lauscht versonnen Wassergeräuschen in einer Flasche, inszeniert sich schließlich als wasserspeiende Fontänen-figur. Doch der kontrollierende Blick in den Spiegel zaubert abwech-selnd ein zufriedenes Lächeln und dann wieder säuerliche Enttäuschung auf sein Gesicht. Nichts kann seine Unzufriedenheit auflösen. Das Glück, will das heißen, beginnt mit der Kunst, sich selbst anzunehmen.

Vielleicht beginnt es mit der vorsichtigen Scheu, mit der ein Mann, halb hinter einer Mülltonne verborgen, langsam über die Bühne geht, sich Stück um Stück seiner Kleider entledigt und dabei unverwandt ins Publikum schaut. Vielleicht beginnt es mit der Ausgelassenheit, mit der eine Frau aufgeregt durch den Wald trippelt und sich lachend einen Slip nach dem anderen auszieht. Vielleicht ist es schon das nächste Rendez-vous, das alle Wünsche erfüllt, wenn plötzlich das Männerensemble, ver-stärkt um lauter alte Herren, mit Kartons und Bügeleisen hereinbricht, um eifrig seine Hemden zu bügeln oder in einer anderen Szene die Schuhe zu putzen. Immer ist es die Hoffnung, daß beim nächsten Ver-such die ersehnte Umarmung, die tiefe Berührung, gelingt, die sie alle weitertreibt. So stürzen sie sich mit Begeisterung immer wieder in ihre Ensembletänze: in gemessen kalkulierte Tangos oder wilden Rock 'n' Roll, mal angefeuert von einem Vortänzer, mal in intimen Begegnungen zueinanderfindend. Doch sind diese Aufbrüche in ein rauschendes Fest — wie immer im Tanztheater — nur von kurzer Dauer. Bald schon brechen sie ab, kommt etwa ein Mann, der ihnen befiehlt, die Kleider auszuzie-hen und zu marschieren. Dann zwingt er sie alle auf den Boden, auf dem sie weiterwandern müssen wie hilflose Tiere. »Why do they fall in love«, läßt die Musik verlauten.

Warum verlieben sie sich, während doch so vieles aneinander vorbeiläuft? Wenn sie bekümmert am Fuß eines Baumstamms kauert und er endlos auf sie einredet, tröstet sie das wenig. Wenn die Frau den Mann hereinkommandiert, um ihn weinen zu sehen, kann er kaum auf Verlangen ein echtes Gefühl herstellen. Wenn eine andere mit hochgezogenen Schultern hereinstakt und verkündet: »Brust versteckt, Frau versteckt«, kann sie hinter dieser verpanzerten Abwehr niemand erreichen, geschweige denn berühren. Warum also verlieben sie sich?

Weil wohl die Einsamkeit nicht auszuhalten ist, weil ein Weg zueinander gefunden werden muß, um der Not, allein in der Welt zu sein, zu entgehen. Darum schlägt ein Mann zuerst Frauenhände, dann ihre Haare, ihre Schenkel in sein Gesicht, jedes Mal prüfend, ob sie nicht doch reagiere. Darum fügen sich die Akteure immer wieder gegenseitig Schmerzen zu und geraten gleichwohl über sich selbst in Verzweiflung – weil sie nicht glauben können, daß es keinen Aufschwung der Gefühle gibt, der sie trägt: hinaus in eine Leichtigkeit und Lebensfreude, die sie aus der Einsamkeitsfolter entläßt.

Beides, den vitalen Elan und die Trauer, hat Pina Bausch in den vielen Soli geborgen, die *Nur Du* – wie fast alle vorangegangenen Produktionen – verstärkt durchziehen. Das Tanzen markiert den alleräußersten Ort einer Selbstvergewisserung – immer wenn die Not am größten wird und alle Worte und Selbstinszenierungen nicht mehr hinreichen: wenn zum Vorschein kommt, was einer ohne alle Verstellungskunst tatsächlich seinem Wesen nach ist. Eine Wut liegt darin, ein Widerstand, der nicht aufgeben will, bis das Glück erreicht ist, bis die in den leeren Raum ausgreifenden Hände ein Gegenüber fassen können. Verzweifelt horchen die einsamen Tänzer in den Boden hinein, versuchen sich in der eigenen Armbeuge zu bergen oder scharren in der Grube wie gefangene Tiere. Immer sind sie in diesen Augenblicken jedoch ganz bei sich selbst. Der Moment erzählt von einer Intimität und Aufrichtigkeit, die kaum sonst auf einer Bühne zugelassen werden. In schöner Selbstverlorenheit erkunden die Tänzer ihre Körper, setzen intime Zeichen über den wahren Zustand ihrer inneren Natur, verletzbar und damit auch berührbar. Darin liegt alle Hoffnung auf einen besseren Ausgang der Geschichte.

176

So endet auch *Nur Du* – nach drei Stunden Spieldauer – mit einem Tanz. Wie schon am Anfang balanciert eine Frau, hoch und unsicher, noch einmal über lauter hingestreckte Männerarme, als sei das Leben eine fragile Gratwanderung, hart am Abgrund. Panisch wirft sich ein Mann zu einer melancholischen brasilianischen Melodie in einen verzappelten Tanz, als folgten ihm die eigenen Glieder nicht. Der Körper scheint aus dem Ruder gelaufen, zerfallen und außer Kontrolle. Zunehmend erschöpfter setzt er immer wieder an – wie am äußersten Punkt der Verzweiflung. Aber daß er nicht aufgeben kann, seine Kraft – das bleibt.

Der Fensterputzer

Das Leben, hat Pina Bausch einmal in einem Gespräch gesagt, sei wie eine Reise. Eine Reise, so ließe sich hinzufügen, bei der man – nolens volens – die überraschendsten Erfahrungen macht. Unversehens schwingt man sich zu ungeahnten Höhen auf oder findet sich in zutiefst verstörenden Augenblicken wieder. Dabei ist das vermeintlich Fremde keineswegs so weit von den eigenen, heimischen Erfahrungen entfernt.

Für kaum ein anderes Ensemble hat das Reisen durch fremde Kulturen eine ähnlich große Bedeutung wie für das Tanztheater Wuppertal. Von jeher sammeln Pina Bausch, ihre Tänzer und musikalischen Mitarbeiter auf ihren ausgedehnten Tourneen durch alle Welt die verschiedensten Musiken. Echtheit und emotionale Kraft sind die Maßstäbe für eine spätere Verwendung in den Stücken. Und stets entdeckt sich, daß das Repertoire der Grundgefühle bei aller kulturellen Verschiedenheit eine Gemeinsamkeit schafft, in der man sich treffen kann. Schwankend zwischen Angst und Geborgenheit, Liebe und Haß, Freude und Trauer, sucht sich die menschliche Lebensreise überall ihren Weg. Dabei geht es dem Tanztheater nicht um vordergründige Harmonisierung, sondern im Gegenteil um eine Zuspitzung der Polaritäten. Denn erst im Zentrum der Spannungen, hält man sie nur aus, entzündet sich jener Funke, der die Reisenden vorwärtstreibt.

Aber nicht nur der Gefühlsgehalt starker Musiken, auch Beobachtungen in fremden Ländern fließen in die Stücke des Tanztheaters ein.

Nur tastet auch hier der Blick nicht die bloße Oberfläche ab, sondern schaut mit zielstrebiger Genauigkeit den Dingen auf den Grund. So nehmen die zahlreichen Koproduktionen immer auch bestimmte kulturelle Färbungen der Orte in sich auf – und gehen doch weit über folkloristische Anmutungen hinaus. Nicht die schlichte Prosa von Reiseführern bestimmt den Tenor; die regionale Eigenheit ist nur ein Beispiel in einem Welttheater der Gefühle und wechselnden Stimmungen.

Auch *Der Fensterputzer*, eine Koproduktion mit der Hong Kong Arts Society und dem Hongkonger Goethe-Institut, spielt auf bestimmte Besonderheiten der asiatischen Metropole an. Integriert sind die Anspielungen jedoch in eine Sprache poetischer Zeichen, die eine kulturelle Besonderheit nur als Beispiel für eine tieferliegende Gemeinsamkeit nimmt. Freunde, heißt das mit den Worten Pina Bauschs, kann man überall gewinnen, ohne sich selbst in seiner Eigenheit zu verleugnen.

Ein großer, beweglicher Blütenhügel beherrscht diesmal die ansonsten kahlschwarze, bis zu den Brandmauern offene Bühne. In den nackten Raum legen die roten Blüten eine der Liebe und dem Leben zugewandte festliche Stimmung. Sie regnen aus dem Bühnenhimmel, lassen sich zu Labyrinthwegen von den Tänzern auf dem Boden arrangieren oder werden zu jubelnder Feuerwerksstimmung in die Luft geworfen. Schon hierin deutet sich ein Grundthema des Tanztheaters an: das Errichten individueller Territorien und wenig später deren ausgelassene Zerstörung, um Freiräume für neue Begegnungen zu schaffen.

Wie schon in *Nur Du* bestimmt auch im Fensterputzer eine heitere, freundliche Grundstimmung das Stück. Sanfte chinesische Lieder und Schlager mischen sich mit der Melancholie des portugiesischen Fado und des Rhythm and Blues und tragen diese überwiegend humorvolle Erkundung der Liebe in ihren Möglich- und Unmöglichkeiten. Nach Hongkong geht die Reise und zugleich in ein Überall, in dem jeder sich finden kann. Gleich zu Anfang begrüßt eine Tänzerin das mitreisende Publikum mit einem enthusiastischen »Good morning – thank you«. Ein wenig übertrieben mag das erscheinen und zeugt doch von einer kindlich-überschwenglichen Unbefangenheit. Eilfertig müht sich ein Mann, alle Wünsche aus dem Publikum nach Tee und kleinen Snacks zu befriedigen. Mit Charme lädt das Ensemble seine Zuschauer ein zu einer zweieinhalbstündigen Exkursion. Die soll vor allem angenehm sein.

So zeigen die Akteure immer wieder, wie man sich Gutes tun kann. Schutzsuchend legen Frauen die Arme um einen Mann und werden sanft auf den Boden gelegt. Männer heben eine Frau in die Luft und fragen sie, ob sie gerade jetzt einen Wunsch habe, der ihr umgehend erfüllt wird. Große Aufmerksamkeit widmen sie dem eigenen Körper. Sie waschen sich, rasieren sich Gesicht und Beine, ölen den ganzen Körper ein, um die Muskeln schimmernd zur Geltung zu bringen. Anders als in *Nur Du* zeugen diese alltäglichen Verrichtungen nicht von der ewigen Konkurrenz im Kampf um Aufmerksamkeit und Zuwendung, sondern vollziehen sich mit großer Gelassenheit. Selbst wenn ein Mann, bäuchlings über einer Tischkante liegend, Wasser aus einem Eimer schöpft, um so seine Bauchmuskeln zu trainieren, ist das eher etwas, worüber man schmunzeln kann. Auch wenn ein anderer einer Frau liebevoll das Haar fönt, ihr den warmen Luftstrom unter das Kleid bläst, ist die Aktion frei von jeder Zudringlichkeit.

Doch mit dem Glück ist auch Gefahr verbunden. Das ahnt man gleich zu Anfang, wenn ein Mann mit langen Stäben vorsichtig Schlangen aus dem Blütenmeer fischt. Später fährt eine schwankende Hängebrücke aus dem Bühnenhimmel, und er trägt eine Frau über den unsicheren Abgrund. Auch der Hügel selbst kann zur Bedrohung werden. Gerollt verfolgt er einen Tänzer und drängt ihn in seinem Solo immer mehr gegen die Rampe, bis er schließlich stolpernd durch die Blüten flieht. Aufhören aber wird er so schnell nicht. Eine Frau begräbt sich selbst unter den Blüten; nur ein Neonlicht zeigt noch ihre Existenz an.

Immer wieder ereignen sich solch stille Momente, die in ihrer Lakonik in seltsamer Doppelbödigkeit zwischen Lebens- und Todesergebenheit siedeln. Eine Frau kommt stumm mit einem Stuhl und einem Kissen und läßt sich sitzend nach hinten zur weichen Landung kippen. Eine andere läßt sich schreiend hinterrücks fallen und wird schwebend von Männern hinausgetragen. Die wiederkehrende Sehnsucht nach dem Schlaf scheint wie der unbedingte Wunsch, endlich anzukommen – und sei es vielleicht auch im endgültigen Schlaf des Todes. Nur der Resignation, der Selbstaufgabe begegnet man in diesem Stück nicht. Auch nicht, wenn ein Mann, einsam wie ein verlorener Handlungsreisender, an einem Tisch seine Mahlzeit verspeist, um sich dann still zur Ruhe zu legen. Alles scheint aushaltbar, mehr noch: Es ist wie ein Herantasten an die eigenen Grenzen oder wie die Vorwegnahme einer Erfahrung, die erst noch kommen wird. Selbst der Tod behält einen Glanz. In einer Szene wird – eine asiatische Sitte – die grellgelbe Pappnachbildung einer großen Limousine wie eine Grabbeigabe hereingetragen: das Lieblingsstück des Verstorbenen, ein letzter Tribut.

Doch überwiegend regiert im *Fensterputzer* der Humor. So eignet sich der Hügel auch in absurder Verfremdung zum Blütenabfahrtslauf auf Skiern. Zwei Frauen fungieren als lebende Metalldetektoren, die einen Mann zwingen, sich Zug um Zug seiner Kleider zu entledigen. Charmant absolvieren sie ihr ebenso perfides wie heiteres Spiel mit der Macht. In solchen Momenten herrscht die gleiche Lakonik der Präsentation wie in den ernsten Augenblicken. Sie verleiht den Szenen ihre Präsenz und nimmt ihnen zugleich jede überdeutliche Schärfe. Nur Hinweis wollen sie sein – und hüten sich zurückhaltend vor jeder bevormundenden Festlegung. Die feinen Ambivalenzen verweisen darauf, daß die Dinge so leicht zumeist nicht zu nehmen sind.

Was den *Fensterputzer* strukturiert und zusammenhält, ist nicht nur – wie noch in jedem Stück – Pina Bauschs außerordentliches Gefühl für Spannungsbogen und richtiges Timing. Es sind auch die wiederkehrenden Szenenkomplexe, die das Kernthema umkreisen. So räsoniert die Schauspielerin zunächst über die fachgerechten Tricks der Verführung. Dann läßt sie sich ausführlich darüber aus, wie man sich zur Not über den ätzenden Mundgeruch eines Liebhabers hinwegsetzt. Detailliert schildert sie jede schwer erträgliche Nuance seiner Duftnoten – und gerät doch bei der Vorstellung in Ekstase, ihn lustvoll zu küssen. Schließlich erscheint sie als strenge Schließerin, kontrolliert die Eintrittskarten der Zuschauer und schickt sie auf ihre vermeintlich richtigen Plätze. Mißmutig trägt sie ein Gedicht vor, um gleich darauf zu versichern, daß niemand, absolut niemand in ihrer Familie etwas mit Gedichten zu tun haben wolle. Natürlich versteckt sich darin – mit umgekehrtem Vorzeichen – ein Hinweis darauf, worum es dem Tanztheater eigentlich geht: um die reine Kraft der Poesie. Was einer sagt und was tatsächlich gemeint ist, ist nicht unbedingt das gleiche.

Neben der Wiederkehr bestimmter Motive sind es vor allem die auf Hongkong anspielenden Reisebilder, die einen weiteren Faden durch das Stück legen. Zunächst erscheint die Stadt in groß aufblendenden Diaprojektionen mit Straßenszenen. Dann hängt, hinter einer herunterfahrenden Folie, der titelgebende Fensterputzer wie ein vergessener Engel,

180

der unbeeindruckt seiner Tätigkeit nachgeht. Schließlich singt eine Tänzerin, aufgeregt und voller Begeisterung, einen chinesischen Schlager mit, während drei weitere Frauen rauchend unter ihrem Rock sitzen. Eine Tänzerin wird in ihrem Solo von Radfahrern gekreuzt, doch auch im hektischen Großstadtgetriebe ist sie nicht zu beirren. Lauter Eindrücke, die, herausgelöst aus ihrer Umgebung, längst von anderem berichten.

Ambivalent sind auch die vielen Tänze, die – wie in fast allen vorangegangenen Stücken – im *Fensterputzer* einen großen Raum einnehmen. Schnell und scharf sind die Soli und Gruppentänze – manchmal eine Drohung, wie das Solo eines Manns, der sich dem Frauenensemble verzweifelt vor die Füße wirft, und oft bis an den Rand der Erschöpfung reichend. Das Tanzen als Form der Selbstverausgabung, um über die eigenen Grenzen zu gehen, um sich zu riskieren und endlich zu sich selbst zu finden – es kehrt auch in diesem so leichten und liebevollen Stück wieder. Mal trotzig oder hitzig, dann wieder ganz gemessen wie in jenem Sitztanz, in dem die ganze Truppe händeklatschend in kleinen Vierteldrehungen armrudernd auf der Stelle kreist – voller Lebenselan und Charme. Als das Ensemble schon gegangen ist, sitzt ein Tänzer noch immer, kann nicht aufhören mit der Lust am Bewegen.

Planvoll setzt *Der Fensterputzer* den härter gewordenen Zeiten etwas entgegen. Konfrontieren die Stücke der ökonomisch bessergestellten siebziger und achtziger Jahre noch mit einem harschen Wechselbad der Gefühle, so kehrt Pina Bausch zum Ende der neunziger Jahre das Verfahren um. Noch wichtiger als zuvor ist der Humor geworden. *Der Fensterputzer* sammelt Eindrücke, liebevoll beobachtete Reisebilder und bündelt sie zu einem sanften, lächelnden Bogen. Am Ende schließt das Stück mit einem Bild der Endlosigkeit. Das Ensemble zieht in langer Prozession hügelauf, hügelab. Projektionen zeigen Landschaften, einen Hafen bei Nacht, Neonreklamen. Es ist, als wolle die Lebensreise kein Ende finden. Noch einmal fährt die Folie herab, dahinter hängt ungerührt der Hochhaus-Fensterputzer und geht seiner Arbeit nach. Tatsächlich läßt sich wohl alles bestehen. Man muß nur daran glauben.

Masurca Fogo

Fast scheint es, als sei es eher eine Last mit Lust und Liebe. Gleich zu Anfang stürzt ein Tänzer auf die Bühne, dreht in rasender Geschwindigkeit, verkauert, wirft sich auf. Eine aufheizende Saxophonmusik treibt ihn durch sein dynamisches Solo, dann ist er verschwunden. Eine Frau betritt die Bühne und beginnt, in ein Mikrophon zu stöhnen. Zu sanfter Bluesmusik legen sich Männer in eine Reihe auf den Boden und lassen die Frau auf ihren Händen durch die Luft gleiten. Sie steigt auf die Schultern eines Mannes und läßt sich hinterrücks in die Arme der anderen fallen. Dann wird sie, auf einem Stuhl sitzend, wie auf einem Kinderkarussell gedreht – und ihr Stöhnen will kein Ende nehmen. Wie so oft im Tanztheater der Pina Bausch weiß man auch hier nicht so recht, ob es denn Glücksseufzer sind oder eher ein Leiden an einem Übermaß, das sie so beständig stöhnen läßt. Nur daß sie bedingungslos vertraut und die Kinderlust am freien Flug genießt, das ist sicher.

Ein anderer Tänzer kommt, zeigt – wie eine Antwort auf so viel Hingabe – ein intimes Solo, in dem er wechselnd die Arme um den Kopf kreisen läßt, um dann schnell mit den Händen in den Raum auszugreifen. Eine Projektion blendet auf, die Musiker auf den Kapverdischen Inseln zeigt – und weiter geht die Reihe der Tanzsoli in stetig wechselnden Stimmungen und mit verschiedenartigen Musiken unterlegt. Die Quelle, aus der diese Tänze kommen, scheint unerschöpflich. Sosehr der typische Tanzstil der Pina Bausch auch definiert ist, so reich ist doch die nicht enden wollende Reihe der Variationen. Wieder und wieder lassen sich neue Nuancen der Stimmungen einfangen und als ein großer Reichtum vor dem Publikum ausbreiten. Dann unterbrechen fünf Männer dieses Eintauchen in den Strom der Gefühle, werfen sich schreiend auf den Boden, schlagen Salto – gerade so, als sei in dieser tropisch geladenen Atmosphäre, in der die Emotionen aufkochen, ein harter Schnitt nötig, der die Beteiligten wieder zu Bewußtsein bringt.

Wieder einmal macht sich das Tanztheater auf zu einer Reise an die Quellpunkte des Lebens. Diesmal zeigt die Bühne in der Tiefe einen großen weißen, perspektivisch geschnittenen Rahmen, durch den erstarrte Lava hereingequollen ist. Vieles mag man darin erkennen: einen erkalteten Gefühlsstrom, eine gerade noch aufgehaltene Gefahr. Auf jeden

Fall engt der mächtige Lavahügel das Aktionsfeld der Tänzer ein, schafft einen optischen Gegendruck zu ihren freien Tanzläufen, an dem sie sich abarbeiten. Viele Funktionen kann er in *Masurca Fogo* einnehmen: als Berg, gegen den man anrennt; als Gestade, an dem sich eine Gruppe von Seejungfrauen flossenwedelnd sonnt; als Strand für allerlei zweisame Intimitäten.

Die Koproduktion mit der EXPO 1998 in Lissabon und dem dortigen Goethe-Institut setzt nicht so sehr auf die gefährliche Gratwanderung, sondern präsentiert sich als großzügige Huldigung an das Leben. Dafür sorgen allein die zahlreichen Fados von Amália Rodrigues und Alfredo Marceneiro, Tango mit Gidon Kremer oder ein brasilianischer Walzer von Radamés Gnattali. Wenige treibende Musiken genügen, um das innere Spannungsgefüge von *Masurca Fogo* zu balancieren und das Stück nicht in planen Süßklang abgleiten zu lassen. Sie heben nur um so deutlicher hervor, worum es *Masurca Fogo* geht: um ein Bekenntnis zur Schönheit, zu Intimität, Nähe und Zärtlichkeit. Nicht, daß sie immer leicht zu haben wären, aber daß sie doch prinzipiell möglich sind, daß man träumen darf und sogar träumen muß, um seine Lebensfähigkeit zu halten – das behauptet *Masurca Fogo* mit sanft verführerischem Nachdruck. August von Platens romantisches Diktum gilt hier in einer wichtigen Abwandlung: Wer die Schönheit hat geschaut mit Augen, ist nicht dem Tode, sondern dem Leben schon anheimgegeben. So löst das Tanztheater ganz nebenbei eine alte Fehlverbindung deutscher Denktradition und schickt die Schönheit nicht länger in den Hades.

Solche Nähe will erst einmal mit dem Publikum hergestellt sein, damit sie nicht nur bloße Behauptung einer Bühnenaktion bleibt. So erzählen die Darsteller in *Masurca Fogo* immer wieder ganz persönliche Geschichten: Erinnerungen an wichtige Lebensträume oder eindrucksvolle Verwandte. Etwa an jene Großmutter, der in ihrer Schönheit alle Männer nachschauten und die sie anhimmelten. Manchmal allerdings muß man die ersehnte Nähe auch einfordern. Mit Stentorstimme kommandiert die Enkelin der bewunderten Großmutter Männer auf der Bühne und aus dem Parkett zu sich, um ihnen einen herzhaften Kuß auf die Stirn zu drücken. Eine Frau zwingt einen widerstrebenden Mann, sie immer wieder anzuschauen. Und manchmal eskaliert das Buhlen um Aufmerksamkeit gar zu einem erbitterten stummen Duell, in dem sich die Partner gläserweise Wasser ins Gesicht schleudern.

Gegen solche Verspanntheiten hilft Humor. Etwa wenn eine Frau einem Mann lustvoll das Knie eincremt, doch als er sie küssen will, ist er viel zu klein für sie. Ein zweiter Mann schafft Abhilfe, hebt ihn hoch, damit er sie von oben herab küssen kann. Die konventionelle Hierarchie ist wiederhergestellt und gleichzeitig schmunzelnd kommentiert. Die Waffe des Witzes vertreibt auch unliebsame Erinnerungen. Da erscheint eine Tänzerin in einem mit lauter Luftballons gespickten Bikini und berichtet von einer schrecklichen Lehrerin, die sich nichtsdestotrotz von ihren Schülern ausgiebig bewundern ließ. Mit glühenden Zigaretten zerknallen die umstehenden Männer die Ballons. Die drückende Vergangenheit zerplatzt wie eine Luftblase.

Immer wieder aber kehren die Akteure zu ihren Zärtlichkeiten zurück: zu Soli, in denen sie mit den Händen sanft den Bauch umspielen, oder zu glücklichen Läufen. Meist sind es die Männer, die dazu die Gegenseite verkörpern. Sie halten in ihren Soli den eigenen Kopf, manipulieren ihre Arme und Beine, als drohe der eigene Leib auseinanderzufallen oder als sei die innere Aufregung zu groß. Sie alle aber finden sich in kindlicher Unbeschwertheit, wenn eine große Plastikplane gehalten und mit Wasser gefüllt wird, um mit genüßlichem Hechtsprung durchzuschlittern. Ein Mann fährt eine Badenixe in einer Wanne herein, und die Schöne reicht ihm aus dem Schaumbad frisch abgespültes Geschirr, das er sorgsam abtrocknet. Gemächlich kriecht ein dickes Walroß querüber. In solch entspannter Atmosphäre entläßt das Stück sein Publikum in die Pause.

Wie so oft bildet der zweite, längere Teil des insgesamt zweieinhalbstündigen Stücks eine Variation auf die bereits gesetzten Themen. Mehr und mehr tauchen projizierte Reisebilder auf, die die ganze Szene überstrahlen, sie in manchmal heitere, manchmal verfremdende Farben tauchen. Es sind Menschen auf Reisen, unterwegs in Bussen, Landschaften betrachtend. Seltene Vögel sieht man, Scharen von Flamingos, einen tropischen Reichtum voller Farbkraft.

Weiter wird die Annäherung probiert, die längst nicht immer gelingt. Da tanzt eine schöne Frau, selbstvergessen ihren Körper genießend, doch als ein Mann ihr gesteht, er habe sie gern, läuft sie erst einmal davon. Langsam und zögerlich ist die Annäherung der beiden, die am Ende doch nicht gelingen will. Der Reiz liegt ganz im Spiel, in der gegenseitigen Vorsicht und Rücksicht. In einer anderen Szene betätigt sich ein Mann in langem Abendkleid als Tanzlehrer, führt Paare herein, beobachtet sie still und genau. Dann übernimmt er selbst die Frauenrolle und zeigt den Männern, mit welcher Sanftheit beim Tanz zu führen ist. Später erscheint in der Projektion eine lange Sequenz eines Tanzwettbewerbs auf den Kapverdischen Inseln.

Von jeher hat Pina Bausch in den Gesellschaftstänzen eine Form gesehen, in der sich geschützt die ersehnte Nähe zwischen Partnern herstellen läßt. In vielfältigen Abwandlungen tauchen sie in ihren Stücken auf: als beinlose Sitztänze, in die Luft gehobene Tangos oder im Raum mäandernde Gruppenprozessionen. Auch *Masurca Fogo* durchzieht ein solches Leitbild: eine eng getanzte Rumbaprozession, bei der sich die Männer teils ihrer Kleider entledigen. Ganz öffentlich scheint hier eine Intimität möglich, die sonst nur in den privaten Momenten erlaubt ist. Und immer wird das Publikum mit einem Lächeln einbezogen und aufgefordert, es doch – vielleicht daheim – einmal selbst wieder zu versuchen.

Zum Genuß gehören nicht nur der eigene und der andere Körper, zum Genuß gehört wesentlich auch das gute Essen, selbst wenn die wohlmeinende Mama den Sohn aus einem Riesenkessel regelrecht überfüttert. Das Leben kann eben auch ein Fest sein. Etwa so, wie das Ensemble in Windeseile aus Brettern eine kleine Bude aufbaut, um darin lärmend eine ausgelassene Party zu veranstalten. Raum findet sich – sprichwörtlich – in der kleinsten Hütte, und Armut verhindert nicht unbedingt die Lebensfreude. Das will welch immer nötiger Sozialkritik nicht den Wind aus den Segeln nehmen. Es stellt nur vorurteilsfrei Momente zur Erfahrung, die helfen, sich zu erinnern, worum es denn gehen könnte. Wie ein kurzes Blitzlicht erscheinen solche Momente und sind ebenso schnell wieder verschwunden. Das Tanztheater beschränkt sich, bei aller szenischen Deutlichkeit, auf Andeutungen, kleine Fingerzeige. Es könnte ein kleiner Wachtraum sein und ist doch ganz real. Wichtig ist nicht die endgültige Erfüllung des Traums, sei die Sehnsucht auch noch so groß. Wichtig ist wohl eher, die Träume – wie in der Jugend – wach zu halten und nicht aufzugeben.

Pendelnd zwischen einbrechendem Chaos und zärtlicher Intimität, zwischen hastigen, scharf konturierten Soli und wohligem Selbstgenuß läßt Pina Bausch den zweiten Teil von *Masurca Fogo* zu immer längeren Szenenfolgen ausufern. Witze werden erzählt wie der Kalauer von den drei Stufen des Orgasmus, der mit einem wild bekräftigenden »Jaaa!« beginnt, über ein aufhaltendes »Neiiin!« sich steigert, um sich in einem »Oh, mein Gott!« zu erfüllen. Die Männer spielen Boccia oder Dart. Zwei Frauen liefern sich ein Frisurenduell, bei dem die eine sich aufwendig die Haare toupiert, doch gleich von einer anderen mit einer wahren Löwenmähne übertroffen wird. Gravitätisch schreitend wirft sie sich in Schale und läßt die aus dem Feld geschlagene Konkurrentin stehen.

Gegen Ende dominiert eine bewegte, gischtige Wellenprojektion die gesamte Bühne und taucht die Akteure in eine suggestive Unterwasserwelt. Ganz allmählich kommt das Stück zur Ruhe. Eine Tänzerin behauptet sich zu leiser Fadomusik inmitten des Elements, während noch einmal das Walroß vorüberkriecht. Die drei Meerjungfrauen erhalten einen Kurs in Trockenschwimmen. Noch einmal taucht die glücksschwere Seufzerin des Anfangs auf, und die lange Reihe der Paartänzer betritt zu ruhigen Gitarrenklängen den Raum. Ohne ihren Tanz zu unterbrechen, lassen die Männer ihre Hemden auf die Hüften hinuntergleiten. Dann legen sie sich, als wäre es eine laue Sommernacht, mit ihrer Partnerin eng umschlungen an den Strand. Bühnenfüllende Blütenprojektionen decken die zärtlichen Paare. Im Zeitraffer springen Knospen auf und erblühen. Minutenlang steht diese Hommage an die schiere Kraft des Lebens und der Erneuerung. *All I Need Is the Air That I Breathe* erklingt. Dann steht eine der Frauen ganz langsam auf. Das Leben kann weitergehen.

O Dido

Der Ausruf ohne Ausrufezeichen könnte an jene Oper von Henry Purcell erinnern, deren Arien Pina Bausch mehr als zwanzig Jahre früher in ihrem melancholisch-einsamen *Café Müller* verwendete. Doch die mythischen Figuren Dido und Äneas tauchen auch hier nicht leibhaftig auf. Gleichwohl geht es in *O Dido* einmal mehr um die Liebe, jedoch eher in ihren Möglichkeiten als in ihren Verhinderungen.

Der Auftakt setzt auf Tempo. Laute Tangomusik erklingt; schnell laufen einzelne Tänzer herein, tanzen kurze Soli, verschwinden. Rasende

Schatten, die kommen und gehen, von behender Hast getrieben. Über-
strahlt werden sie von Blumenprojektionen, die den ganzen Bühnenraum
füllen. Fast erscheint *O Dido*, eine Koproduktion mit dem Teatro Argen-
tina in Rom, wie eine unmittelbare Fortsetzung des vorangegangenen
Stücks *Masurca Fogo*. Die endet mit lauter im Zeitraffer sich öffnenden
Blüten – einem optimistischen Tribut an das Leben und jedweden Neu-
beginn. In *O Dido* scheint diese Botschaft in den Körpern angelangt. Sie
spornt die Akteure offenbar zu einer überbordenden Tanzlust an. Ganz
allmählich kündigt sich in den rasenden Wechseln an, daß hier ein Fest
vorbereitet wird: ein Fest für die Liebe, die Nähe eng tanzender, einander
haltender Paare.

Wie ein vom Himmel gefallener Meteor erhebt sich ein schroffer
grauer Felsen in den Bühnenhimmel, bewachsen mit tropischer Vege-
tation. Eine mächtig aufragende Insel der Seligen, die doch kaum einer
je erklimmen wird. Wie eine Ausgeburt ihrer Sehnsüchte umspielen die
Akteure den Stein, als hätte sie alle schlagartig die Liebe getroffen. Für
die lang erhoffte Begegnung mit der einen, dem einen einzigen halten
sie sich fit, trainieren an einer eilig hereingetragenen Ballettstange, zeigen
Muskeln. Rasch drapiert man einen Mann mit Hosenträgern, drückt ihm
Gläser und Wein in die Hand. Gut soll er aussehen für das Rendezvous.

Ganz anders als in früheren Stücken wirken diesmal die nicht enden
wollenden Soli – nicht wie eine selbstversunkene Meditation in der
Bewegung, eher schon wie eine vitale Sehnsuchtsübung, von einer über-
quellenden Lebenslust befeuert. Da genießt eine Frau kokett, doch mit
feiner Erotik ihre Hüftbogen, tanzt eine andere wie im Glückstaumel
endlose Spiralkreisel. Mit dem Absatz ihres Pumps testet ein Mann die
Reflexe der Geliebten und küßt immer wieder den automatisch hoch-
schnellenden Fuß. Später kann die Geliebte aus einem Brot Halskette und
Ringe hervorzaubern, als wäre im Rausch der Liebe jedes Wunder möglich. Oder hat sie den Schmuck nur versteckt?

Noch unreife grüne Bananen werden kurzerhand von den Frauen
gelb angemalt. Was noch nicht reif ist, läßt sich zumindest schon einmal zur Reife hin schminken. Hand in Hand stehen die Tänzerinnen
an der Rampe und lassen sich glückselig in die Arme der bereitstehen-
den Männer fallen. Glücksjauchzer haucht man in Taschentücher, die
eilig zwischen einem Paar hin und her getragen werden – wie um den
Lebens-/Liebesatem sichtbar zu machen, der immer auch ein Atem des

Begehrens ist. Es ist, als befände sich die Kompanie in einer entspannten Sommerfrische. Genüßlich rekelt man sich in Hängematten, die aus dem Schnürboden einschweben, und erklärt dem Publikum das subtile Zeichensystem des Turbanknotens. Unschwer kann der interessierte Verehrer an der Art des Knotens erkennen, ob die Umschwärmte bereits verlobt, verheiratet oder noch zu haben ist.

Das Flirten und Werben eskaliert mitunter zu kindlichen Fangspielen, die buchstäblich über Tische und Bänke gehen und zu hitziger Ausgelassenheit ausarten. Während eine Gruppe von Männern den Tisch unter ihr rotieren läßt, geht eine Frau ruhig weiter. Nichts kann sie beirren; die Kraft der Liebe läßt sie offenbar alle Hindernisse überwinden. Wer nicht mithalten kann beim Buhlen um die Zärtlichkeit, dem wird von anderen geholfen. Man bringt sich Liebesmale bei, etwa den Abdruck roter Kußlippen auf dem Unterarm, und versiegelt die Stelle mit einer Bandage, damit sie nicht verlorengeht.

Wie schon die beiden vorangegangenen Stücke ist auch das knapp zweistündige *O Dido* von einem realistischen Optimismus getragen. Pina Bausch stellt sich ganz auf die Seite des Lebens – nicht in blindem Überschwang, sondern in der Gewißheit, daß schwierige Zeiten von einem Hoffnungsschimmer balanciert werden müssen. Lagen früher die Kontraste in den harten Schnitten zwischen den großen Szenenblöcken, so finden sich heute die Gegenbewegungen in den einzelnen Tänzen selbst. Hochkomplex bezeugen sie, daß jeder einzelne eine Fülle widerstreitender Hoffnungen, Ängste und Wünsche in sich beherbergt, die längst nicht immer zu befrieden sind. Aber sie alle bilden eine Kraft, aus der heraus sich das Leben gestalten läßt – einem womöglich besseren Ende zu.

Wenn schließlich das Fest stattfindet, erscheint es einmal mehr als ein heiterer, schöner Traum. Auf Rollschuhen bringen die Männer in eleganten schwarzen Anzügen weißgedeckte Tische und Stühle herein, an denen sie die Frauen in ihrem festlichen Abendkleid bewirten. Ganz Kavalier, bitten sie Damen zu einem Rollschuhtanz um den Inselfelsen. Windgeräusche tönen, und schon ist das Liebesmahl verschwunden, als wäre es eine Filmszene von Federico Fellini.

Zu italienischer Rapmusik versuchen es die Männer nun mit heftigem Imponiergehabe, werfen (pantomimisch) ihr Motorrad an oder liegen stoisch als Brett zwischen zwei Tischen – knallharte Kerle, durch nichts zu erweichen. Wie stets schaut sich das Tanztheater alle Verhaltensweisen rund um die Liebe an, ohne zu werten, eher schon mit einem milden Lächeln.

Dann wechselt das Liebesthema ins virtuelle Reich des Films. Die Projektionen zeigen Fahrten der Wuppertaler Schwebebahn. Unberührt stehen Liebende im abgefilmten Autoverkehr, lassen sich Kaffee servieren, küssen einander, und nichts kann sie aus der Ruhe bringen.

Mit kindlicher Lust stürzt sich die Kompanie in eine Serie von Wasserspielen, als müsse die Liebeshitze dringend gekühlt werden. Stiefel werden mit Wasser gefüllt, Eimer herumgeschleudert; man setzt sich, als wäre nichts, in eine Lache auf dem Stuhl; ein Mann begießt eine sitzende Tänzerin gleich eimerweise mit dem kühlenden Naß. Schnell ist eine Plane um den Felsen gespannt und die Szene in eine Sauna verwandelt. Ein Mann steuert Trockeneisnebel bei, ein anderer läßt sich von zwei Frauen ausgiebig massieren, und selbst eine Mülltonne eignet sich zum dampfenden Saunabottich. In die Pause hinein entläßt die Männergruppe die Zuschauer mit einem zünftigen Schuhplattler in Gummistiefeln, feixend und flirtend.

Den ganzen etwa einstündigen ersten Teil hindurch behält Pina Bausch die Spannung des grundlegenden Rhythmus. In bewährtem Wechsel begleitet die Mischung aus Tango, Blues und Vokalmusik, ergänzt durch raunende afrikanische Klänge und kontrastiert durch Zeitgenössisches wie Hip-Hop, die mal erregten, mal ruhigen Stimmungsbilder. Wieder siedeln die Kostüme das Stück zwischen sommerlicher Frische und opulenter Eleganz an. Und wie so oft in den weitausschweifenden Exkursionen der Pina Bausch präsentiert sich der etwa fünfzigminütige zweite Teil als Variation auf die Kernthemen der Liebe. Nur wiederholt Pina Bausch in *O Dido* erstmals ganze Szenenblöcke exakt gleich, durchsetzt sie nur hier und da mit neuen Motiven.

Trotzdem wirkt dieser zweite Teil in seiner Atmosphäre wie ein Kontrast zur Ausgelassenheit des ersten. Im großen Rondo sinkt die Energie allmählich ab. Wie die Erschöpfung nach einem Fest wirken manche Momente. Da kriechen die Männer schwerfällig und mühsam über den Boden, um an den Rändern wie hilflose Robben zu stranden. Ein Mann hackt auf einen Stamm ein und wird von einer Projektion mit Elefanten überblendet. Er schleppt einen großen Tisch herein, legt sich darunter. Drei Männer stellen sich darauf, dann bringt er den Tisch wieder hinaus. Selbst das beseelte Rückwärtsfallen erhält nun einen eigenen Ernst.

189

Es ist, als müsse sich das Ensemble, nach all der heiteren Umtriebigkeit und Sorglosigkeit, wieder fangen. Stumm sitzen sie auf Stühlen im Halbkreis um den Felsen. Wenn einzelne Frauen vortreten, um einen Tanz zu wagen, wirkt dies verloren und einsam. Selbst der treibende Rhythmus eines laut eingespielten Tangos animiert nicht zu erotischer Annäherung: Hektisch rennen alle mit ihren Stühlen in der Hand und können keinen Ort für sich finden. Streng wird gutes Benehmen eingeübt. Eine Frau klebt eine Markierung auf den Boden, und alle Männer müssen sich an der Benimmkante verbeugen, bevor sie den Raum betreten dürfen. Auch beim Essen piekt eine pikierte Dame mit der Gabel die unbotmäßig aufgestützten Ellbogen zweier Männer vom Tisch.

Das alles kann Liebe und Zärtlichkeit nicht verdrängen, aber es stellt die Liebessucher doch in ein anderes Licht. Der wiedergefundene Elan der Kindheit, die spielerische Verliebtheit des ersten Teils wird im zweiten Teil stärker konterkariert. So dynamisch sich die Tanzsoli zu Anfang den Raum eroberten, so vereinzelt wirken sie nun in der zweiten Hälfte des Abends. Auffällig in *O Dido*, das Pina Bausch mit nur 15 Ensemblemitgliedern erarbeitet hat, ist das Auftreten einer indischen Tänzerin als Gast. Es bezeugt nicht nur den tiefen Respekt der Choreographin vor der hohen und alten Tanzkunst Indiens, sondern deckt auch eine tiefe Verwandtschaft auf. Mühelos verschwistert Pina Bausch ihren eigenen Bewegungsduktus mit den tradierten Schrittfolgen und grazilen Armgesten Indiens. Eine ganz eigene Schönheit wird da sichtbar, die belegt, daß die Sprache des Tanzes, auf hohem Niveau, tatsächlich universell ist. Präzise und bewegend läßt sie alle Nuancen und Schattierungen der menschlichen Innenwelt anklingen und bedarf zu ihrem Verständnis keiner Interpretation.

Am Ende von *O Dido* stehen lauter Statistenpaare eng küssend beieinander. Zur Stärkung erhalten sie Kaffee, dann küssen sie weiter – ad infinitum. Auch dieses Plädoyer für die Liebe will Ewigkeit.

Wiesenland

Einmal mehr rasen auch am Anfang dieser Produktion die Bilder, als habe jemand nicht nur einen, sondern gleich mehrere Filme zerschnitten und in bunter Folge wieder zusammengesetzt – ein wild kolportiertes Patchwork der Sinneseindrücke. Trotzdem erscheinen die wie im Videoclip montierten Momentaufnahmen alle von einem Thema zu handeln: von der Suche nach Liebe in hektischen Zeiten.

Einladend betritt eine Frau mit einem Teegedeck und Kerze in der Hand die Bühne und erhält, wie zur Kühlung ihres Verlangens nach Intimität, von einem Mann einen Eimer Wasser übergegossen. Naß und unbeirrbar lächelnd tritt sie an die Rampe, eine stumme Offerte an das Publikum. Eilig schleppt eine andere eine Leiter herein und schnuppert enthusiastisch einem imaginären Heuboden nach. Ihre Sehnsucht ist vor allem eine Sinnensucht. Ein Mann narkotisiert sich selbst und seine Partnerin mit einem Papierrollenschlag auf den Kopf, als wäre nur so noch eine traute Zweisamkeit herzustellen. Als sie fortkriechen will, zieht er sie mit raschem Griff wieder neben sich. Der Schlaf, allein oder zu zweit, ist ein wiederkehrendes Motiv in diesem Stück. Da wird, in wörtlicher Übersetzung, ein »Schlafwagen« hereingerollt, eine große Box mit doppelstöckigem Bett, in der sich zwei elegant gekleidete Frauen genüßlich rauchend rekeln. Da benutzt eine Tänzerin einen Kollegen als lebende Matratze, und immer wieder wälzt sich jemand zwischen zwei Kissen unruhig hin und her.

Doch der Schlaf, das Ankommen und Ausruhen, ist eine Illusion, die sich in *Wiesenland* nicht erfüllen will. Zu schnellebig erscheint das Leben inzwischen, als daß Zeit bliebe für eine Rast. So stürzt wild raufend ein Paar in die Szene und läßt sich in seiner hektischen Leidenschaft von einem dritten fotografieren. Eilig wird ein »Inder« auf einem »fliegenden Teppich« quer über die Bühne gezogen. Rasend schnell werden die Soli getanzt, die in dem über zweistündigen Stück mehr und mehr Raum greifen. Es ist, als wollten sich die Männer und Frauen in diesen armschlingenden Tänzen bergen und zugleich auch ausbrechen. Sie stürzen zu Boden, raffen sich wieder auf und öffnen sich sehnsuchtsvoll himmelwärts. Ein unbedingtes Wollen liegt darin, das das Tanzen zu einem dramatischen Hochseilakt macht, zu einem Spiel auf Leben und Tod. Getrieben erscheinen die Akteure unter einem großen inneren oder äußeren Druck. »Tanze, tanze, sonst sind wir verloren«, diesen Satz hat einmal ein Zigeunermädchen zu Pina Bausch gesagt, und er hat die Choreographin nachhaltig beeindruckt. Kaum deutlicher läßt sich sagen, welch existentielle Dringlichkeit das Tanzen in der Wuppertaler Arbeit hat. Am Punkt, an dem alle Worte versagen, beginnt die Bewegung, und sie verschafft der inneren Not einen allemal größeren Nachdruck.

Dabei läßt das Bühnenbild zu *Wiesenland* eher einen Ort der Stille und Geborgenheit assoziieren. Mächtig erhebt sich im Hintergrund eine von Moosen und Farnen bewachsene Felswand, über die leise plätschernd Wasser rinnt. An einen verschwiegenen, geschützten Ort im Wald mag man da denken, einen Treffpunkt für Zärtlichkeiten oder stille Selbstfindung. Auch die gibt es hin und wieder in *Wiesenland*, doch dominieren die Momente einer unbedingten Leidenschaft. Nicht vom erfüllten, zumindest erreichbaren Glück erzählt Pina Bausch in diesem Bilderbogen über die Liebe, sondern von einem unstillbaren Verlangen. Das treibt die Männer und Frauen durch ein stetes Auf und Ab der Gefühle und bleibt doch, bei aller Dramatik, unbeschwert leicht. Wie unbekümmerte Kinder fassen sich die Akteure bei den Händen und schleudern einander kreiselnd über den Boden. Glücklich hebt man sich zu kurzen Flügen in die Luft und läßt einander weich wieder landen. Das kurze Glück, der kleine Rausch aus Kindertagen – hier wird er, erwachsen geworden, doch lebendig erhalten. Dicht an dicht werfen sich die Männer auf den Boden und lassen eine Frau über ihre Körper laufen. Vielfältig und erfindungsreich sind die Liebesdienste, die man einander erweisen kann. Auch das Publikum wird zu Herzensangelegenheiten befragt, ob man denn jemanden liebe, Kinder habe, verheiratet sei. Nicht zudringlich sind solche Fragen, sondern von dem Impuls geleitet, die Zuschauer daran zu erinnern, daß es sie doch gibt, die Liebe, daß man vielleicht nur wieder nach ihr suchen muß, ganz nahebei. Denn die Not, ohne Liebe, ohne Geborgenheit zu leben, ist zu groß.

Daß es in Liebesdingen nicht immer einfach zugeht, wissen allerdings auch die Protagonisten des Tanztheaters. Etwa wenn ein Paar sich durch einen höher und höher aufwachsenden Stühleturm schlängelt, immer in Gefahr, daß er stürzt. Und manchmal mag man sich derart wertlos fühlen, daß man einen bewunderten Kollegen flehentlich bittet, er möge doch einmal mit einem tanzen, damit es einem wieder besser gehe.

Gefährlich ist die Nähe, wenn ein Mann zwei Topfdeckel ineinander-schlägt, und die Frau läuft zwischen zwei Schlägen hindurch schnell in seine Arme – ein Spiel um den Ernst der Liebe.

Sie alle, Männer wie Frauen, riskieren sich, weil sie den Traum von der Liebe weder aufgeben können noch wollen. Auch wenn man manch-mal ganz allein für sich selbst träumt, wie eine Frau, die auf eine lange Papierbahn zu einem dunklen, rauhen Gesang große farbige Blüten malt. Vielleicht muß man nur lange genug durchhalten, dann schlägt einem am Ende die große Stunde, wie jenem Tänzer, der erst allein in tiefen Schrit-ten den Raum durchmißt. Allmählich gesellen sich alle Frauen hinzu, in festlichen langen Abendkleidern; er ist der unbestrittene, strahlende Hahn im Korb. Ein feierlich glänzendes Bild, das mit einem anderen Gruppen-bild in diesem ersten Teil von *Wiesenland* korrespondiert. Da stehen die Frauen wieder in ihren schönen Abendkleidern, die sie mit den Händen auffächern, und pendeln auf der Stelle, als seien sie endlich angekommen im Herzschlag der Zeit. Männer stellen sie an verschiedene Orte: ein selt-sam bewegender Moment, puppenhaft starr und zugleich wie ein Urbild aller Sehnsucht.

Wie in fast allen ihren Stücken hält Pina Bausch auch hier die Bedeu-tungen in der Schwebe. Nur so gelingt die Annäherung an das viel-schichtige, nuancenreiche Thema. Entsprechend klingt der 75minütige erste Teil aus. Die Männer gießen Wasser zwischen zwei Eimern hin und her, während die Frauen am Boden knien, rauchen, den Kopf durch den Wasserfall stecken, Rauch ins Wasser blasen. Fast könnte man meinen, das Verhältnis der Geschlechter sei wie das zwischen Feuer und Wasser – unvereinbar. Aber der lächelnde Charme der Szene hebt solche Interpre-tation gleich wieder auf.

Der 60minütige zweite Teil scheint das Thema zunächst eher indivi-duell verfolgen zu wollen. Die Felswand ist nun zum begehbaren Hügel gekippt – wie zur höheren Aussicht und Freiheit. Zwischen die wieder zahlreichen Soli mischen sich jetzt mehr noch einzelne Szenen. Zärt-lich blasen zwei Männer einer Frau Rauch ins Haar, der langsam dar-aus aufsteigt, als stünde sie in Flammen. Eine andere Frau verliest einen Liebesbrief und küßt im Überschwang alle erreichbaren Gegenstände. Wieder eine andere wirft stehend den Kopf hin und her, als könne sie keinen Schlaf finden, läßt sich küssen und fordert vom angebeteten Hel-den: »Rette mich.« Auch die Eifersucht fordert ihren Tribut: Provozierend baut eine Frau vor ihrem Geliebten einen Tisch auf. Ein weiterer Mann erscheint, der den Kopf in ihre Hände legt. Die Provokateurin lacht sich – wortwörtlich – schlapp.

Unversehens wandelt sich die intime Erkundung der Liebeshöhen und -tiefen zur Landpartie. Eine kleine Häuserfront aus Pappe wird aufgebaut, Wäsche auf eine Leine gehängt. Ein Mann, in knallrotem Anzug mit dicker Zigarre im Mund wie ein Vorstadtdandy oder Zigeunerbaron, entläßt Hühner in ein aufgestelltes Gatter, dann ist das Landleben wieder abgeräumt. Noch einmal stehen alle auf dem Hügel und schauen wie erstaunte Kinder einem Luftballon nach, der in die Luft entschwindet, um sich gleich danach wieder in ihre aufreibenden Tänze zu stürzen. Sturzselig werfen sich die Männer auf den Boden; allmählich beschleunigt *Wiesenland* sein Tempo noch einmal und steuert auf das aus vielen Stücken bekannte Fest zu.

Ein erster Vorbote ist ein weiß gekleideter Kellner, der sorgsam Tisch und Stühle aufstellt, aber niemand will kommen, um sich von ihm bewirten zu lassen. Später springt die gesamte Kompanie vor Freude in die Luft und wirft begeistert Lebensmittel ins Publikum. Es gilt auch, bei aller Liebesnot, den Überfluß zu feiern und aus dem vollen zu schöpfen. Alle setzen sich an einen großen Tisch und essen. Doch das ruhige Mahl wird immer wieder von akrobatischen Einlagen unterbrochen. Man spielt Fangen wie unerzogene Kinder, zieht einander die Stühle weg oder steht auf dem Tisch, um im hohen Sprung das Tischtuch unter sich wegziehen zu lassen. Wenn das Fest vorbei ist, kommen alle wieder herein, um sich wohlig auf dem Boden auszustrecken. Jetzt kann, zu einem musikalischen Potpourri, getanzt werden. Wie viele Stücke der Pina Bausch bewegt sich *Wiesenland* einem gelassenen Ende zu.

Weniger augenfällig als in vorangegangenen Koproduktionen sind die Einflüsse des Gastlands, diesmal Ungarn. Allenfalls in den Musiken, die neben die bewährte Mischung aus erinnerungsschweren Klängen und neuzeitlich harten Beats vermehrt die rauhen Töne des Balkans stellen, erscheint Pina Bauschs Auseinandersetzung mit der Kultur der Zigeuner wieder. Die ist allerdings in den Atmosphären von *Wiesenland* immer wieder präsent. »Tanze, tanze, sonst sind wir verloren«, dieser Satz scheint den Grundtonus von *Wiesenland* nachdrücklich zu bestimmen. Und doch gibt es am Ende wieder ein Einruhen und Anlangen. Wie schon der erste schließt auch der zweite Teil mit heiteren kindlichen Wasserspielen. Das

194

Geräusch des umfließenden Wassers bezeugt einmal mehr die Unendlichkeit des Begehrens. Im Herzen des Verlangens ist es immer schon beinahe still.

Água

War *Masurca Fogo*, entstanden 1998, ein Bekenntnis zur sich selbst erneuernden Kraft des Lebens, so liest sich die Produktion der Spielzeit 2000/01 wie ein Plädoyer für die Schönheit und den Genuß.

Ungewöhnlich ist diesmal das Bühnenbild. Auf offener Szene gleitet der Blick über weißen Tanzboden in ein schlichtes, dreigeteiltes und ebenfalls weißes Halbrund. Keine Pflanzen, keine Erde, Gras oder Bäume beherrschen den Raum. Keine Natur verfremdet zielstrebig die Aktionen der Tänzer. Kein raffiniertes Wechselspiel zwischen innen und außen eröffnet auf den ersten Blick neue Horizonte. Die schlichte Bühne wahrt zunächst für fast eine halbe Stunde ihr Geheimnis. Natur erscheint als Boden und Wände überstrahlende Filmprojektion: Endlos wiegen sich Palmen im Wind, gerade so, als läge der Zuschauer am Strand und überließe sich gedankenverlorenen Träumen. Eine sanfte Ferienstimmung breitet sich aus, entspannt und heiter, ein Ort, fast zu schön, um wahr zu sein. Es scheint so, als habe Pina Bausch in ihrer Koproduktion mit Brasilien mit ihrem Ensemble einen ausgedehnten Urlaub in einem südamerikanischen Garten Eden verbracht und sei entschlossen, nun auch den Zuschauer zu dieser Reise zu entführen.

Tatsächlich beginnt alles mit Genuß. Eine Tänzerin betritt den kargen Raum, um eine Orange zu schälen und unter lautem Schmatzen zu verspeisen. Ein Kollege hält ihr das Mikrophon, um die Laute zu verstärken. Zwischen genießerischem Stöhnen erzählt sie eine Geschichte: wie sie schmerzhaft aus einem Traum erwacht und dann über sich einen wunderschönen Sternenhimmel sieht. Eine ungewöhnliche Sicht der Dinge, ein Vorschlag, die Welt einmal anders zu sehen. Denn – wer weiß – vielleicht ist das, was wir für Wirklichkeit halten, ein böser Traum, aus dem wir nur erwachen müssen, um die Welt in ihrer Schönheit neu zu entdecken.

Eine andere Tänzerin betritt den Palmenhain, läßt den Kopf kreisen, schleudert ihr Haar, verliert und findet sich in einem jener für Pina Bausch typischen armverschlungenen, kraftvollen Tänze. Zwei Männer lösen sie ab, gehen zu Boden, verharren im Liegestütz, setzen den Kopf auf, rollen seitwärts, öffnen präzise Beinpositionen. Andere Männer erweitern das Duo, bis der Tanz wieder auf die Füße gelangt. Ein schwerer, mahlender Rhythmus begleitet sie. In strahlendem Abendkleid gesellen sich die Frauen dazu, erweitern die Szene zu einem furiosen Gruppentanz, in dem alle die Arme öffnen und schnell hinter dem Rücken verschränken. Die Palmenprojektion blendet über zu einer brasilianischen Trommlergruppe in rhythmischer Bewegung; und unversehens treten die armkreisenden Tänze der Pina Bausch in einen wundersamen Dialog mit den akkurat gesetzten Bewegungen der Musiker. Zwei Tänze, die sich überlagern, zwei Energien, die sich aufs beste miteinander verbünden, um einander gegenseitig zu anfeuernden Rhythmen zu steigern. Immer wieder schert einer der Tänzer aus, tanzt ein eigenes Solo, rennt davon.

Unmerklich beschleunigt sich die Szene. Ein Paar läuft einander nach, dreht blitzschnell zu Boden. Wie ein Echo folgt ihm ein einzelner Mann. Das Ensemble kehrt zurück, die Männer halten die Frauen in der Luft und lassen sie rasend schnell im Leeren laufen. Eine Hitzigkeit breitet sich aus, die fein zwischen angespannter Not und berstender Energie balanciert. Wie so oft im Tanztheater verweigert auch diese Szenenfolge jede Eindeutigkeit. Dann ist sie wie ein Spuk verschwunden. Übrig bleibt eine Frau in strahlend rotem Abendkleid, die in die eigenen gehaltenen Armposen hineintanzt, sinnliche Hüftakzente setzt, mit dem Finger den Arm entlangfährt, den Kopf rotieren läßt, als gäbe es nichts Schöneres, als »den Kopf zu verlieren«. Schnell und präzise ist dieser Tanz, wie die meisten Soli in diesem Stück, dauernd die Armrichtungen wechselnd, ein Ausdruck kraftvoller Lebendigkeit, der aus sich selbst lebt.

Erst danach, nach dieser langen choreographischen Eröffnung, beruhigt sich die Szene, und Pina Bausch konterkariert die furiosen Tänze mit einer Gegenbewegung. Eine Tänzerin betritt die Bühne und erklärt, daß sie eigentlich nicht habe spielen wollen. Viel lieber wollte sie rot werden, einem Tisch ein Bein absägen, ihn anzünden, ein furchtbares Feuer entfachen, um es dann zu löschen. Sie habe Wasser auf den Boden schütten und in einem wunderbaren Kleid darin niedersinken wollen. Mit einem Stein wollte sie Glas zertrümmern, sich besonders schön machen und dann alle Kleider in den Müll werfen. Sosehr sie im Konjunktiv spricht, führt sie doch fast alles, was sie benennt, real vor. Die Möglichkeit ist Wirklichkeit, die vorgebliche Verweigerung gegen das Theater ist ein theatraler Moment. Zweifel an der Wirklichkeit, will das sagen, sind angebracht, und die vielleicht erträumte oder befürchtete Möglichkeit nimmt manchmal schneller Gestalt an als gedacht.

So ist der Mut zum Träumen, zu dem dieses Stück den Betrachter einlädt, keineswegs eindimensional und banal. Er beinhaltet den fein gesetzten Hinweis, daß man nicht gleich alles, was die eigenen enggesteckten Grenzen weitet, für unmöglich halten sollte. Auch das Glück, auch Entspannung und Genuß sind möglich, läßt man sie nur zu. Denn das genußvolle Sich-gehen-Lassen, das Wahrnehmen der Schönheit sind nicht minder real als Trauer, Verlorenheit und Einsamkeit. Einmal mehr stellt sich Pina Bausch mit diesem Stück gegen den allgemeinen Trend der Zeit und rüttelt an einem ehernen Tabu, wonach ernstzunehmende Kunst nur aus Schwere, Dramatik und Konfrontation resultiert. Was immer von ihrer eigenen Arbeit längst Konvention geworden ist – sie läßt es in diesem Stück hinter sich und gönnt sich und ihrem Publikum einen Ausblick auf die ursprüngliche Lust am Bewegen. Andere Zeiten, das kann man schon die ganzen letzten Produktionen hindurch verfolgen, verlangen andere Mittel. Waren die siebziger und achtziger Jahre eine Zeit des Aufbrechens der Routine und eines ebenso schmerzhaften wie heiteren Blicks auf die Wirklichkeit menschlicher Beziehungen, so ist nun eine Zeit des Mutmachens und der Erinnerung an das eigene kreative Potential gekommen. Glanzvoll darf es sein, ein Fest darf es sein, und man muß dabei keineswegs den Realitätssinn verlieren.

So will dieses Stück nicht als ein Dokument des klassischen Tanztheaters gelesen werden, sondern als ein Stück reiner Choreographie, verpflichtet allein den Gesetzen sich verdichtender und ausbreitender Energien. Bruchloser denn je fügen sich die traditionellen und zeitgenössischen Musiken zu einem dichten emotionalen Teppich, auf dem die Zeit sich dehnen und unverhofft verdichten kann. Treibend und dann wieder gelassen verstreichend, gestatten sie einen mild-melancholischen Blick auf die menschliche Natur. Doch was der versonnene Betrachter sieht, ist längst nicht alles eitel Sonnenschein.

Denn noch immer gibt es sie, die Momente der Gefahr, wenn zwei Männer einen Stab durch die Luft werfen, eine Frau, die sich in das riskante Spiel verirrt, von einem Mann wie zum Schutz niedergerissen wird. Schnell und leicht fügen sich solche Momente in den temporeichen Bilderreigen, ohne konfrontierende Dramatik. Sie erscheinen eher wie ein kurzes Aufkochen der Leidenschaft, um sich dann wieder einem gemächlich dahintreibenden Zeitstrom anzuvertrauen. Darin ist Raum für zärtlich-scheue Annäherungen. Da erscheinen sie und er in blinkendem Lichterkettenkleid und -anzug, riskieren auf große Distanz nur einen vorsichtig flirtenden Blick. Oder anders: Da präsentiert er sich als mächtig aufgebrezelter Macho, und sie zwingt ihn mit mißbilligendem Blick und mürrischen Gesten, sich Schicht um Schicht seiner Kleider zu entledigen. Erst halbnackt mag sie den Liebhaber als ausgehfein goutieren. Ein anderer Mann sinkt der Angebeteten zu Füßen und kitzelt ihren Arm mit seinem Wimpernschlag. Schier unerschöpflich scheint der Einfallsreichtum solcher Liebesdienste. Und wenn einer tatsächlich einmal in Katerstimmung deprimiert dasitzt, wird er gleich von der Gruppe getröstet, erhält einen Drink, wird in einem Badetuch wie in einer Hängematte gewiegt.

Längst sind die Konventionen für Pina Bausch kein Thema mehr, gegen das man wütend angeht. Spielerisch leicht ist der Umgang mit ihnen, wenn zwei Männer in Liegestützposition sich förmlich die Hand reichen oder zwei fein gemachte Damen amüsiert über die unterschiedlichen männlichen und weiblichen Begrüßungsformen räsonieren. Sie alle hat die tropische Hitze offenbar milde gestimmt. Wenn die Wände hochfahren, scheint eine üppige Urwaldvegetation in den Raum hineinwuchern zu wollen und alle Hektik zu besänftigen. Allenfalls rauben die lauten Tiergeräusche, die das Ensemble aus dem Urwald heraus imitiert, einer unruhigen Schläferin die Nachtruhe. Ansonsten trifft sich die illustre Gesellschaft zwischen den fleischig-grünen Stauden zur Stehparty und schlürft aus illuminierten Gläsern Lichterdrinks. Man lümmelt auf wechselnd formierten weißen Sofas und hält sich, lächelnd an der Rampe paradierend, Badetücher mit aufgedruckten Pin-ups vor.

Die europäischen Widerstände haben sich in dem feuchtheißen Klima verbraucht. Nichts geht mehr an der Front des Geschlechterkampfs. Gelassen folgen alle den Gezeiten des Strandlebens. Vom Sonnenbad, für das sich alle eincremen, wechseln sie zur Strandparty unter ausgelas-

198

senem Geschrei, während zwei Männer auf hohen Leitern skeptisch die See im Auge behalten. Nur ein einzelner Outcast schwankt von Zeit zu Zeit durch die Szene, versucht einen taumelnden Tanz voller in die Luft geschlagener Gesten, kauert, wiegt sich. Am Ende des ersten Teils, nach eineinviertel Stunden, rekeln sich alle träge auf den weißen Sofas, nur ein Paar tanzt noch eng umschlungen, endlos. Diaprojektionen legen sich über das dösige Partyende: stehende Bilder für eine zur Ruhe gekommene Festgesellschaft, Bilder einer Küstenlandschaft, von sattgrünem Wald, Vögeln im Flug.

Fein berechnet sind die Korrespondenzen mit den Film- und Diaeinblendungen. Im Bild erscheint etwa ein schwankender Blick von einem fahrenden Schiff aufs Meer, dazu tanzt eine Frau in heiteren kleinen Sprüngen zur bewegten See. Innere und äußere Bewegung gehen in eins. Danach betreten zwei Männer in Badehose den Raum, legen sich unter dicke Plastikplanen und üben Trockenschwimmen; ein Film zeigt badende Kinder. Unter der Plane wirken die beiden Tänzer wie unter Wasser. Dazwischen blendet die Szene immer wieder auf in den nüchtern weißen Raum oder läßt die Stimmung in ein nächtliches Zwielicht abtauchen. Und selten ahnt man, welche Wendung das Stück als nächstes nehmen wird.

Ungewöhnlich wie das Bühnenbild sind diesmal auch die Variationsprinzipien des zweiten Teils. Denn anders als in vielen Stücken wiederholt Pina Bausch diesmal nicht ganze Szenenkomplexe und stellt sie in neue Zusammenhänge. Sie nimmt nur bestimmte Spielelemente und mischt sie mit neuen Aspekten, so daß das Stück sich gleichsam endlos fortzuschreiben scheint. Ganz sanft und ruhig beginnt dieser zweite Teil. Eine Frau rekelt sich auf den Sofas, wiederholt Teile ihres zuvor getanzten Solos, jetzt jedoch durch ausgelassenes Gekicher unterbrochen, bis ein Mann die Glückstrunkene am Arm hinausschleift. Eine andere betritt die Bühne und führt ein weißes Haar vor, das sie entdeckt hat − Auftakt für eine ganze Szenenparade zum Thema Haar, die sich wie ein roter Faden durch diesen Auftakt des zweiten Teils zieht. Da sitzt eine Tänzerin mit Lockenwicklern und fächelt sich Luft zu. Einer anderen wird von einem Mann sanft das Haar gebürstet und mit ihm gleich der Träger von der Schulter. Schüchtern zieht sie ihn wieder hoch. Die Folge gipfelt in dem greinend-hysterischen Lamento einer Schönen mit gewaltiger Mähne, ihr Haar sei zu trocken − und alle Beruhigungsversuche ihres Partners führen nur zu noch größerer Verzweiflung. Die Schönheit macht Probleme und das Glück manchmal auch.

Denn einmal scheint es zu gelingen, wenn er sie im Arm trägt und kleine Fallschirme für sie in die Luft wirft, die sanft zu Boden gleiten. Doch ein anderer ist weit weniger erfolgreich, als er seiner Angebeteten einen großartig verpackten Autoreifen zum Geburtstag schenkt, mit dem sie nun wahrlich nichts anzufangen weiß. Manchmal ist zuviel Liebe auch nicht auszuhalten, wenn ein Mann die Geliebte mit lauter Diminutiven regelrecht verfolgt, bis die Schöne ihn mit ihrem langen Haar ins Sofa prügelt.

Für einen Moment bemächtigt sich in diesem zweiten Teil die Natur der Szene. Da tragen die Akteure lauter große Palmkronen herein, zwischen denen sie sich auf den Boden legen und sich gegenseitig Zeichen auf den Körper malen. Verschmolzen scheinen sie da, wie aufgegangen in der Urwaldwelt. Doch bald schon greift der gewohnte Lebensrhythmus mit einem akzentuierten Männersolo wieder Platz. Wie ein stürzender Derwisch tanzt er im wippenden Reifrock – Auftakt für einen neuerlich beschleunigten Bilderbogen, der die Eindrücke sich überschlagen läßt, als seien es lauter Rückblenden. Erinnerungsbrüche, die das Leben in all seiner Reichhaltigkeit kaum fassen können: ein Mann fährt eine Frau in einer Schubkarre herum; ein Paar gleitet, bei den Händen gefaßt, in schnellen Drehungen umeinander; eine Frau klettert eine gehaltene Stange hoch und rutscht wieder ab, während er sich parallel an einem Brett hinaufhangelt; die Männer werfen sich die Frauen über die Schultern und drehen sie rasend schnell; ein Mann paddelt in einem riesigen Palmblatt. Eine Frau lockt den Mann mit ihrem Rock wedelnd, doch schüchtern zieht sie das Kleid vor seiner Neugier über die Knie. Schließlich umgeben ihn alle Frauen, mit dem Rock wedelnd, und aus der keuschen Koketterie wird eine wahre Attacke.

Zum Ende hin baut sich die Spannung in einer rasch ineinandergeschnittenen Soloparade noch einmal mächtig mit Energie auf, bevor sie sich in wilden Wasserspielen lustvoll entlädt. Die Projektion zeigt jetzt das endlose Strömen und Stürzen der Iguaçu-Wasserfälle. In ihren Tänzen netzen sie sich gegenseitig mit dem kühlenden Naß, pusten sich mit Wasserflaschen in den Händen an, bauen unter allgemeinem Jubel eine improvisierte Wasserleitung. Lauter einfache Überflüsse sind das, zum Greifen nah. Ein kindliches Fest und ungezügelter Spaß. Eilig tragen sie

200

Tische herein, auf denen sie sitzend rotieren, ein Bild glücklich schaukelnder, drehender Kinder. Eine wiedergefundene Freude ist das, eine schiere Lust am Dasein. Dann ist die Bühne auf einmal leer. Das Spiel könnte von neuem beginnen.

Endlos ist die Zeit im Tanztheater der Pina Bausch und ein Plädoyer, das Leben zu genießen, hier, jetzt, ohne Vorbehalte. Denn manchmal kann Theater auch das: einen Anschein geben von dem, was sein könnte – und was doch ganz offenbar immer schon da ist.

Für die Kinder von gestern, heute und morgen

Im Frühjahr 2002 bringt Pina Bausch ein Stück heraus, für das sie eine Widmung als Titel wählt. Doch anders, als die Zueignung vielleicht vermuten läßt, ist *Für die Kinder von gestern, heute und morgen* kein »Kinderstück«. Allenfalls appelliert es an die Kindheit in jedem Erwachsenen – als Erinnerung an jene Zeit der originären Kraft und Unbeschwertheit, die einen auch im Erwachsenenalter vielleicht wieder dem Sehnsuchtsziel der Liebe ein wenig näher bringen könnte.

Wie wäre es, wenn man sich noch einmal heben lassen könnte zum kurzen, beseligenden Flug? Wenn man sich als Vogel imaginieren könnte, frei und ungebunden? Wenn man noch einmal am Anfang stünde und alle Türen offen wären? Mit solchen Fragen, scheint es, hat sich Pina Bausch einmal mehr auf die Suche nach einem Stück gemacht. Und einmal mehr geht es dabei nicht um Kindheitsverklärung oder Nostalgie, sondern um das Erinnern der eigenen Vorstellungskräfte.

Daß nicht alles bleiben muß, wie es ist, daß es keine unverrückbaren Gewißheiten gibt, daran erinnert schon das Bühnenbild. Wie schon öfter zeigt es eine Variation eines überdimensionalen, schlicht weißen Altbauzimmers, diesmal mit einem riesigen Fenster in der Rückwand und zwei Türauslässen in den beiden Seitenwänden. Später erkennt man, daß der scheinbar so klar definierte Ort ein unverhofftes Eigenleben führt. Die Wände machen sich, von Geisterhand bewegt, auf die Wanderschaft, fahren vor und zurück, verengen den Raum oder geben ihn frei. Immer mehr beschleunigen sich im Verlauf des Stücks die szenischen Wechsel, verändern sich die Lichtstimmungen und Gefühle der Akteure. Die Welt gerät ins Kreisen. Für Momente ist nichts mehr sicher; eine heilsame, zuweilen auch lustvolle Verstörung macht sich breit.

Dabei nähert sich Pina Bausch dem Thema ihrer fast zweieinhalbstündigen Exkursion mit großer Behutsamkeit. Zu leiser Musik bringen zwei Tänzer einen Tisch herein und setzen sich auf die Kante. Unendlich langsam läßt sich der eine zur Seite sinken; erst im letzten Moment greift der Kollege sein Bein, verhindert seinen Absturz. Dann tauschen sie die Rollen: Der Fänger legt sich in Sitzhaltung auf den Boden, der andere bringt ihm einen Stuhl, so daß er – schöner Widerspruch im Bild – liegend sitzen kann.

Für einen Augenblick wird diese Szene sanfter Fürsorglichkeit hart gegengeschnitten. Wieder und wieder laufen zwei Männer aufeinander zu, prallen aneinander ab, stürzen zu Boden, als sei der Wunsch nach Nähe übergroß. Dann trägt ein Tänzer eine Tänzerin in Sitzhaltung herein, schüttelt sie sanft, stellt sie auf den Boden, läßt sie in schwereloser Hebung durch die Luft schweben. Im Gegenzug hebt sie vorsichtig sein Bein, seinen Kopf, prüft die Schwere seiner Glieder. Schließlich läßt er sie für ein träumerisch langsames Solo allein, in dem sie mit den Händen ihren Körper entlangfährt, plötzlich die Arme breitet, dann wieder sich in Tierhaltungen verkauert, schützt. Noch einmal läßt ihr Tanzpartner sie schweben, bevor beide von drei Männern abgelöst werden, die einen vierten in verschiedenen Schlafhaltungen heben. Ganz vertrauensvoll läßt er alles mit sich geschehen, so groß scheint die Sehnsucht nach dem Schlaf, nach beschütztem Träumen.

Dann verschwindet auch diese Stimmung wie eine schöne Vision. Ein Tänzer rennt in raschen Läufen vor und zurück, fängt sich in Selbstumarmungen, hält ratlos inne, manipuliert die eigenen Glieder, schüttelt die Fäuste, weiß weder ein noch aus. Zu schneller Percussion öffnet sich die Szenerie. Aus dem großen Fenster wird der Sockel entfernt, zwei Männer jagen einander auf einem Bürostuhl und einem Rollbrett nach – Auftakt für eine schnelle Folge herein- und herauslaufender Soli, einen Moment des Außer-sich-Seins, der sich bald wieder beruhigt. Eine Frau legt sich auf den Boden; wie an unsichtbaren Fäden zieht ein Mann sie zu sich heran, richtet sie auf, zeichnet ihre Schritte auf den Boden, initiiert ihren Tanz. Für einen Moment bleibt sie allein in ihrer flügelschlagenden Selbstversunkenheit, dann kehrt er zurück, lädt sie sich auf den Rücken und läßt sie flatternd fliegen. Die Lust am Flug wirkt ansteckend. Immer mehr Tänzerinnen kommen herein, laufen flügelschlagend im Kreis um einen Mann, der wie ein Hahn im Korb in der Mitte ein Solo tanzt.

Immer wieder sind es im Tanztheater der Pina Bausch diese unmerklichen Steigerungen und Ausweitungen eines einmal gefundenen Themas, die den Zuschauer auf denkbar organische Art zum Träumen verführen. Sie vervielfachen ein Bild oder reduzieren es, setzen harte Schnitte und unverhoffte Konfrontationen und geben gleich darauf wieder Raum für einen freien Atem. So umkreist auch *Für die Kinder von gestern, heute und morgen* in scheinbar endlosen Spiralbewegungen sein Thema und tritt dabei keineswegs auf der Stelle. Denn in die Ein- und Zweisamkeiten des Auftakts mischt die Choreographin allmählich auch Paarbegegnungen in der ganzen Gruppe. Da sitzen die Frauen wippend auf den Schößen der Männer wie in heiter-gelassener Ungeduld. Ein anderes Mal werden sie in einem Seil wie ein Pfeil eingespannt und ihren Tanzpartnern zugeschossen, damit alle am Ende einen innig umschlungenen Paartanz absolvieren können.

Einmal mehr geht es in diesem hauptsächlich mit brasilianischen Musiken grundierten Stück um die Liebe, aber auch um die Hürden, die auf dem Weg zur Nähe zu überwinden sind. Wenn eine Tänzerin ein romantisch von einem Pfeil durchbohrtes Herz auf das Fenster malt, dann kontert eine Kollegin gleich mit einer anatomisch korrekten Herzdarstellung. Irgendwo zwischen romantischer Verträumtheit und trockenem Realismus muß es zu finden sein, das Glück. Ausdauer jedenfalls ist vonnöten. Wie bei jenem Mann, der seine Partnerin zäh dazu überredet, doch in puncto Liebe klein anzufangen und es erst einmal mit einer minutenkurzen Umarmung zu versuchen. Die beiden ziehen sich wie ein Leitmotiv durch das Stück. Auch wenn sie alle Komplimente, die er ihr macht, mutwillig mißversteht, gibt er nicht auf.

Manchmal haben sich Partner im Wortsinn zum Fressen gern, wenn er ihr das offenbar gerade gekochte Essen begeistert vom Leib schnüffelt. Dann wieder ergreift eine Frau die Initiative, kuschelt nacheinander mit zwei Männern, die sie sich buchstäblich zur Brust nimmt. Das Verhältnis der Geschlechter bleibt auch in diesem Stück gespannt und ambivalent, schwankend zwischen Wollen und Doch-nicht-Wollen. Sie sehnen sich nacheinander und schrecken doch auch voreinander zurück. Manchmal verkeilen sie sich zu einem verhaltenen Kampf ineinander, treten sich gegenseitig in den Hintern oder versuchen sich mit dem spitzen Schuhabsatz auf die ausgestreckten Hände zu schlagen. Sie messen ihre Kräfte in Mutproben, indem sie sich die Feuerzeugflamme unter die Finger halten und schauen, wer es denn länger aushalten kann. Wütend läßt sich mit einem Besen das eigene Haar bürsten, und unter lauter Grölen werden begeistert Löcher in den eigenen Pullover gebrannt – in feiner Balance zwischen Selbsthaß und Ausbruchslust. Mal finden sich alle in eng schunkelndem Paartanz, dann sinkt das ganze Ensemble in abruptem Wechsel zu knalligen Jahrmarktsrhythmen auf den Boden und ruckelt mühsam gegen die Rampe vorwärts, indem jeder die eigenen Glieder manipuliert.

Oft schon hat Pina Bausch in ihren Stücken diese Sitztänze eingesetzt. Sie scheinen die Akteure plötzlich in einen Bann zu schlagen, sie ihrer aufrecht gehenden Würde zu berauben und in eine Kreatürlichkeit zu verschlagen, die sie einerseits hilflos macht, sie andererseits aber auch auf eine Stufe mit den Zuschauern stellt. Die Tänzer, die doch normalerweise auf ihrer erhöhten Bühne dominieren, finden sich plötzlich auf Augenhöhe mit dem Publikum wieder, von gleich zu gleich. Fast scheint es, als sei das zeitweilige Aufschlagen auf dem harten Boden der Tatsachen nötig, um die ganz anderen, schwebend leichten Momente zu ermöglichen. Da erscheint gegen Ende des ersten Teils ein Tänzer als seltsamer Gärtner im Tüllkleid. Ein weiterer kommt hinzu, bewegt ihn nur mit der Kraft seines Atems. Zart gleitet er hin und her, wie ein Windhauch. Dann wird ein Teppich mit einer riesigen Sandburg hereingeschleift, und emsig beteiligt sich die ganze Truppe am Bau des vergänglichen Werks, voller Hingabe.

Erzählt sich der ungefähr eineinhalbstündige erste Teil überwiegend in längeren, sanfteren Bogen, so zieht der einstündige zweite Teil das Tempo allmählich an. Es ist, als hätten sich unbemerkt die Konflikte verschärft. Das Paar, das die langsame Annäherung versuchen wollte, redet nun munter aneinander vorbei. In ihrem schnellen Solo repetiert die Frau lauter Streitphrasen: »Nicht mit mir! – So nicht! – Man kann nicht alles haben. – Es hätte so schön sein können! – Das hat mir gerade noch gefehlt!« Er bietet ihr vorsorglich an, falls er einmal nicht nett sein sollte, könne sie ihn schlagen. Dann findet er sich in einem selbstvergessenen Solo wieder, setzt Zeichen in die Luft, mißt mit den Fingern seinen Körper ab, gibt sich selbst die Impulse zur Bewegung. Der Tanz, der eine Tat ist, ist allemal stärker als die Worte; und es scheint, als könnten die Akteure nur im Bewegen zu den wahren Gefühlen vordringen, im Zustand der Wortlosigkeit.

Doch schnell werden solche Augenblicke von hektischer Betriebsamkeit weggewischt. Große schwarze Kisten werden herein- und wieder herausgerollt. Ein Mann versucht, darauf zu liegen, doch es gelingt ihm nicht. Die beweglichen Wände fahren vor und zurück. Immer wieder will ein Mann durch eine hohle Ballettstange hindurch einen Luftballon aufblasen und kann es auf die große Entfernung hin nicht schaffen. Das Bürsten der Haare mit einem Besen steigert sich zu einer rabiaten Aktion des Selbsthasses. Wie Galgenhumor wirkt es da, wenn sich die Männer an der Rampe zur Barbierszene aufreihen und einer großmäulig von seinem Vater erzählt, der angeblich Mäuse in der Mitte durchbeißen und im Takt furzen konnte. Der Ton zwischen den Akteuren wird schärfer, ihre Aktionen wilder. Zunehmend dominiert Schwarz als Kostümfarbe. Wenn einmal wieder Stille eintritt, dann erscheint die Tänzerin in ihrem von verschiedenen Männern gepartnerten Solo wie hypnotisiert, ihrer selbst nicht bewußt.

Ein anderer muß sich in seinem Tanz den eigenen Kopf halten, läßt schwer die Arme, den Oberkörper pendeln, schleudert sich in wilde Drehsprünge, zwischen Depression und Wut. In einer Elvis-Presley-Nummer, die einer im glitzernden Showhemd probiert, bleibt plötzlich die Musik aus. Percussionmusik treibt ihn in wilde Bodenstürze, dann rennt er davon. Statt dessen laufen nun die anderen Männer zu wilder Rockmusik in den Raum, absolvieren kurze, schnelle Soli, verschwinden. Paarweise dreht die 14köpfige Truppe zu Boden, heben die Männer die Frauen in beinoffenen halben Drehungen. Wenn ein Mann »by the way« immer wieder seine Frau vorstellt, so klingt das eher nach Distanz denn nach Zusammengehörigkeit. Er schminkt sie dabei, sie kämmt sein Haar, fängt seinen Kopf, der immer wieder fällt, als sei er zu schwer. Etwas seltsam Lauerndes liegt in dieser Zweisamkeit. Zwei Männer umarmen einander so heftig, daß es schmerzt und sie sich voneinander wegstoßen. Auch die fordernde Frau des ersten Teils, die sich noch einmal die Männer zur Brust nimmt, erscheint in diesem Ambiente viel weniger humorvoll als zuvor.

Noch einmal beruhigt sich die Szenerie. Während im Hintergrund ein langsames Kommen und Gehen herrscht, erzählt einer der Tänzer an der Rampe ein altes Indianermärchen. Darin ist die Rede vom Eich-hörnchen, das die in einem Baum verlorengegangene Sonne wiederfin-det, bei seinem Rettungsakt jedoch fast erblindet und verbrennt. Zum Dank schenkt ihm die Sonne die Fähigkeit, bei Nacht zu sehen und zu fliegen. Aus dem Eichhorn wird eine Fledermaus. Die Geschichte hinter-läßt einen mit seltsam gemischten Gefühlen.

Nach der Ruhe dieses langen Augenblicks schickt Pina Bausch ihr Ensemble dann noch einmal in eine Soloparade voller rasend niederstür-zender Menschen, von denen man nicht weiß, ob sie denn die schiere Lust oder die reine Panik treibt. Unvermittelt kippt die Szene ins Dunkel ab. Ein scharfer Schnitt beendet dieses Stück – und läßt alle Fragen offen.

Nefés

Ungewöhnlich in mehrfacher Hinsicht ist die Neuproduktion des Jahres 2003. Schon das Bühnenbild fällt aus dem gewohnten Rahmen. Weder bietet es eine Variation jener geräumigen weißen Innenräume, über-dimensionierte Altbauzimmer zumeist, die schon öfter ein Stück über die Möglich- und Unmöglichkeiten der Liebe beheimateten. Noch bringt es in gezielt poetischer Verfremdung ein Stück Natur auf die Theater-bühne. Auf das Kernthema »Hamam« assoziiert es einen weitläufigen dunklen Zedernholzboden, dessen Grenzen sich im Dunkel verlieren und der sich in der Mitte zu einer großen Mulde absenkt. Unmerklich wird sich diese Senke im späteren Verlauf des Stücks von unten her mit Wasser füllen, bis ein kleiner See entsteht, der sich zum Ende der zwei-einhalbstündigen Vorstellung wieder ebenso unmerklich geleert haben wird. Der Vorgang wirkt wie das sanfte Steigen und Fallen der Gezeiten, und ebenso minimal hebt und senkt sich die emotionale Temperatur in Nefés, was im Türkischen soviel wie »Atem« bedeutet. Im Jahr des Kriegs gegen den Irak antwortet Pina Bausch auf die angespannte Weltlage mit einem beinahe bruchlosen Bilderreigen über die Liebe, der fast vollstän-dig auf harte Kontraste und Gegenbewegungen verzichtet. Kaum je wird die endlose Folge zumeist türkischer Musiken durch Stille unterbrochen. So wirkt diese Koproduktion mit dem internationalen Istanbuler Theaterfestival wie eine nicht enden wollende Sufi-Meditation, als drehten sich tanzende Derwische in ekstatischer Gottessehnsucht beseligt um die eigene Achse.

Schon einmal, im »Madrid«-Stück und danach, hat Pina Bausch die Tänze gereiht wie Perlen auf einem Rosenkranz und dabei die Zeit stillstehen lassen – gerade so, als sei es möglich, die zeitliche Gebundenheit der physischen Existenz im Tanz zu überwinden und ins Ewige hinein zu verlängern. Häufig kehrt das Rondo als choreographisches Kompositionsprinzip in ihrem Werk wieder. Es nimmt den Bühnenverläufen ihre gewohnte Zielgerichtetheit, umspielt das Thema eher in spiralig auf- und absteigenden Kreisen. Dahinter steht eine Haltung des bloßen Betrachtens, die sich jeder Wertung enthält und nicht vorgibt zu wissen. Erstmals jedoch nutzt Pina Bausch dieses Kompositionsprinzip in *Nefés* ohne Kontrapunkt und läßt ihren sanften Bilderbogen ins Weite hinein ausufern.

»Ich im Hamam«, mit diesen Worten betritt ein Tänzer zu leiser Musik die Bühne und demonstriert an einem Kollegen, wie harsch es in einem türkischen Bad bei der Massage zugehen kann. Gleich darauf wird er selbst zum Opfer und genießt die handfeste Prozedur mit einem breiten Lächeln. Dann kommt er mit einem nassen Kissenbezug herein, aus dem er feinen Schaum auf einen am Boden liegenden Mann tropfen läßt. Die leiblichen Genüsse und gegenseitigen Liebesdienste, die Pina Bausch in allen vorangegangenen Stücken beschäftigten – sie spielen auch in *Nefés* eine entscheidende Rolle. Nur hat die Liebedienerei der Frauen zuweilen fast Züge von Selbsthaß, wenn sie mit harten Strichen ihr nasses Haar über den Männern ausbürsten, um sie mit einem feinen Sprühregen zu benetzen. Auch wenn sie später vor den feierlich im Anzug auf Stühlen sitzenden Herren auf alle viere niedergehen, um sich wie Hunde kraulen zu lassen, hinterläßt dieses Bild tierischer Zutraulichkeit eher gemischte Gefühle. Wie einen Schleier tragen sie ihr Haar ins Gesicht gekämmt, stehen nebeneinander aufgereiht. Vorsichtig nähern sich ihnen die Männer, teilen den Haarschleier und küssen sie sanft. Aber auch die Herren gehen vor ihren Damen auf die Knie, ergreifen deren Rocksaum und fächeln ihnen damit Kühlung zu.

Der Geschlechterkampf – wie noch in allen jüngeren Stücken – ist in weite Ferne gerückt. Statt dessen erweist man sich zärtliche Liebesdienste. Wie so oft führt Pina Bausch solche Szenen zunächst als Einzelaktion ein und weitet sie dann für einen Moment zum Gruppenmotiv aus, um sie aus der Individualität des intimen Augenblicks heraus ins Allgemeine zu vergrößern.

Allenfalls leichte Irritationen mischen sich ein in das Reich der vorsichtigen Annäherungen, wenn eine Frau stehend über Männerschultern läuft, als müsse sie in großer Not und schnell einen Abgrund überqueren. Wenn sie sich später wie ein Brett heben läßt, weiß man nicht, ob man vor einer plötzlichen Totenstarre erschrecken oder eher das Kunststück der Körperbeherrschung bewundern soll. Auf dem gleichen Grat zwischen Gefahr und Kunstfertigkeit balanciert eine Szene, in der ein Tänzer sich einen großen Tisch vor den Bauch klemmt und in atemraubendem Tempo kreisen läßt.

Eigentlich aber sind alle eher in Feststimmung – wie jenes Paar, das lachend Champagnergläser leert und zu Feuerwerksböllern aus dem Off hinter sich wirft. Vor Vergnügen kreischend, steht die Frau auf und tanzt schwankend für ihren Partner, während sie amüsiert beteuert: »Ich bin viel zu dick für dich.« In einer anderen Szene steht sie und wäscht Geschirr in einem Eimer. Abrupt unterbricht sie die Alltagsarbeit, wirft sich wild knutschend dem Partner an den Hals, um ebenso unvermittelt mit der Hausarbeit fortzufahren. Wie zwei Leitfiguren führen die beiden durch den ungefähr einstündigen ersten Teil. Da erklärt sie stolz mit Stentorstimme: »Alles Gute, das ich habe, kommt von Oma!«, hält sich einen Strumpfhalter vor und verkündet: »Warum soll man so etwas nicht zeigen, ist doch sinnlich.« Zehn Kinder habe die Großmutter geboren – und zur Illustration kullern einer Kollegin am Bühnenrand lauter Körper unter dem langen Kleid hervor.

Das Bekenntnis zu Sinnlichkeit und Genuß scheint das allgegenwärtige Credo. Ob zwei Frauen sich zum Picknick niederlassen und kichernd mit Brot Honig aus einem Topf fischen, ob ein Mann eine Frau ein hoch im Bühnenportal verstecktes Kästchen greifen und daraus naschen läßt – *Nefés* bekennt sich zunächst unverhohlen zur sinnenfrohen Leiblichkeit. Fast hat man den Eindruck, als stünden die Akteure bereits an den Pforten des Paradieses, bereit und fähig einzutreten.

Luftig und leicht schreiben die Tänze ihre organischen Linien in den weiten Raum. Gegen Ende dieses ersten Teils tanzt eine Frau nacheinander mit mehreren Partnern, läßt sich stützen, heben, durch sanfte Berührung bewegen. Einer schaut ihr mit bewundernden Blicken zu, offenbar hingerissen von so viel Anmut, Schönheit und Sorglosigkeit.

208

Der etwa eineinhalbstündige zweite Teil greift die entspannt heitere Atmosphäre wieder auf. In Stille zunächst betritt eine Tänzerin den Raum, mißt ihren Körper mit einer Fingerspanne. Dann setzt türkische Musik ein, die Tänzerin sinkt in tiefe Pliés, läßt die Hände flattern, setzt schnelle Hüftkicks. Ein Tänzer löst sie ab, steht am Platz und singt mit geschlossenen Augen im Falsett ein spanisches Lied. Dann legt er sich auf den Boden und beginnt einen schlafwandlerischen Tanz, immer wieder innehaltend, nach innen horchend. Schließlich richtet er sich auf und dreht in großen Radien aus der eigenen Achse. Der Raum ist geöffnet.

Ihn betritt ein Paar zu einem kurzen, eng gehaltenen Tanz. Ein anderer Mann löst den ersten ab, die Tänzerin springt in seine Arme, läßt sich tragen, wäscht sich in einer Schüssel, in die sie ihr Kleid gebreitet hat, mit gefiltertem Wasser. Wieder wechselt ihr Partner zu einem anderen, der sie tief zum Boden hin dreht, bis der erste zurückkehrt. Aufmerksam begleitet er ihren Solotanz, gibt ihr immer wieder ein Glas in die Hand, das er erst im letzten Moment, kurz vor dem Fall, fortnimmt. Dadurch entsteht ein kurzes Innehalten, eine leichte Synkope, die ein zärtliches Band gegenseitiger Vor- und Rücksicht zwischen beiden knüpft. Schließlich tanzt er für sie, lächelnd, flirtend.

Aus diesem langsam aufsteigenden Crescendo formt Pina Bausch einen ganzen Reigen werbender Begegnungen. Auf jede erdenkliche Art versuchen die Männer die Frauen zu beeindrucken. Da schleppt einer einen großen Tisch herein, nimmt Anlauf zu einer Rutschpartie, an deren Ende er in einem Stuhl landet, mit dem er dann in akrobatischer Nummer umfällt. Ein anderer wirft am Boden sitzend mit den Füßen ein Kissen in die Luft, das er wieder fängt. Schließlich dreht er sich – ganz ähnlich – mit seiner Partnerin beinverschlungen übers Parkett. Im Hintergrund führt einer vor, daß er auch im Handstand aus der großen Lache in der Bühnenmitte trinken kann. Über die ganze Bühnenbreite getrennt steht ein Paar an beiden Portalseiten und flirtet miteinander. Schließlich kommt sie zu ihm, bringt jedoch eine Anstandsdame mit. Irritiert schaut er, nimmt dann gelassen die Dritte im Bund in Kauf.

Allmählich weitet sich, durchsetzt von Duetten und Soli, das Thema der Zweisamkeit zu einem Gruppenmotiv aus. Männer und Frauen betreten Arm in Arm den Raum; für einen Moment drehen sich die Männer aus der Umarmung heraus. Das Motiv wiederholt sich, von allen Frauen begleitet, im Solo eines Mannes, die ihn halten, schützen. Die ruhig wartende Umarmungshaltung, die für einen Moment isoliert im Raum steht, wirkt wie ein verträumtes Sehnsuchtsbild. Man kann kommen und gehen und ist doch beschützt.

Selbst wenn einem ein Malheur passiert, ist schnell ein rettender Engel zur Hand. Mitten in ihrem gravitätischen Auftritt im großblumigen Kleid platzt einer Dame hörbar die Naht. Ein Kavalier mit selbstgehaltenem Heiligenschein eilt herbei, stellt sich hinter die Unglückliche, um den Riß zu verdecken, und geleitet sie sicher hinaus.

Unvermittelt wird die Szene konterkariert. Für eine Wasserprojektion wird ein weißer Gazevorhang hereingezogen. Im Nu baut sich dahinter ein Restaurant mit Tischen und Stühlen auf. Eilfertige Kellner umwerben eine Frau, bringen mehr und mehr Ghettoblaster herein, bis ein kakophonisches Musikchaos entsteht. Um das Maß voll zu machen, entpuppen sich die Kellner auch noch als übereifrige Basarhändler, die alle erdenklichen Waren absetzen wollen. Dann ist der kurze Spuk wieder vorbei.

Für einen Moment fängt sich *Nefés* in einem ruhigen Männersolo, doch schon das nächste Bodensolo läßt die Stimmung wieder aufkochen. Noch einmal wird der Vorhang zugezogen für eine Projektion dichten Großstadtverkehrs, vor dem eine Frau auf der Bühne zu fliehen sucht. Dann ist auch dieser Einbruch hektischen Alltagsgetriebes vorbei, und das Stück kehrt in sanften Soli und Partnerbegegnungen zu seinem Liebesthema zurück. Allerdings baut sich jetzt unmerklich eine vorher nicht dagewesene Strenge auf. Die Männer betreten den Raum, gleiten zu Boden und reichen sich, bäuchlings aufgestützt, förmlich die Hand. Während eine Frau einsam im Hintergrund tanzt, stellen sie, einander an den Händen fassend, eine Diagonale in den Raum. Die Frauen tun es ihnen nach, drücken sich jedoch scheu von der Bühne hinunter durch den Zuschauerraum davon. Für einen Augenblick senkt sich Nacht über die Szene. Frauen gehen mit Taschenlampen suchend durchs Wasser. Eine wäscht einsam ihr Geschmeide mit einer Zahnbürste. Die Männer drücken einander langsam und ruhig in Sitzposition zu Boden, indem sie sich gegenseitig ein Bein über die Schulter legen – ein seltsam ambivalentes Bild einer fast liebevollen Dominanz. Wieder reichen sie einander über den Boden die Hand. Einer trinkt einen blauschimmernden Drink, der ihn zu einem kurzen virtuosen Technotanz animiert. Ein weiterer Tänzer folgt ihm mit einem Solo der fliegenden Hände und raumgreifenden Sprünge. Wieder wird der Vorhang geschlossen, flieht die Frau, kreischt vor dem anbrandenden Verkehr. Wieder stellen Männer und Frauen, nach Geschlechtern getrennt, einander bei den Händen haltend, stumme Reihen einer unverbrüchlichen Solidarität in den Raum.

Wie ein Traum erscheint dazwischen eine Picknickszene des gesamten Ensembles, das sich kurz zum Gruppenbild vereint. Als Fata Morgana gleitet eine Prinzessin aus dem Morgenland auf einem rollenden Sessel vorüber. Nichts wird aufgegeben von den Wünschen und Sehnsüchten. Nur bedarf es offenbar einer anderen Stärke und Gemeinsamkeit, damit die Träume der Wirklichkeit standhalten können. So schließen sich die Frauen zu einer engen Gruppe zusammen, schreiten im Kreis vor und zurück, begleitet von einem Licht, das lauter Buchstaben auf den Boden schreibt.

Daneben, dazwischen wird das gegenseitige Necken und Werben wohl ewig so weitergehen. Gegenseitig lädt man sich zum Drink ein und läßt das Getränk auf einem Tablett durch den See gleiten. Heiter flirtet eine Frau mit zwei Männern und stopft schließlich einem mit ihrem Haar den Mund. Sanft manipuliert eine Frau einen Mann zu Boden und legt sich demonstrativ neben ihn. Das endlose Spiel von Nähe und Ferne – es wird nicht aufhören. Nur findet es statt in einer Zeit, die offenbar mehr denn je ein Zusammenstehen in der Gruppe einfordert.

So beendet Pina Bausch ihr Stück mit einem ambivalenten Schlußbild. Von links schieben sich die Männer als Sitzreihe auf die Bühne, ein Bein aufgestellt, sorgsam einen Fuß vor den anderen setzend und dazwischen immer wieder innehaltend. Im Hintergrund echoen die Frauen in ganz ähnlicher Haltung, lächelnd, wartend. Es ist, als wollten sich die Geschlechter gegenseitig durch ihre Haltungen über die große Distanz hinweg imponieren. Etwas Lauerndes liegt darin und auch ein großer Charme.

Im Zuschauerraum blendet langsam das Licht auf. Auf der Bühne ist das Wasser unmerklich versickert. Es könnte auch alles nur ein Traum gewesen sein.

»Manchmal steht man ganz schön nackt da«
Über die Arbeit des Tanztheaters Wuppertal

Im Tanztheater Wuppertal ist Verschiedenheit Programm. Mögen sich auch andere weltbekannte Ensembles aus Tänzern und Darstellern unterschiedlicher Nationalität, Mentalität und Persönlichkeit zusammensetzen – für Pina Bausch ist sie Ausgangspunkt einer Arbeit, die versucht, etwas über Menschen, über ihre Fähigkeit, einander zu verstehen und sich miteinander zu verständigen, in Erfahrung zu bringen. Im Tanztheater Wuppertal wird jeder einzelne sichtbar: unverwechselbar in seiner Individualität und einzigartig in seiner Persönlichkeit. Die unterschiedlichen Nationalitäten liefern das Material, die Mentalitäten die verschiedenen Klangfarben für ein Welttheater, das immer wieder aufbricht, über Grenzen zu gehen. Das die Ruhe und Gelassenheit besitzt, jeden einzelnen anzuschauen und seine besonderen Fähigkeiten zum Leuchten zu bringen.

In dieser Offenheit ist die Arbeit des Tanztheaters aufnahmefähig für die verschiedenen Kulturen, für ihre Sichtweisen auf die Welt. Sie arbeiten miteinander oder widersprechen sich, schaffen Verständigung oder reden aneinander vorbei. Nichts wird dabei hinter vordergründiger Harmonie versteckt. Konflikte werden ausgehalten, bis sie sich – gleichsam von selbst – umwandeln, den Blick freigeben auf neue Möglichkeiten. So ist die Arbeit im Tanztheater Wuppertal ein Modell für einen möglichen Umgang miteinander. Nichts muß beschönigt oder bemäntelt werden. Aber immer besteht die Möglichkeit, daß eine Situation, so zugespitzt oder verfahren sie auch scheinen mag, sich wandelt. Sie löst sich auf in Heiterkeit, in einen augenzwinkernden Humor, der über sich selbst schmunzeln kann, oder stürzt in abgründige Trauer, auf deren Boden ein neuer Zugang zu sich selbst gefunden wird. Der stete Wandel ist nicht nur ein tänzerisches Prinzip schlechthin, er begründet auch Hoffnung – eine Hoffnung, die ihr Ziel nicht in einer fernen Utopie erblickt, sondern die auf etwas Wirklichem fußt: auf einer unerschütterlichen Beharrlichkeit, die sich gelassen durch alle essentiellen Lebenserfahrungen hindurchbewegt. Der Alltag, das Leben, erzählen die Wuppertaler Tänzer, ist lebbar, und das Glück ist nichts anderes, als ganz darin aufzugehen: gerade so, wie man ist, aber mit der Bereitschaft, sich jederzeit zu wandeln.

Eine solche Arbeit hat ihren Preis. »Manchmal«, sagt etwa die Tänzerin Heide Tegeder über ihre Probenerfahrung mit Pina Bausch, »steht man ganz schön nackt da.« Die Fähigkeit, sich nackt, das heißt verletzbar und offen, zu zeigen, war und ist die größte Herausforderung an die Tänzer des Tanztheaters Wuppertal. Doch wer sich ihr stellt, entdeckt bald darin eine eigentliche Quelle der Kraft. Wer beharrlich und ausdauernd dem Weg folgt, der gelangt zu einer Wahrhaftigkeit, die alles Äußerliche abstreift und zum Wesentlichen vordringt. Der erreicht eine Vitalität, die im Moment, in dem sie sich öffnet, zugleich geschützt ist. Der lernt, daß Veränderung sich mit großer Selbstverständlichkeit einstellt, läßt man sie nur zu.

Daß in Wuppertal eine neue, andere tänzerische Qualität abseits der Routine gefragt war, kündigte sich schon in den frühen Stücken an. In den Gluck-Opern etwa und besonders in *Le Sacre du printemps* verlangt die Choreographie von den Akteuren eine Hingabe bis an die physischen Grenzen. Sie erst verschafft den Stücken eine Authentizität und dramatische Wucht, die sich unmittelbar in die Körper der Zuschauer überträgt. Schmerz, Leid, Verzweiflung werden nicht mehr bloß angedeutet oder in schöner Geste verschlüsselt. Sie entladen sich mit der Kraft alleräußerster physischer und emotionaler Präsenz. Das verlangt Tänzer, die keine Angst vor sich selbst haben, die bereit sind, die elementaren menschlichen Antriebe in sich aufzudecken und unverstellt auf der Bühne herzugeben.

Allmählich veränderte Pina Bausch ihre Arbeitsweise. Sie begann, ihren Tänzern Fragen zu stellen: Auftakt einer großangelegten Recherche über die Grenzen und Möglichkeiten der Verständigung. Wo berühren wir uns, und wodurch entfernen wir uns voneinander? Zu Stichworten, kurzen Sätzen, Anregungen werden Antworten gesucht: Kein vages Improvisieren, sondern erfragt wird immer etwas Genaues, ein Moment der Aufrichtigkeit, der erst dann in eine choreographische Form gebracht wird, wenn etwas wirklich berührt ist. Damit beginnt, mit jedem Stück neu, eine Entdeckungsreise, die darauf vertraut, daß in jedem Körper eine Fülle von Verhaltensweisen, von Hoffnungen und Sehnsüchten, von Ängsten und Lüsten, nicht zuletzt von möglichen Lösungen aufbewahrt ist.

Ein Ensemble weiß mehr, als ein einzelner Choreograph je wissen kann. Die Methode nutzt das in jedem Körper aufgehobene Wissen und bringt es ans Licht. Sie verschafft jedem Tänzer den Freiraum, seine indi-

214

viduelle Kenntnis der Welt zu entdecken und herzuzeigen. Sie bezeugt einen tiefen Respekt vor jedem einzelnen, der in seiner Einzigartigkeit und Unverwechselbarkeit ein Recht hat dazusein.

Dieser Respekt, gepaart mit unbestechlicher Genauigkeit und Aufrichtigkeit, hat die Tänzer und Darsteller des Tanztheaters Wuppertal immer wieder ermutigt, diesen außergewöhnlichen Weg gemeinsam mit Pina Bausch zu gehen. Dabei war es am Anfang nicht leicht, die sich allmählich immer weiter öffnenden Räume der Freiheit zu betreten. Es galt, Abschied zu nehmen von allen festgelegten Definitionen des Tanzes. Es galt, das erlernte Handwerk nicht mehr bloß in das Erlernen und Nacharbeiten möglichst raffiniert kombinierter Schrittfolgen zu investieren. Jetzt ging es darum, noch einmal ganz von vorn anzufangen, den Tanz noch einmal neu zu entdecken. Das gemeinsame Erforschen, das gezielte Befragen, das Aushalten eigener Ratlosigkeit, das vorsichtige Ertasten ungewohnter Zusammenhänge und Erspüren ungeahnter Bewegungsräume waren gefragt. Das verlangt Mut und Ausdauer. Die Irritationen waren groß, denn auf einmal ging es nicht mehr um die Beurteilung von Choreographie, sondern um etwas Menschliches und jedem Geläufiges. Also konnte es auch nicht mehr um die Beurteilung von Tänzern nach üblichen Maßstäben gehen. Zu lernen war, daß die Bravour der Wuppertaler sich nicht in technischen Meisterstückchen entdeckt, daß ihre Virtuosität manchmal im Aufsagen eines Gedichts oder im Singen eines Kinderlieds aufscheint, daß natürlicher ungekünstelter Charme mehr wiegt als einstudiertes Standardlächeln, daß in kleinen, vordergründig unscheinbaren Vorgängen sich eine eigene Wahrheit und Schönheit verbirgt. Für all das braucht man außergewöhnliche Darsteller und hervorragende Tänzer. Denn gerade die einfachen Dinge kann nur zeigen, wer seinen Körper kennt und ihn meistert.

Allmählich erst wurden die besonderen Qualitäten des Wuppertaler Ensembles erkannt. Nicht wenige argwöhnten, die Mitglieder des Tanztheaters könnten vielleicht gar nicht gut tanzen. Freimütig haben die Stücke immer wieder darauf reagiert. Etwa wenn Dominique Mercy in *Nelken* wütend schimpfend eine bravouröse Kostprobe seiner exzellenten klassischen Technik gibt. Hinweis darauf, daß es eben darum nicht mehr gehen könne.

Irritierend blieb lange Zeit auch, daß die Truppe kaum dem gängigen Einheitsmaß und Schönheitsideal entsprach. Vielen waren die Tänzer zu dick oder zu dünn, zu groß oder zu klein, nicht hübsch oder nicht jung genug – ähnelten mithin viel zu sehr dem Publikum, das man selbst war. Verkannt wurde, daß in Wuppertal der Tanz neu geboren wurde – jenseits aller Eitelkeit. Daß er auf genau den Alltag aus war, aus dem jeder Zuschauer kam.

Das Tanztheater besteht darauf, Menschen zu zeigen, wie sie wirklich sind, nicht, wie sie sein sollen. Folgerichtig zeigen die Tänzer ihrem Publikum auch nicht in erster Linie das, was der Zuschauer nicht kann. Sie wollen ihn nicht überrumpeln mit einer stupend geheißenen Technik, sondern sie erinnern an etwas, was in jedem angelegt ist und auf was er vertrauen kann. Mit ihrer Fähigkeit, sich hinzustellen mit dem, was jeder ist und kann, aufs Einfachste reduziert und aufs Wesentliche konzentriert, machen die Wuppertaler Tänzer ihren Zuschauern Mut. Sie führen ihnen vor, was es heißt, mit sich selbst eins zu sein, sich zu sich selbst zu bekennen und ganz in der Welt zu sein.

Am eigenen Ort angekommen, beginnt man sich zu treffen, beginnt wirkliche Verständigung und wahrhaftige Nähe. Auch hier gab es immer wieder Mißverständnisse: etwa daß die Arbeitsweise eine Art von Therapie sei. Doch bei allem Respekt vor Individualität und Persönlichkeit – die Fragen, die Pina Bausch stellt, betreffen nie etwas Privates. In einer Filmdokumentation über die Probenarbeit gibt es einen Moment, der das deutlich klärt. Da geht es um das Weinen. Die Darsteller probieren verschiedene Arten zu weinen, dann brechen sie ab. Skeptische Fragen kommen auf: ob man denn jetzt sein Innerstes nach außen kehren solle. Nein, sagt die Choreographin, es gehe darum herauszufinden, was das Weinen mit einem macht. In einem Gespräch sagt sie dazu: »Ich frage etwas Genaues. Wenn ein Tänzer das beantwortet, ist es etwas, was wir alle haben. Wir wissen darum, aber nicht vom Intellekt her.« Die individuelle Erfahrung ist nur ein Medium, um aufzudecken, was tatsächlich »alle haben«, was die Akteure auf der Bühne mit den Zuschauern verbindet. Indem sie sich der Erfahrung aussetzen und den Gefühlen auf den Grund gehen, tun die Tänzer den ersten Schritt, und sie laden ihr Publikum ein, ihnen auf ihren Reisen in unbekanntes Gebiet zu folgen. In den Stücken formulieren sie eine präzise gesetzte Energie und lassen sie wirken. Sie leiten den Zuschauer durch ein Wechselbad der Gefühle – mit einer Intensität, die man kaum anderswo findet. In der Arbeit mit Pina Bausch haben sie gelernt, daß im Körper ein Wissen aufgehoben ist, dem man vertrauen

216

kann. Seine Sprache ist genau, und sie wird immer schon verstanden, noch bevor der Intellekt sie entschlüsselt. Eine bestimmte Haltung, eine bestimmte Art zu gehen, zu stehen oder auch zu tanzen: Das alles fügt sich im Tanztheater Wuppertal zu Momenten bewegender Dichte. Seine Mitglieder kennen sich aus mit den feinen Nuancierungen, den heiklen Balancen der Stimmungen, den tragikomischen Drahtseilakten über den alltäglichen Abgründen. Mut paart sich mit Können, Offenheit mit tiefem Wissen um den Tanz. Zu Neugier und Entdeckungsfreude gesellt sich ausdauernde Beharrlichkeit, ein langer Atem, der manche Ensemblemitglieder schon mehr als zwei Jahrzehnte in Wuppertal hält.

Was Pina Bausch und ihre Tänzer in dieser Zeit erschaffen haben, ist eine neue Art von Theater: ein Welttheater, in dem die Akteure, aus fast allen Erdteilen zusammengekommen, verschieden in Mentalität und Temperament, lauter Prototypen menschlichen Verhaltens verkörpern und doch eine unverwechselbare Identität besitzen. Mit ihrer ganzen Persönlichkeit stehen sie für diese Arbeit ein, geben ihr ihre unterschiedlichen Klangfarben und Schattierungen. Reich war und ist das Tanztheater durch seine Mitstreiter, die einem neuen Verständnis von Tanz den Weg geebnet haben:

- Malou Airaudo, von einer erdverwurzelten Trauer und leidenschaftlichen Energie, der aus dem Zuwarten, Aushalten eine beharrliche Kraft zuwächst;
- Ruth Amarante, eine Bausch-Tänzerin par excellence – präzise und von dramatischer Wucht;
- Regina Advento, eine souveräne Schönheit von mädchenhaftem Charme;
- Josephine Ann Endicott, die von kindlich unbefangener Frische bis zur Distanziertheit einer »grande dame« das ganze Register der »Weiblichkeit« zu ziehen versteht;
- Lutz Förster, der mit seinem langen, schlaksigen Tänzerkörper etwas erzählen kann von männlicher Schutzlosigkeit und von der Fähigkeit, sich mit einem trockenen Galgenhumor selbst zu retten;
- Mechthild Großmann, kulleräugige Kindfrau oder raunzender Vamp in so vielen Produktionen; doch hinter den Klischeebildern läßt sie allemal eine selbstbewußte Erotik aufblitzen;
- Urs Kaufmann, ein Fachmann für den wohlkalkulierten trockenen Humor ebenso wie für Momente einer vorsichtig tastenden Fragilität;

- Silvia Kesselheim, schneidend präzis, die einen im plötzlichen Verstummen in bedenkliche Stille und Ratlosigkeit fallen läßt;
- Beatrice Libonati, die nicht nur als Judith in *Blaubart* ihren Körper mit einer beängstigenden Wucht in den Kampf ums Überleben wirft;
- Dominique Mercy, ein trauriger Clown oft, der einen zappligen Kaspar etwa mit einem tiefen Ernst und großer Verletzlichkeit grundiert;
- Jan Minarik, ein brillanter »tumber Tor«, ein Ruhepol in fast allen Stücken, den auch hysterische Eskalationen unberührt lassen;
- Vivienne Newport, von einem rauhen, herben Charme, mit dem Mut zu provokanter Präsenz;
- Helena Pikon, groß, dünn, von einer stillen Zurückhaltung, die in den armverschlungenen Tänzen der Einsamkeit ein stummes Beharren beweist;
- Nazareth Panadero, eine geborene Komödiantin, die ihr Deutsch genüßlich und effektvoll mit einem rollenden spanischen Akzent einsetzt;
- Jean-Laurent Sasportes, ein brillanter »Wirrkopf«, ein Anarchist, bereit, die scheinbar festgefügte Welt der Konventionen in jedem Augenblick aus den Angeln zu heben;
- Julie Shanahan, die perfekt Diven und Hysterikerinnen verkörpert und den Tänzen der Pina Bausch eine dramatische Brisanz verleiht;
- Janusz Subicz, oft von jungenhafter Verlegenheit, die mit unverstellter Ehrlichkeit für sich einnimmt;
- Meryl Tankard, ausgestattet mit einem spillrigen, komischen Talent, die die Parodie schriller Überdrehtheit ebenso beherrscht wie zarte, leise Untertöne;

nicht zu vergessen die stillen Tänzer des Tanztheaters Wuppertal, die die Stücke durch ihre Leidenschaft und Genauigkeit tragen und mitgestaltet haben: Barbara Hampel, Kyomi Ichida, Jakob Andersen, Bernd Marszan und Francis Viet.

Inzwischen hat sich die Kompanie verjüngt und gerade auf seiten der Männer eindrucksvolle Talente hinzugewonnen: Rainer Behr, Jorge Puerta Armenta, Fabien Prioville und Fernando Suels stehen für eine neue Generation, die der Schönheit der Tänze neuen Ausdruck geben, indem sie technische Präzision mit einem großen Charme verbinden.

Die Reihe ließe sich fortsetzen und würde doch nicht allen gerecht. Mehr als 150 Tänzer, Schauspieler, Sänger haben im Lauf der Jahre die Arbeit des Tanztheaters Wuppertal mitgetragen. Nicht alle blieben über lange Zeit. Aber sie alle haben etwas hineingegeben, was weit über die tägliche tänzerische Routine eines normalen Ensembles hinausgeht. Sie alle waren – und viele sind immer wieder – bereit, sich auszusetzen, sich einzulassen auf einen Weg der Erforschung, auf dem die Fragen wichtiger sind als glatte, vorgefertigte Antworten. Sie alle bezeugen, daß man ein Theater machen kann, in dem der einzelne wichtig ist, in dem jeder zählt: unverwechselbar, mit eigenem Gesicht und eigener Stimme. Mit Mut und Ausdauer haben die Mitstreiter der Pina Bausch ein Theater ermöglicht, wie es idealerweise sein soll: als ein Ort, an dem die menschlichen Belange immer wieder neu verhandelt werden. An dem probiert, geforscht, nicht im vorhinein gewußt und routiniert abgehandelt wird. An dem der Tanz Modelle entwickelt für eine mögliche Verständigung und ein handhabbares Zusammenleben. Ein Zusammenleben, das verschiedene Mentalitäten und Temperamente zulassen kann, das Respekt bezeugt vor der Individualität jedes einzelnen. Ein Theater ist das, in dem eine staunende, schmerzhafte, verstörende, immer aber bewegende Welterkundung mit jedem Mal neu beginnt.

Interviews

»Tanz ist die einzig wirkliche Sprache«

Wenn ich mich an die Anfänge zurückerinnere, gab es sehr heftigen Widerstand gegen die Arbeit des Tanztheaters Wuppertal, vom Publikum, zum Teil auch von der Presse. Wie hält man das aus, gegen solche Widerstände zu arbeiten?

Widerstand betraf immer bestimmte Leute, bestimmte Gruppen, der war nicht generell. Es war nicht so, daß da überhaupt niemand war, der eine solche Arbeit respektierte. Manchmal ist das natürlich schwierig gewesen, aber wenn man ein Stück macht, dann kann man nicht fragen: Welchem Publikum gefällt das? Publikum setzt sich ja aus ganz vielen verschiedenen Menschen zusammen. Also welches Publikum? Für wen? Das weiß man nicht. Ich kann nur versuchen zu zeigen, zu sagen und zu finden, was mir am Herzen liegt. Das ist das Entscheidende: was man sagen möchte. Das finde ich schon so schwierig, daß jemand das richtig formuliert oder ahnen läßt, worum es geht: daß man sich ohne Worte verständigt, durch Taten. Das sind immer Dinge, bei denen man vielmehr ahnt, was dahinter ist. Aber das ist etwas absolut Konkretes. Es ist das einzige Maß, das man hat: das zu erreichen, was man sucht, es in eine Form zu bringen.

Manchmal waren die Reaktionen aber doch sehr böse.

Es war oft ein Mißverständnis, weil Leute manchmal dachten, ich wollte irgendeinen herausfordern oder irgendeine Art von Kritik üben. Ich wollte gar keinem weh tun. Wenn sich da jemand verletzt fühlte, dann lag das einfach in der Sache.

Sie haben nie daran gedacht aufzuhören?

Manchmal habe ich schon daran gedacht, etwas anderes zu machen, aber auch da war nie das Publikum der Grund. Nie. Was ich mache, ist ja für ein Publikum. Das war nie der Grund, wenn ich mal Anwandlungen von Verzweiflung hatte.

Am Anfang war es sicher auch für die Tänzer nicht leicht umzulernen, eine Arbeitsweise zu entwickeln, bei der man sich zeigen muß.

Am Anfang ist es sicher sehr schwierig gewesen. Das Wort »Tanzen« war verbunden mit ganz bestimmten Begriffen. Daß der Tanz in einer anderen Form stattfindet, ist ganz schwer zu begreifen. Es ist ja nicht so, daß Tanz eine bestimmte Technik ist. Das wäre eine wahnsinnige Arroganz zu glauben, so vieles andere wäre kein Tanz. Außerdem glaube ich, daß ganz viele sehr einfache Dinge nur ein sehr guter Tänzer tun kann. Das ist alles sehr delikat. Ich frage ja nie etwas Privates; ich frage etwas Genaues. Wenn ein Tänzer das beantwortet, ist das etwas, was wir alle haben. Wir wissen darum, aber nicht vom Intellekt her.

Aber es war ein ganz anderer Vorgang, Fragen zu stellen. Bis dahin bedeutete zu choreographieren, daß ein Choreograph dasteht und die Schritte zeigt.

Die Schritte zeige ich auch. Das ist auch etwas, was ich erarbeite. Das gehört genauso zum Arbeitsmaterial wie die vielen Varianten, die dazukommen: die vielen Bewegungen, die Gesten. Das Ballett, das waren früher auch Gesten. Das waren nicht nur einfach Bewegungen, von denen viele Tänzer heute gar nicht mehr wissen, woher sie kommen.

Inzwischen hat sich das Publikum sehr verändert. Bei Premieren gibt es oft Szenenapplaus. Man kommt nach Wuppertal, weil das Tanztheater berühmt ist.

Ich kann nicht für ein Publikum sprechen, aber die Arbeiten haben eigentlich nichts damit zu tun. Ich freue mich darüber, wenn ich merke, die Leute haben verstanden, worüber ich sprechen möchte. Da ist gar kein Buh angebracht. Jeder ist ja ein Teil der Aufführung: um zu gucken, was man denkt, was man fühlt oder welche Sprünge da manchmal im Kopf passieren. Wenn dann ein Mensch fühlt, daß wir uns getroffen haben, finde ich das sehr schön. Aber Beurteilung von Choreographie – darum geht es doch gar nicht. Es geht um eine Menschlichkeit. Es gibt ja keine Effekte; es ist nichts auf der Bühne, was nicht dorthin gehört. Jedes Ding hat einen Zweck. Es ist alles weggelassen. Nicht, daß ich nicht auch andere Dinge machen könnte. Es ist bewußt auf alles verzichtet.

Haben Sie nicht manchmal Lust, wieder ein Stück ganz aus der Bewegung zu schöpfen.

Ich glaube, daß sich das ganz allein entwickelt. Ich habe immer Lust zu bewegen. Vielmals ist es so gewesen, daß da sehr viel Bewegung war, und aus irgendeinem Grund habe ich das immer mehr reduziert und es nur da

224

gelassen, wo es stimmt. Oder der Tanz passiert so, daß man es gar nicht merkt. Es ist immer, wie es aus der Not oder aus der Lust passiert. Nicht, daß man denkt: Ich bin Choreograph, jetzt sollte man mal wieder tanzen. Das sind keine Kriterien. Der Tanz ist ja viel zu wichtig. Bloß sehe ich viel mehr Sachen als Tanz an.

Was gehört alles dazu?

Es kann fast alles Tanz sein. Es hat mit einem bestimmten Bewußt-sein, einer bestimmten inneren, körperlichen Haltung, einer ganz großen Genauigkeit zu tun: Wissen, Atmen, jedes kleine Detail. Es hat immer etwas mit dem Wie zu tun. Es gibt so viele Dinge, die sind Tanz, auch ganz gegensätzliche Dinge. Tänze sind auch aus Nöten entstanden, nicht nur aus Freude, aus ganz verschiedenen Umständen. So leben wir auch heute in einer ganz bestimmten Zeit, in der der Tanz richtig geboren werden muß. Sicher nicht aus eitlen Gründen.

Sie haben einmal gesagt, die Stücke erschienen heute viel komischer, das habe man früher nicht so gesehen.

Man hat nie gedacht, daß ich Humor habe. Man hat einfach über-sehen, daß alles viel vielschichtiger ist. Aber die Stücke sind wie Musiken: Sie sind nicht für einmal Gucken gemacht. Ich sehe die Stücke ganz oft und weiß, wie verschieden das ist, was einem da passieren kann, wie jede kleine Nuance etwas verändert.

Kann es nicht sein, daß man vieles früher schockierend fand, weil man es so noch nicht gesehen hatte?

Das war der erste Blick. Aber das hat auch etwas mit der Haltung zu tun, warum man Humor überhaupt hat. Ich glaube, ich bin ein unheim-lich realistischer Optimist. Nicht einfach irgendeiner. Aber das ist die ein-zige Realität, die es gibt: über ein Verständnis zu reden. Der Humor hat etwas mit einer Kritik, aber auch mit einer Liebe zu tun. Das ist etwas ganz Feines, worüber man gemeinsam lächeln könnte – etwa ein Wissen darum, wie schwer es ist. Das ist für mich etwas Reales, zumindest nicht etwas Utopisches. Viele Dinge finde ich gar nicht optimistisch, weil sie gar nicht da sind. Es ist nur ein Traum. Das kann auch ganz schön sein; aber es kommt darauf an, wie man arbeitet. Ich arbeite an etwas, was mit dieser Zeit zu tun hat.

Mittlerweile ist das Tanztheater Wuppertal ein Klassiker geworden. Ist das auch eine Last?

Das ist halt eine sehr, sehr schwere Arbeit. Das ist es immer gewesen und ist es nach wie vor: auch diese Stücke zu pflegen. Manchmal ist es schwierig, diese Kraft aufzubringen: daß die Lust wieder überwiegt.

Was bedeutet für Sie Erfolg?

Das Wort »Erfolg« – darüber denke ich nicht nach. Erst einmal denke ich, es ist schon ein großes Wunder, daß wir mit so einer Arbeit durch die ganze Welt reisen – wie man sich überall berührt, daß man sich wirklich treffen kann. Das ist wirklich wunderbar, daß eine solche Arbeit nichts mit Grenzen zu tun hat, daß sich die Menschen begreifen können. Gleichzeitig ist es für mich eine Möglichkeit, lernen zu dürfen: Lebensweisen, Musiken, Tänze. Auch zu sehen, wie durch solche Stücke Energien dorthin gehen, wo es einen positiven Sinn macht. Es bewegt etwas. Das ist etwas Genaues, die Sprache, die da gesprochen wird. Wir versuchen mit unserem Kopf zu begreifen, was immer schon verstanden wird, ganz genau. Das ist die einzig wirkliche Sprache. Es stellen sich ja immer genau die gleichen Sachen ein, bei der gleichen Musik, an der gleichen Stelle. Das ist etwas ganz Genaues, bloß ist es nicht zu sehen.

Sie sind jetzt seit 17 Jahren in Wuppertal, haben Sie keine Angst, daß die kreativen Quellen einmal versiegen könnten?

Eigentlich nicht. Das ist nicht schwieriger als vorher. Das kommt ja irgendwoher, und wir wissen gar nicht, woher. Irgend etwas darin ist auch unendlich. Das kann ich nur an meiner Lust sehen. Wenn ich Lust habe, ist alles in Ordnung. Diese Prozesse, diese Tiefen passieren eigentlich bei jedem Stück. Das ist immer so gewesen. Immer wenn ich ein Stück gemacht habe, habe ich Lust, sofort danach noch eines zu machen. Dann scheitert es an den Gegebenheiten. Erst einmal sind wir alle ganz müde, oder die Vorstellungen sind geplant. Aber man müßte eigentlich direkt weitermachen.

Bleibt bei all der Arbeit noch Zeit für ein Privatleben?

Das ist alles so ineinandergewoben, da weiß ich nicht, wo das eine anfängt und das andere aufhört. Das ist einfach mein Leben. Das ist ganz schwierig, aber ich muß es so machen.

226

Sie vermissen nichts?

Ab und zu möchte ich schon ein bißchen mehr Zeit haben. Aber auf der anderen Seite habe ich dann so einen Drang, dann möchte ich auch etwas tun. Und ich bin sehr gern in anderen Ländern. Ich bin erstaunt, daß ich mich in so vielen Ländern gut fühle.

Es gibt kein Heimweh?

Ich weiß nicht, ob Heimweh nicht zugleich auch Fernweh ist. Manchmal denke ich, es ist dasselbe. Ich komme gern zurück, und ich gehe auch gern weg. Aber diese Sehnsüchte, die man hat.

Sind die zu benennen?

Ich werde mich hüten, das zu benennen. Das kann man doch wohl in allen Stücken sehen. Da müßte ich ja Dichter sein, um das wieder ahnen zu lassen.

(16. Februar 1990)

»Man muß ganz wach, sensibel und empfindsam sein«

Pina Bausch, Sie haben vor ungefähr zehn Jahren begonnen, ihr gesamtes Repertoire zu rekonstruieren.

Nein, eigentlich habe ich das immer schon gemacht: 1977 oder 1978 haben wir das schon in der Tanzwoche gemacht. Ich habe immer versucht, das Repertoire zu behalten. Sicher gingen manchmal Stücke verloren, dadurch, daß Leute weggingen – in den ersten beiden Jahren zum Beispiel.

Aber Sie haben dann angefangen, pro Spielzeit nur ein neues Stück zu machen und ein altes wiederaufzunehmen.

Das fing an nach der Geburt meines Sohnes, daß ich nur noch ein Stück pro Spielzeit gemacht habe.

Weil es zuviel wurde?

Vielleicht am Anfang, aber dann war es so, daß das Repertoire immer größer wurde, so, wie es gewachsen war, und daß immer mehr Reisen anfingen und man dafür das eine oder das andere Stück brauchte. Das nahm einfach eine unglaubliche Zeit in Anspruch, weil Stücke verlorengegangen waren. Das ist anders, wenn ich sie einfach erhalten kann. Das habe ich eigentlich immer versucht, aber manchmal ging das nicht, weil die Arbeit einfach zu groß war. Wenn man dann ein, zwei Jahre wartet, ist es eine richtige Wiederaufnahme; das macht viel mehr Arbeit.

Wie ist das bei der Wiederbegegnung mit alten Stücken, denken Sie da manchmal: Das würde ich heute nicht mehr so machen?

Ich kann das gar nicht so formulieren. Ich würde eher sagen: Leider kann ich das nicht mehr so machen. Es ist nicht so, daß ich das nicht mehr so machen würde, das kann ich gar nicht so denken, sondern ich bin gar nicht mehr in der Lage, das zu machen, was ich gemacht habe. Man ist einfach ganz woanders. Wir sind ja jetzt ziemlich weit zurückgegangen – bis zu *Iphigenie* und *Orpheus* –, und ich habe mich schon ein bißchen gefürchtet, mich mit diesen Arbeiten zu konfrontieren. Da hab ich dann auch gedacht, vielleicht werd ich das ganz schrecklich finden. Aber dann war das ganz erstaunlich, wie nah sich das anfühlt – mit Malou Airaudo und Dominique Mercy. Das war, als ob es vorgestern gewesen wäre. Wenn solch eine Einstudierung beendet ist, dann ist es ganz erstaunlich, daß all die Sachen sich wieder einstellen, die man mal gefühlt hat. Jedes Stück ist halt so gewachsen in der Zeit, und ich finde es schön, daß man es dann auch so erhält. Ich kann es auch gar nicht mehr antasten, ich hab die Hand nicht mehr dafür einzugreifen. Ich kann manchmal etwas wegnehmen, aber ich kann nichts mehr hinzufügen, das stimmt dann nicht. Ich muß es einfach so belassen.

Wenn Sie sagen, Sie seien heute woanders – was interessiert Sie im Moment am meisten?

Die Formen, die man wählt – das wächst von allein so, das ist nicht etwas, was man konstruiert. In den letzten Jahren hat mich vor allem interessiert, wie man Tänze herstellt, so, wie ich vorher die Tänzer durch Fragen motiviert habe, bestimmte Dinge zu finden. Das ist für mich ein neues Kapitel gewesen: wie die Tänze gebaut werden. Die Art Fragestellung, die ich gebe, das ist etwas ganz anderes als vorher, als ich nach Gesten oder anderen Dingen gesucht habe. Da gehören *Tanzabend II, Das Stück mit dem Schiff* und *Ein Trauerspiel* für mich zusammen.

In diesen Stücken hat der Tanz etwas Endloses.
Ja, die Tänze sind darin wie Rosenkränze, das ist etwas Unaufhörliches, Immer-weiter-Gehendes. Es kommt immer wieder jemand Neues; aber ich könnte es auch wiederholen und von vorn anfangen. Da ist ein Bogen, ein Kreis darin.

Wie hat sich denn die Arbeitsweise, Fragen zu stellen, entwickelt?
Vielleicht fing das zum erstenmal an bei *Blaubart*. Da hatten wir Konflikte in der Gruppe, über die ich dann auch sehr erschüttert war. Ich fühlte mich ein bißchen verletzt. Wir hatten gerade den Brecht/Weill-Abend gemacht, und plötzlich hieß es dann, das sei ganz schrecklich, was ich da gemacht hätte. Das hat mich unglaublich getroffen.

Dabei war das Stück sehr erfolgreich.
Aber unabhängig davon war das so. Da habe ich nicht gefühlt, daß ich ein neues Stück machen könnte mit den Leuten. Ich habe mich zurückgezogen mit vier Tänzern in das kleine Studio von Jan Minarik, und dann haben wir angefangen zu arbeiten – mit ganz wenigen Leuten. Und dann sind sie alle von allein irgendwann wiedergekommen, aber nur wenn sie wollten; ich wollte keinen mehr haben, der nicht arbeiten wollte. Bei dieser Arbeit habe ich angefangen, Fragen zu stellen, meine eigenen Fragen in dem Kreis zu formulieren: was für mich eine Frage war und für die anderen ebenso. Das habe ich nur in dem kleinen Kreis gewagt. Ganz deutlich geworden ist es dann bei der Arbeit in Bochum.

Beim Macbeth-Projekt.
Da waren vier Tänzer, vier Schauspieler, eine Sängerin; und die Tänzer tanzten nicht, die Schauspieler spielten nicht, und die Sängerin sang nicht. Da habe ich mich dazu durchgerungen, mit *Macbeth* zu arbeiten als Basis. Das war ein Weg zu gucken, wie wir alle zusammen arbeiten konnten. Da konnte ich ja nicht plötzlich mit einer Bewegungsphrase im Raum kommen. Das war ein wichtiges Stück für das Finden der Arbeitsweise.

Wie komponieren Sie dann die Antworten auf die Fragen? Wie fügen sie sich zusammen?

Da fügt sich erst einmal gar nichts zusammen. Das ist erst ein ständiges Weitersuchen und Materialsammeln. Währenddessen arbeite ich natürlich auch an anderen Dinge. Ich notiere alles; auch die Tänzer müssen alles notieren, was sie machen, damit ich sie irgendwann wieder fragen kann. Dann fange ich an zu sortieren.

Wie wissen Sie, wie die Dinge dann zusammengehören? Gibt es bestimmte Themen, die sich herauskristallisieren? Wenn man das Ergebnis sieht, ist ja alles ganz genau komponiert. Kommt das alles aus dem Bauch?

Ja klar – Bauch und viel Arbeit, das ist ein Gemisch aus beidem.

Und worin besteht die Arbeit?

Das ist eine schwere Arbeit; das ist: jedes Detail ausprobieren, nicht nur so, sondern auch alle anderen Möglichkeiten. Ich nehme es nur dann, wenn ich es wirklich schön finde. Aber manchmal gibt es nicht nur eine, sondern vielleicht fünf Möglichkeiten, und dann warte ich erst einmal und drehe es hinten und vorn um, aber ich setze es noch nicht zusammen. Das ist eine riesengroße Arbeit, da muß man einen unheimlich klaren Kopf haben.

Und woher wissen Sie dann, wann es stimmt?

Die anderen wissen es noch weniger als ich, weil sie es ja nicht sehen. Aber wenn ich mich freuen kann, dann weiß ich, daß es stimmt. Das Stimmen fühlt man, und das Nichtstimmen fühlt man auch. Aber wie man dahin kommt, das ist eine ganz andere Frage. Das kann ich nicht sagen. Auf einmal macht es »klick«, da führt kein gerader Weg hin, das sind Sprünge. Manchmal führt logisches Denken dahin, und manchmal macht man Sätze dahin, und man weiß gar nicht, wieso kann man das denken. Das sind Riesensätze; das kann ich nicht begründen, weshalb die kommen. Das läßt sich alles nicht erzwingen. Man kann immer nur mit Geduld weiterarbeiten.

Wie finden Sie dann die passenden Musiken?

Matthias Burkert arbeitet schon seit so vielen Jahren mit mir, der kennt meinen Geschmack, also er weiß, was mir nicht gefällt. Genauso, wie ich

immer Musiken suche oder Leute anspreche, so ist auch Matthias beauftragt, Musiken zu suchen; auch die Tänzer bringen Musiken mit.

*Haben die Musiken auch etwas mit einer Erinnerung, nicht mit Nostalgie, aber mit
einem großen Repertoire ganz unterschiedlicher Stimmungen zu tun?*
    Das kommt darauf an, was man will. Es ist auch schön, mit Musik
von einem einzigen Komponisten zu arbeiten. *Bandoneon* habe ich damals
fast ausschließlich mit Musik von Carlos Gardel gemacht. Aber ich habe
ganz viele Musiken, die ich vorher gar nicht gekannt habe, bei denen ich
ganz tief fühle. Und die Vielfalt – das ist genauso, wie ich auch 26 verschiedene Leute in der Kompanie habe: Man macht doch auch eine Harmonie zusammen. Die ganze Welt ist so; sie besteht aus verschiedenen
Dingen.

Und wie werden die Musiken dann komponiert?
    Wie soll ich das sagen: Das ist alles Gefühl. Es wird alles angeschaut,
ob schrecklich, ob schön – wir tun uns das alles an. Manchmal zerreißt
es einem das Herz. Manchmal weiß man es, manchmal findet man es;
manchmal muß man alles wieder vergessen und von vorn anfangen zu
suchen. Da muß man ganz wach, sensibel und empfindsam sein; da gibt
es kein System. Das ist eine ganz intensive Periode; man hat eine große
Fähigkeit, daß man in so kurzer Zeit so viele Umwege weglassen kann –
durch Nöte.

*Wie finden Sie dann die Bühnenräume? Wenn es keine Innenräume sind, ist es oft
ein Stück Natur: Schnee, Erde, Wasser, ein Feld voller Nelken, eine Wiese, Laub,
Steine. Was normalerweise draußen ist, wandert nach innen. Dabei kann man sehr
oft sehen, daß man in einem Theater ist. Die Bühne ist bis zu den Brandmauern
offen. Kennen Sie das Bühnenbild schon am Anfang der Proben?*
    Nein, das kommt viel später. Erst wenn man ein bißchen weiß, wo's
langgeht, kann man sich Gedanken darüber machen, in welchem Raum
es spielt. Ich kann nicht denken: Das ist das Bühnenbild, und dann mache
ich ein Stück darin. Ich kann nur erst einmal spüren, was ist da, was
wächst da in mir; dann kann ich erst denken: Wo ist das denn? Das ist
ganz wichtig, daß man das irgendwann weiß. Danach ist es eine andere
Arbeitsweise. Für mich spielen dabei viele Sachen eine Rolle. Was das
macht mit dem Körper. Eine Wiese – man geht darauf, und es ist kein

Laut zu hören, und sie hat einen bestimmten Geruch. Oder Wasser – plötzlich werden die Kleider ganz lang und naß, und das Wasser wird kalt, die Geräusche, die es macht, oder es spiegelt sich im Licht. Das lebt anders. Oder die Erde – plötzlich klebt das alles am Körper, wenn man schwitzt. Das sind ja alles Sinnlichkeiten. Ich mag das so, auch weil es so anders ist, weil es so ausgestellt ist auf einer Bühne. Ich war mir immer bewußt: Ich bin im Opernhaus. Es braucht auch den anderen Ort, daß es wie ein Fremdkörper ist.

Und dazu tragen die Tänzer nie die »passenden« Kostüme. In Arien *stehen sie in schönen Abendkleidern mitten im Wasser, wie eine untergehende Gesellschaft.*

Na ja, man sagt ja auch: Das Wasser steht mir bis zum Hals.

Ist das die Idee?

Das will gar nicht so was Eindeutiges sein. Das will eine Offenheit. Alles, was man da schon vorher weiß – das ist uninteressant. Es ergeben sich ganz andere Gedanken, ganz viele Gründe, warum das schön ist – dieser Gegensatz.

Ist mein Eindruck richtig, daß auch die Farben der Kostüme in den Stücken komponiert sind, oder ergibt sich das?

Rolf Borzik hat ganz anders gearbeitet als heute Marion Cito. Das waren natürlich auch ganz andere Stücke am Anfang. Rolf hat immer ganz viele Kleider auch entworfen, aber auch schon Kleider in Secondhand-Geschäften gesucht. Rolf hatte richtige Farbskalen für alle. Zum Beispiel waren für *Kontakthof* alle Kleider entworfen. Dann hat sich die Arbeitsweise verändert. Heute gibt es ganz viele Kleider für die Proben – die hängen schon da. Jeder, der Lust hat, etwas anzuziehen, kann das machen. Dann probieren sie quer durch den Garten, und dann fangen Dinge an, sich herauszukristallisieren. Marion sucht dauernd Kleider; das ist eine ständige Arbeit, die ist nicht nur begrenzt auf ein Stück. Gleichzeitig steht das natürlich zur Debatte. Da entsteht viel in der Arbeit; plötzlich ergibt sich das. Andere Dinge muß man dann finden oder tauschen. Plötzlich paßt das nicht, dann wird das hergestellt. Durch die große Not kommen dann manchmal diese spontanen Gefühle: Das ist jetzt nicht richtig. Man weiß das sehr schnell. Auch wenn einen das in eine große

232

Not bringt, sind das dann ganz positive Entscheidungen. Aber die Kleider gehen nie verloren; manchmal braucht man sie in einem anderen Stück. Das fügt sich immer ganz gut.

Wie ist die Idee entstanden, den Tänzern ganz normale Kleider anzuziehen? Es sind ja keine Ballettkleider oder Trikots.
Ich mache ja gar keine Stücke für Trikots.

Hat das damit zu tun, die Menschen so zu zeigen, wie sie sind?
Das war von Anfang an so. Das war auch: sich nicht abheben wollen, sich nicht entrücken, sich nicht verkleiden wollen. Das ist etwas, was ganz nah ist. Man muß die Menschen auf der Bühne auch als Personen erkennen, nicht als Tänzerin und als Tänzer. Das würde für die Stücke stören. Ich möchte, daß sie als Menschen gesehen werden, die tanzen.

Aber es gibt auch Verkleidungen.
Das ist dann etwas anderes; das hat dann bestimmte Gründe. Natürlich – es kann im Prinzip alles geben. Zum Beispiel in *Nelken*, wenn die Männer Kleider anhaben. Manchmal denken die Leute zuerst: ein Mann im Kleid. Nach fünf Minuten ist das normal. Das finde ich einfach schön, daß das nur so eine kurze Zeit braucht.

Es gibt auch noch eine andere Irritation: die Tiere. Zum Beispiel das Nilpferd in Arien, *das einfach immer da ist, inmitten dieser Festgesellschaft. Es kommt zu Jo Ann Endicott, guckt traurig, geht wieder weg, badet.*
Das ist eine Liebesgeschichte zwischen den beiden.

Aber die Tiere sind einfach immer da. Ich habe manchmal das Gefühl, die haben all den Ärger nicht, den die Menschen haben.
Das Nilpferd finde ich aber sehr traurig; das leidet sehr – aber aus Liebe. Wie so jemand sich ganz allein fühlen kann.

Erzählen die Tiere eine ähnliche Geschichte wie die Menschen oder eine andere?
Das ist ganz verschieden. Die Krokodile in *Keuschheitslegende* haben etwas ganz Erotisches. Das Walroß in *Ahnen* ist wieder etwas ganz anderes.

Woher wissen Sie dann, welche Tiere in ein Stück gehören?

Das ist eine Entscheidung. Bei *Arien* wußte ich vorher: Ich will ein Nilpferd. Das muß man früh entscheiden, weil es so lange dauert, so etwas herzustellen.

Wenn immer wieder die ungewöhnlichsten Dinge ganz selbstverständlich zusammenkommen – ein Walroß in einem Kakteenwald oder Krokodile auf einem gemalten Meer –, was bedeutet dann Poesie?

Damit kann ich mich ja gar nicht beschäftigen. Darüber kann man sich nur nachträglich unterhalten. Ich bin ja in der glücklichen Lage, meine Stücke nicht analysieren zu müssen. Ich muß sie nur machen.

Kann man sagen, aus welcher Quelle diese Bilder und Bewegungen kommen?

Das ist etwas ganz Fragiles. Ich habe Angst, nicht die richtigen Worte zu finden; dafür ist mir das viel zu wichtig: wie man da fühlt, wie man etwas ausdrückt oder was man da sucht. Das kann ich manchmal nur dadurch finden, daß es dann entsteht. Ich möchte das gar nicht antasten.

Ich habe immer das Gefühl, die Stücke haben mit Reisen zu tun, mit Unterwegssein.

Das Leben ist ja eine Reise. Nicht?

(30. September 1995)

»Daß man wieder Lust hat, das Leben anzupacken«

Pina Bausch, Sie sind jetzt mehr als 25 Jahre in Wuppertal, länger, als die meisten anderen Choreographen an einem Haus bleiben: Hätten Sie sich das damals, 1973/74, als Sie hier anfingen, vorstellen können?

Nein, das hätte ich mir nie vorstellen können.

Sie haben damals lange gezögert, das Engagement anzunehmen.

Ich fühlte mich beim Folkwang-Tanzstudio sehr wohl, und ich konnte mir nicht vorstellen, an einem Theater zu arbeiten, mit Oper und Operette und Gewerkschaften. Ohne da jetzt viel Ahnung gehabt zu haben, aber das war das Letzte, was ich mir vorstellen konnte.

Hat sich im Rückblick viel verändert in der Arbeit?
Das merkt man selbst gar nicht. Das ist ein ganz langsamer Prozeß, das geht ja nicht von heute auf morgen. Ich habe damals zum Beispiel *Fritz* gemacht. Da gab es auch keine Vorlage, das war auch schon eine Collage. Dann hab ich *Iphigenie* gemacht und ein Stück, das hieß *Ich bring dich um die Ecke*, und dann *Orpheus*. Das waren ja Riesenextreme, zwischen denen ich mich bewegt habe. Das ist gar nicht so spät entstanden; das war von Anfang an so.

Extreme, weil es einmal eine musikalische Vorlage gab?
Nicht nur eine musikalische Vorlage, sondern ein Werk, das schon da war. Da gab es schon eine bestimmte Harmonie – mit der Musik, mit den Rollen. Später war es dann eher so, daß jeder wichtig war.

Trotzdem gab es eine Zeitlang eine sehr starke Emotionalität in den Stücken, die viele provoziert hat, heute gibt es eher eine große Heiterkeit in den Stücken.
In jedem Fall ist die Emotionalität sehr wichtig. Es langweilt mich, wenn ich nichts fühlen kann. Natürlich ist da eine gewisse Heiterkeit, aber eine Heiterkeit ist ja nicht ohne den anderen Pol denkbar. Dieses Einverständnis mit dem Publikum, daß man sich selbst belächelt oder miteinander lächelt, über sich als Menschen. Aber das gab's auch bei *Renate wandert aus* schon oder bei *Keuschheitslegende*. Nur ist es jedesmal ganz anders. Eine Heiterkeit allein bedeutet nichts. In jedem Stück ist immer auch das Gegenteil, wie im Leben auch. Das hat auch etwas damit zu tun, eine Harmonie zu suchen.

Haben Sie das Gefühl, daß die Zeiten härter sind als in den Siebzigern oder Achtzigern und daß man deshalb etwas anderes machen muß?
Ich finde schon, daß das schwere Zeiten sind, aber machen muß … Ich kann das gar nicht sagen: Ich versuche immer zu machen, was ich empfinde in dieser Zeit.

Im Moment ist das Ensemble sehr verjüngt, eine frische, andere Energie. Gibt es deswegen auch mehr Tänze in den Stücken?

Die Bewegungen, die entstehen eigentlich, wie ich vorher auch Sachen gefunden habe. Das ist nur eine andere Form. Das hat mich sehr interessiert. Nicht das Komponieren selbst, aber die Findung der Bewegung. Das sind ja unzählige Details, die auch aus Fragen zu einem bestimmten Thema kommen. Das vergißt man dann hinterher gern.

Es gibt inzwischen auch mehr Soli; früher gab es dagegen öfter große Ensembletänze.

Das entsteht durch dieses parallele Suchen: Auf der einen Seite sind es Bewegungsdinge, und zwar ganz individuelle Dinge. Das beinhaltet, daß ich mit jedem einzelnen arbeite, auch bewegungsmäßig. Das resultiert daraus, daß es plötzlich viele Tänzer, wunderschöne Tänzer sind. Das hat auch damit zu tun, daß sich die Tänzer eine unglaubliche Mühe geben – die Verantwortung, die sie für ihre Geschichten haben. Das spielt eine große Rolle in unserer Arbeit. Ich habe so viele große Gruppenformen gemacht, und im Moment interessiert mich eben das. Ich kann ja immer wieder darauf zurückkommen. Mich hindert ja niemand daran, das beim nächsten Mal ganz anders zu machen. Im Moment erfreut mich das, wie schön sie tanzen.

Sie haben einmal gesagt, daß sich auch in dem Suchen und Finden der Tänze etwas verändert hat.

Man sucht halt immer etwas Neues. Manchmal sind es nur Ansätze von etwas. Wir haben so viele Sachen gemacht, und was ich gemacht habe, interessiert mich dann nicht mehr. Das gibt's ja in irgendeinem Stück. Das brauch ich ja nicht mehr machen. Jeder sagt dann: Wann machst du mal wieder so was wie *Le Sacre du printemps*? Aber wir spielen's ja. Wenn die Zeit kommt, mach ich's sicher. Das ist ja das Schöne, daß man sich immer wieder auf den Weg macht, immer wieder neue Türen aufmacht, aufmachen muß.

Ist da immer noch eine Angst vor dem Anfangen, bei jedem neuen Stück, wie früher?

Ich weiß nicht, wie man das nennt, ob das Angst ist. Da hat sich nie etwas geändert. Das ist etwas ganz Besonderes, wenn man ein Stück macht. Zunächst begebe ich mich auf eine Suche. Das erste ist, daß man Material sucht, ganz, ganz viel Material. Aus diesem Material, das man

236

dann entwickelt, finde ich – hoffentlich – Kleinigkeiten, mit denen ich dann vorsichtig anfange, etwas zusammenzusetzen. Das ist wie bei einem Maler, der ein einziges Stück Papier hat und jetzt darauf malen muß: Das ist eine große, große Vorsicht. Wenn man etwas falsch macht, ist das dann unkorrigierbar. Plötzlich verläuft man sich. Deshalb ist eine große Sorge und Konzentration da, das Richtige zu machen. Da gibt es keine Sicherheit. Ich fange etwas an, und ich weiß gar nicht, wo es uns hinbringt. Das einzige, was da ist, sind meine Tänzer. Dieses Vertrauen, das man einfach haben muß in den Moment, das ist schon schwer. Das ist nicht nur Angst, das ist auch eine große Hoffnung, etwas sehr Schönes zu finden. Das sind so viele Gefühle zusammen, die man da hat.

Haben Sie das Gefühl, daß sich die Stücke verändern, wenn sie anders besetzt sind? Oder stellt sich das gleiche wieder her?

Es sollte sich wieder das gleiche herstellen. Das ist das Schöne an der Live-Aufführung: Jeder Abend ist anders. Es ist viel Arbeit, eine Aufführung so zu erhalten, daß sie wirklich so ist wie im Moment geboren. Man kann nicht einfach so Sachen mitschleppen und sagen: Dann machen wir das mal. Es muß ja frisch und neu sein, jedesmal.

Die Stücke verändern sich nicht mit neuen Tänzern?

Bestimmte Dinge sollten so bleiben. Die Vorstellung sollte so sein, daß selbst an einem schwachen Abend das Stück zu sehen ist. Natürlich ist es manchmal sehr schwierig, das Stück umzubesetzen, oder es dauert länger, bis es sich entwickelt, daß es wieder schön rund wird. Manchmal geht es ganz schnell, und manchmal ist es viel besser hinterher. Viele Sachen sind viel besser geworden, auch durch Umbesetzungen. Da gibt es gar kein Rezept. Manche Dinge habe ich noch gar nicht gewagt umzubesetzen. Da würde sich dann erst mal das Stück erübrigen.

Deshalb kommen auch viele Tänzer als Gäste zurück, weil bestimmte Rollen mit bestimmten Menschen verbunden sind?

Auch, ja.

In einem anderen Gespräch haben Sie gesagt, das Leben sei wie eine Reise. Was man alles beobachtet auf den Reisen: die verschiedenen Musiken, die Tänze, die anderen Kulturen. Das wird ja in den Stücken verarbeitet.

In den Stücken weiß ich nicht, ich muß es verarbeiten. Es ist irgendwie in mir drin, klar, wenn man die Koproduktionen meint, auch in den Stücken.

Wie ist das: das Umgehen mit Menschen aus anderen Kulturen?
Ich finde es wunderbar, sonst würde ich es ja nicht tun. Das ist ja eine ziemliche Strapaze und viel Arbeit, aber das ist etwas wahnsinnig Wichtiges.

Ist es richtig, wenn ich sage, daß Sie ein leidenschaftlicher Menschenbeobachter sind?
Ja, bestimmt. Ich weiß nur nicht, ob es nur Gucken ist. Fühlen, empfinden. Klar gucke ich, aber es hat auch damit zu tun, wie das bei einem ankommt, was man da sieht. Ich bin ja nicht jemand, der nur guckt oder sich Notizen macht. Das nützt mir alles überhaupt nichts, was ich da gesehen habe. Es ist ein anderes Aufnehmen und Empfinden.

Wenn man Sie anschaut, sieht man einen Menschen, der alles ganz aufmerksam aufnimmt, in sich aufhebt, und dann kommt es ganz anders wieder zum Vorschein.
Aufnimmt, ja. Ich erlebe viele Dinge; wo das dann bleibt, das weiß ich nicht. Ich weiß überhaupt nichts. Das ist ja sowieso ganz erstaunlich, wie wenig man weiß.

Wenn man jetzt auf 25 Jahre zurückschaut – und die Arbeit geht ja immer weiter –, gibt es da manchmal so ein Gefühl, der Elan könnte vielleicht irgendwann einmal nachlassen?
Ich habe keine Zeit, mich damit zu beschäftigen, das will ich auch nicht. Die einzige Angst, die ich habe, ist, von anderen Dingen aufgefressen zu werden und keine Zeit zu haben, an Stücken zu arbeiten. An Lust fehlt es mir überhaupt nicht. Im Gegenteil, ich würde gern viel mehr machen. Mein Problem ist eher umgekehrt. Mir würde es eine große Freude machen, wenn ich in den Dingen, die mit Organisation zu tun haben, etwas mehr entlastet wäre und mich mehr auf kreative Dinge konzentrieren könnte.

So viele Jahre in Wuppertal zu sein muß ja auch einen bestimmten Grund haben.

238

Da kommen viele Dinge zusammen. Auf der einen Seite ist das alles ungeplant gewesen; es ist einfach so gekommen. Ich habe zum Beispiel immer nur Einjahresverträge gehabt; man muß aber alle Pläne im voraus machen, alle Gastspiele zum Beispiel, und auf einmal kann man nicht mehr weg, weil man schon in der Planung ist. Das ist ja eine Riesenplanung, auch mit den Reisen, welches Stück kann man wo spielen. Plötzlich fahren die Bühnenbilder nach Japan, da kann man dann soundso lange vorher die Stücke nicht spielen. Man muß ein großes Repertoire haben, um diese Dinge machen zu können. Oder wenn ein Tänzer weggeht, und ein anderer muß plötzlich zwölf Stücke nachlernen. Man hat ja nicht so viel Zeit. Man steckt plötzlich in einer bestimmten Routine, aber bestimmte Leute bei uns, die sind so ausgelastet – wenn da jemand ausfällt, hat man Angst, das Ganze bricht zusammen.

Woher nehmen Sie die Kraft, das alles zu bewegen?
Die Tänzer, die hierhergekommen sind, sind ja nicht nach Wuppertal gekommen, um in ihrer Wohnung zu sitzen. Die wollen alle schön was zu tun haben. Ein Tänzerleben ist auch begrenzt, die haben keine Zeit zu sitzen. Die sind sehr traurig, wenn sie nichts zu tun haben. Die wollen arbeiten, und die wollen möglichst auch alle im nächsten Stück drin sein. Und das ist auch wunderbar. Ich kann es mir nicht leisten, müde zu werden. Da sind so viele Erwartungshaltungen, was auch schön ist. Ich kann nicht einfach mal schlapp machen. Da steht jemand strahlend da und sagt: Ich will jetzt arbeiten. Das gibt einem auch Kraft; das ist so eine Gegenseitigkeit. Auch mit dem Reisen: Was man da lernt und erlebt, das ist so stark. Man fühlt so viel, man ist so voll von diesen Dingen – irgendwo muß das ja auch raus. Von vielen Dingen wissen wir ja auch, wie deprimierend das ist, in welcher Not sich so viele Menschen befinden. Aber es gibt auch noch etwas, was sehr schön ist, das sollten wir nicht vergessen.

Sie haben jetzt zum erstenmal ein Stück mit einer anderen Kompanie einstudiert: Le Sacre du printemps, *mit dem Ballett der Pariser Oper.*
Ich hätte nie gedacht, daß es so ein schönes Erlebnis werden würde.

Können Sie sich das auch noch mit anderen Stücken vorstellen?
Le Sacre du printemps wollen sie nun alle besonders gern haben. Andere Stücke sind vielleicht auch für andere Kompanien ein bißchen schwieri-

ger. Es kommt auf die Kompanie an und auf die Arbeitsbedingungen, die man hat.

Aber es ist prinzipiell möglich?
    Nichts ist unmöglich. [Lacht.]

Gibt es Wünsche für die Zukunft, was die Kompanie, die Arbeit angeht?
    Daß wir eine Situation schaffen können, in der wir ganz viel arbeiten können, und daß alle, die an dieser Arbeit beteiligt sind, das mit großer Verantwortung und gern tun. Nicht, daß man sich durchleidet, daß man arbeitet und sich quält, sondern daß eine Freude da ist und daß sich das überträgt auf das Publikum. Wie soll man das sagen: daß sich etwas vergrößert, sich verbindet. Daß man sich viele Freunde macht, nicht Feinde, daß man in der ganzen Welt Freunde hat. Und daß man wieder Lust hat, das Leben anzupacken und eine Hoffnung behält. Daß das etwas Positives bewirkt.

(13. September 1998)

240

Anhang

Biographische Daten

1940   Geboren am 27. Juli in Solingen (in eine Wirtsfamilie)

1955   Beginn ihres Tanzstudiums bei Kurt Jooss an der Folkwangschule in Essen

1959   Abschlußexamen in Bühnentanz und Tanzpädagogik. Erhält den Folkwang-Preis für besondere Leistungen. Stipendium des Deutschen Akademischen Austauschdiensts zur Fortsetzung ihres Studiums in den USA

1960   »Special student« an der Juilliard School of Music in New York. Zur gleichen Zeit Mitglied in den Kompanien von Paul Sanasardo und Donya Feuer

1961   Tänzerin beim New American Ballet (Zusammenarbeit überwiegend mit Paul Taylor) und beim Ballett des Metropolitan Opera House

1962–68 Solistin beim neugegründeten Folkwang-Ballett unter der Leitung von Kurt Jooss. Arbeitet mit den Choreographen Kurt Jooss, Antony Tudor, Lucas Hoving, Hans Züllig und vor allem mit Jean Cébron

1968   Choreographiert für das Folkwang-Ballett *Fragmente* (Musik: Béla Bartók)

1969   Choreographiert *Im Wind der Zeit* (Musik: Mirko Dorner). Betreut Kurt Jooss' Choreographie der Tänze in der Oper *The Fairy Queen* von Henry Purcell bei den Schwetzinger Festspielen. Erster Preis beim Choreographiewettbewerb in Köln für *Im Wind der Zeit*. Übernimmt die Leitung des Folkwang-Tanzstudios (bis 1973). Unterricht an der Folkwangschule

1970   Uraufführung des Balletts *Nachnull* (Musik: Ivo Malec). Arbeit als Gastchoreographin am Rotterdamer Danscentrum

1971   Uraufführung des Balletts *Aktionen für Tänzer* (Musik: Günter Becker) an den Wuppertaler Bühnen, getanzt von Mitgliedern des Folkwang-Tanzstudios. Vorstellungen des Ensembles in Deutschland und den USA

1972   Choreographie des *Tannhäuser*-»Bacchanals« an den Wuppertaler Bühnen, getanzt von Mitgliedern des Folkwang-Tanzstudios. Gastlehrerin für modernen Tanz, Gastsolistin und Choreographin für die Kompanie von Paul Sanasardo (New York). Uraufführung der Choreographien *Wiegenlied* und *Philips 836885 D.S.Y.* (Musik: Pierre Henry)

1973   Erhält den Förderpreis für junge Künstler des Landes Nordrhein-Westfalen. Übernahme der Leitung des Balletts der Wuppertaler Bühnen; die Kompanie heißt zunächst Wuppertaler Tanztheater, später Tanztheater Wuppertal

1974   Erarbeitet erste Choreographie: *Fritz*. Übernimmt die Titelrolle in der Oper *Yvonne, Prinzessin von Burgund* von Boris Blacher. Als erste abendfüllende Produktion entsteht die Tanzoper *Iphigenie auf Tauris*. Choreographie der Revue *Zwei Krawatten*. Beginn der Zusammenarbeit mit dem Bühnen- und Kostümbildner Rolf Borzik

1975	Choreographiert *Orpheus und Eurydike* und den dreiteiligen Abend »Frühlingsopfer« (mit *Le Sacre du printemps*)
1976	Premiere des zweiteiligen Abends »Die sieben Todsünden«
1977	*Blaubart. Komm tanz mit mir.* Erste Auslandsgastspiele. *Renate wandert aus*
1978	*Er nimmt sie an der Hand und führt sie in das Schloß, die anderen folgen. Café Müller. Kontakthof*
1979	Erste Überseetournee (nach Südostasien). Das neue Stück *Arien* wird zum Berliner Theatertreffen eingeladen. *Keuschheitslegende*
1980	Am 27. Januar stirbt ihr Lebensgefährte Rolf Borzik nach langer schwerer Krankheit. *1980. Bandoneon*
1981	Einladung zum Berliner Theatertreffen mit *Bandoneon*. Beim Kölner Festival »Theater der Welt« zeigt das Tanztheater Wuppertal erstmals eine umfangreiche Werkschau. Am 28. September Geburt des Sohnes Rolf Salomon
1982	*Walzer.* Darstellerin in Federico Fellinis Film *E la nave va. Nelken*
1983	Übernimmt die künstlerische Leitung der Tanzabteilung der Folkwang-Hochschule (bis 1989) und hat damit erneut die Leitung des Folkwang-Tanzstudios inne (bis 1999)
1984	*Auf dem Gebirge hat man ein Geschrei gehört.* Gastspiel in Los Angeles im Rahmen des Kulturprogramms der Olympischen Spiele
1985	*Two Cigarettes in the Dark*
1986	*Viktor*
1987	*Ahnen.* DDR-Tournee
1989	Ihr Film *Die Klage der Kaiserin* erscheint. *Palermo Palermo*
1991	*Tanzabend II (Madrid)*
1993	*Das Stück mit dem Schiff*
1994	*Ein Trauerspiel*
1995	*Danzón.* Erhält den Deutschen Tanzpreis
1996	*Nur Du*
1997	*Der Fensterputzer.* Einstudierung von *Le Sacre du printemps* für das Ballett der Pariser Opéra. Aufnahme in den Orden »Pour le Mérite«
1998	*Masurca Fogo.* Inszeniert Béla Bartóks Oper *Herzog Blaubarts Burg* in Aix-en-Provence (musikalische Leitung: Pierre Boulez). Das 25jährige Bestehens des Tanztheaters Wuppertal wird mit einem Festival gefeiert
1999	*O Dido.* Erhält den Europäischen Theaterpreis und in Japan den »Praemium Imperiale«
2000	*Wiesenland*
2001	*Água*
2002	*Für die Kinder von gestern, heute und morgen*
2003	*Nefés*

Werke

Fritz
MUSIK: Gustav Mahler, Wolfgang Hufschmidt. AUSSTATTUNG: Hermann Markard (Mitarbeit Kostüme: Rolf Borzik). URAUFFÜHRUNG: 5. Januar 1974, Opernhaus, Wuppertal
DARSTELLER: Hiltrud Blanck (Fritz), Malou Airaudo (Mutter), Jean Mindo [Jan Minarik] (Vater), Charlotte Butler (Großmutter), Dominique Mercy (Mann im Hemd), Riita Laurikainen (kahle Frau), Ed Kortlandt (Mannfrau), Carlos Orta (Mann), Tjitske Broersma (Frau im schwarzen Pelz), Heinz Samm (dicker Mann), Catherine Denisot (Mädchen mit langen Armen), Wolf Werner Wolf (Nase), Monika Sagon (Mädchengreis), Monika Wacker (Dame mit Schirm), John Giffin, João Penalva (zwei Häscher), Gabriel Sala (Mantelmann), Vivienne Newport (Mädchen)

Iphigenie auf Tauris
MUSIK: Christoph Willibald Gluck. AUSSTATTUNG: Pina Bausch, Jürgen Dreier. URAUFFÜHRUNG: 21. April 1974, Opernhaus, Wuppertal
DARSTELLER: Malou Airaudo (Iphigenie), Dominique Mercy (Orest), Ed Kortlandt (Pylades), Carlos Orta (Thoas), Colleen Finneran, John Giffin (Medien), Josephine Anne Endicott (Klytämnestra), Tjitske Broersma (Elektra), Hans Pop (Agamemnon), Josephine Anne Endicott, Hiltrud Blanck, Catherine Denisot, Colleen Finneran, Tjitske Broersma, Margaret Huggenberger, Charlotte Butler, Riita Laurikainen, Vivienne Newport, Monika Wacker (Priesterinnen), John Giffin, Ralph Grant, Carlos Orta, Arnaldo Álvarez (Klytämnestren), John Giffin, Ralph Grant, Hans Pop, Arnaldo Álvarez (Wache)

Ich bring dich um die Ecke
MUSIK: Tanzmusik nach alten Schlagern. BÜHNE: Karl Kneidl. URAUFFÜHRUNG: 8. Dezember 1974, Opernhaus, Wuppertal
DARSTELLER: Marlis Alt, Malou Airaudo, Pedro Bisch, Hiltrud Blanck, Sue Cooper, Michael Diekamp, Josephine Anne Endicott, László Fenyves, Colleen Finneran, Lajos Horváth, Margaret Huggenberger, Ed Kortlandt, Stephanie Macoun, Yolanda Meier, Dominique Mercy, Jean Mindo [Jan Minarik], Vivienne Newport, Barbara Passow, Hans Pop, Monika Sagon, Heinz Samm, Mathias Schmidt, Monika Wacker, Barry Wilkinson

Adagio – fünf Lieder von Gustav Mahler
MITARBEIT: Hans Pop. MUSIK: Gustav Mahler. BÜHNE: Karl Kneidl. URAUFFÜHRUNG: 8. Dezember 1974, Opernhaus, Wuppertal
DARSTELLER: Marlis Alt, Malou Airaudo, Pedro Bisch, Hiltrud Blanck, Sue Cooper, Michael Diekamp, Josephine Anne Endicott, László Fenyves, Colleen Finneran, Lajos Horváth, Margaret Huggenberger, Ed Kortlandt, Stephanie Macoun, Yolanda

Meier, Dominique Mercy, Jean Mindo [Jan Minarik], Vivienne Newport, Barbara Passow, Hans Pop, Monika Sagon, Heinz Samm, Mathias Schmidt, Monika Wacker, Barry Wilkinson

Orpheus und Eurydike
MITARBEIT: Hans Pop. MUSIK: Christoph Willibald Gluck. AUSSTATTUNG: Rolf Borzik. URAUFFÜHRUNG: 23. Mai 1975, Opernhaus, Wuppertal
DARSTELLER: Dominique Mercy (Orpheus), Malou Airaudo (Eurydike), Marlis Alt (Amor); »Trauer«: Marlis Alt, Pedro Bisch, Hiltrud Blanck, Tjitske Broersma, Sue Cooper, Michael Diekamp, László Fenyves, Colleen Finneran, Lajos Horváth, Margaret Huggenberger, Stephanie Macoun, Yolanda Meier, Jean Mindo [Jan Minarik], Vivienne Newport, Barbara Passow, Monika Wacker, Barry Wilkinson; »Gewalt«: Heinz Samm, Michael Diekamp, Jean Mindo [Jan Minarik], Marlis Alt, Pedro Bisch, Hiltrud Blanck, Tjitske Broersma, Sue Cooper, László Fenyves, Colleen Finneran, Margaret Huggenberger, Stephanie Macoun, Yolanda Meier, Vivienne Newport, Barbara Passow, Monika Wacker; »Frieden«: Monika Sagon, Heinz Samm, Marlis Alt, Hiltrud Blanck, Sue Cooper, Vivienne Newport, Barbara Passow, Monika Wacker, Pedro Bisch, Tjitske Broersma, Michael Diekamp, László Fenyves, Colleen Finneran, Lajos Horváth, Margaret Huggenberger, Stephanie Macoun, Yolanda Meier, Jean Mindo [Jan Minarik], Barry Wilkinson; »Sterben«: Heinz Samm, Michael Diekamp, Jean Mindo [Jan Minarik], Marlis Alt, Pedro Bisch, Hiltrud Blanck, Tjitske Broersma, Sue Cooper, László Fenyves, Colleen Finneran, Lajos Horváth, Margaret Huggenberger, Stephanie Macoun, Yolanda Meier, Vivienne Newport, Barbara Passow, Monika Wacker, Barry Wilkinson

»Frühlingsopfer«
MITARBEIT: Hans Pop. MUSIK: Igor Strawinsky. AUSSTATTUNG: Rolf Borzik. URAUFFÜHRUNG: 3. Dezember 1975, Opernhaus, Wuppertal
Wind von West
DARSTELLER: Josephine Anne Endicott, Jean Mindo [Jan Minarik], Ed Kortlandt, Tjitske Broersma, Monika Sagon, Marlis Alt, Pedro Bisch, Hiltrud Blanck, Sue Cooper, Fernando Cortizo, Michael Diekamp, Esco Edmondson, László Fenyves, Colleen Finneran, Lajos Horváth, Margaret Huggenberger, Yolanda Meier, Stephanie Macoun, Vivienne Newport, Barbara Passow, Heinz Samm, Monika Wacker, Barry Wilkinson
Der zweite Frühling
DARSTELLER: Vivienne Newport, Michael Diekamp (das alte Ehepaar), Josephine Anne Endicott, Colleen Finneran, Jean Mindo [Jan Minarik], Marlis Alt (die Erinnerungen)
Le Sacre du printemps
DARSTELLER: Marlis Alt, Hiltrud Blanck, Tjitske Broersma, Sue Cooper, Josephine Anne Endicott, Colleen Finneran, Margaret Huggenberger, Stephanie Macoun, Yolanda Meier, Vivienne Newport, Barbara Passow, Marie-Luise Thiele, Monika Wacker, Pedro Bisch, Fernando Cortizo, Guy Detot, Michael Diekamp, Esco

Edmondson, László Fenyves, Lutz Förster, Erwin Fritsche, Lajos Horváth, Ed Kortlandt, Jean Mindo [Jan Minarik], Heinz Samm, Barry Wilkinson

»Die sieben Todsünden«
MITARBEIT: Hans Pop. MUSIK: Kurt Weill. TEXT: Bertolt Brecht. AUSSTATTUNG: Rolf Borzik. URAUFFÜHRUNG: 15. Juni 1976, Opernhaus, Wuppertal
Die sieben Todsünden der Kleinbürger
DARSTELLER: Ann Höling (Anna I), Josephine Anne Endicott (Anna II), Zsolt Ketszery, Willi Nett, Siegfried Schmidt, Oskar Pürgstaller (die Familie), Hiltrud Blanck, Tjitske Broersma, Elizabeth Clarke, Sue Cooper, Colleen Finneran, Margaret Huggenberger, Stephanie Macoun, Yolanda Meier, Vivienne Newport, Barbara Passow, Monika Sagon, Monika Wacker, Pedro Bisch, Fernando Cortizo, Michael Diekamp, Esco Edmondson, László Fenyves, Lajos Horváth, Ed Kortlandt, Jean Mindo [Jan Minarik], Hans Pop, Heinz Samm, Barry Wilkinson
Fürchtet Euch nicht
DARSTELLER: Mechthild Großmann, Ann Höling, Karin Rasenack, Erich Leukert, Marlis Alt, Hiltrud Blanck, Tjitske Broersma, Elizabeth Clarke, Sue Cooper, Josephine Anne Endicott, Colleen Finneran, Margaret Huggenberger, Stephanie Macoun, Yolanda Meier, Vivienne Newport, Barbara Passow, Monika Sagon, Monika Wacker, Pedro Bisch, Fernando Cortizo, Michael Diekamp, Esco Edmondson, László Fenyves, Lajos Horváth, Ed Kortlandt, Jean Mindo [Jan Minarik], Hans Pop, Heinz Samm, Barry Wilkinson

Blaubart. Beim Anhören einer Tonbandaufnahme von Béla Bartóks Oper »Herzog Blaubarts Burg«
MITARBEIT: Rolf Borzik, Marion Cito, Hans Pop. MUSIK: Béla Bartók. AUSSTATTUNG: Rolf Borzik. URAUFFÜHRUNG: 8. Januar 1977, Opernhaus, Wuppertal
DARSTELLER: Marlis Alt, Jean Mindo [Jan Minarik], Arnaldo Álvarez, Anne Marie Benati, Hiltrud Blanck, Tjitske Broersma, Fernando Cortizo, Marion Cito, Elizabeth Clarke, Guy Detot, Michael Diekamp, Mari DiLena, Esco Edmondson, Josephine Anne Endicott, Colleen Finneran, John Giffin, Ed Kortlandt, Luis P. Layag, Yolanda Meier, Vivienne Newport, Barbara Passow, Hans Pop, Monika Sagon, Heinz Samm, Monika Wacker

Komm tanz mit mir
MITARBEIT: Rolf Borzik, Ralf Milde, Hans Pop. MUSIK: Volkslieder. AUSSTATTUNG: Rolf Borzik. URAUFFÜHRUNG: 26. Mai 1977, Opernhaus, Wuppertal
DARSTELLER: Josephine Anne Endicott, Gisbert Rüschkamp, Arnaldo Álvarez, Anne Marie Benati, Hiltrud Blanck, Tjitske Broersma, Fernando Cortizo, Marion Cito, Elizabeth Clarke, Guy Detot, Mari DiLena, Esco Edmondson, Colleen Finneran, John Giffin, Ed Kortlandt, Luis P. Layag, Yolanda Meier, Jean Mindo [Jan Minarik], Vivienne Newport, Barbara Passow, Hans Pop, Monika Sagon, Heinz Samm, Monika Wacker

Renate wandert aus
MITARBEIT: Rolf Borzik, Marion Cito, Hans Pop. MUSIK: Schlager und Evergreens.
AUSSTATTUNG: Rolf Borzik. URAUFFÜHRUNG: 30. Dezember 1977, Opernhaus,
Wuppertal
DARSTELLER: Malou Airaudo, Marlis Alt, Arnaldo Álvarez, Anne Marie Benati,
Hiltrud Blanck, Tjitske Broersma, Fernando Cortizo, Marion Cito, Mari DiLena,
Josephine Anne Endicott, John Giffin, Ed Kortlandt, Luis P. Layag, Dominique
Mercy, Yolanda Meier, Jean Mindo [Jan Minarik], Vivienne Newport, Barbara
Passow, Jacques Antoine Petarozzi, Helena Pikon, Monika Sagon, Heinz Samm,
Dana Robin Sapiro, Monika Wacker, Erich Leukert

Er nimmt sie an der Hand und führt sie in das Schloß, die anderen folgen
MITARBEIT: Ula Blum-Deuter, Hans Dieter Knebel, Ingeborg von Liebezeit, Klaus
Morgenstern, Katharina Schumacher. MUSIK: Peer Raben. BÜHNE: Rolf Borzik.
URAUFFÜHRUNG: 22. April 1978, Schauspielhaus, Bochum
DARSTELLER: Sona Cervena, Josephine Anne Endicott, Mechthild Großmann, Hans
Dieter Knebel, Rudolph Lauterburg, Dominique Mercy, Jan Minarik, Vivienne
Newport, Volker Spengler, Vitus Zeplichal

Café Müller
MUSIK: Henry Purcell. BÜHNE: Rolf Borzik. URAUFFÜHRUNG: 20. Mai 1978,
Opernhaus, Wuppertal
DARSTELLER: Malou Airaudo, Pina Bausch, Meryl Tankard, Rolf Borzik, Domini-
que Mercy, Jan Minarik

Kontakthof
MITARBEIT: Rolf Borzik, Marion Cito, Hans Pop. MUSIK: Charlie Chaplin, Anton
Karas, Juan Llossas, Nino Rota und andere. AUSSTATTUNG: Rolf Borzik. URAUF-
FÜHRUNG: 9. Dezember 1978, Opernhaus, Wuppertal
DARSTELLER: Arnaldo Álvarez, Gary Austin Crocker, Fernando Cortizo, Elizabeth
Clarke, Josephine Anne Endicott, Lutz Förster, John Giffin, Silvia Kesselheim, Ed
Kortlandt, Luis P. Layag, Mari DiLena, Beatrice Libonati, Anne Martin, Jan Mina-
rik, Vivienne Newport, Arthur Rosenfeld, Monika Sagon, Heinz Samm, Meryl
Tankard, Christian Trouillas

Arien
MITARBEIT: Marion Cito, Hans Pop. MUSIK: Ludwig van Beethoven, Wolfgang
Amadeus Mozart, Sergei Rachmaninow, Robert Schumann, Lieder mit den
Comedian Harmonists und andere. AUSSTATTUNG: Rolf Borzik. URAUFFÜHRUNG:
12. Mai 1979, Opernhaus, Wuppertal
DARSTELLER: Arnaldo Álvarez, Anne Marie Benati, Marion Cito, Gary Aus-
tin Crocker, Fernando Cortizo, Elizabeth Clarke, Josephine Anne Endicott,
Lutz Förster, John Giffin, Silvia Kesselheim, Ed Kortlandt, Mari DiLena, Bea-
trice Libonati, Anne Martin, Jan Minarik, Vivienne Newport, Arthur Rosen-

feld, Monika Sagon, Heinz Samm, Meryl Tankard, Christian Trouillas, Monika Wacker

Keuschheitslegende
MITARBEIT: Marion Cito. MUSIK: Nino Rota, George Gershwin, Peter Kreuder und andere. TEXT: Ovid, Rudolf Georg Binding, Frank Wedekind und andere. AUSSTATTUNG: Rolf Borzik. URAUFFÜHRUNG: 4. Dezember 1979, Opernhaus, Wuppertal
DARSTELLER: Arnaldo Álvarez, Anne Marie Benati, Gary Austin Crocker, Josephine Anne Endicott, Lutz Förster, Mechthild Großmann, Hans Dieter Knebel, Ed Kortlandt, Beatrice Libonati, Anne Martin, Jan Minarik, Nazareth Panadero, Isabel Ribas Serra, Arthur Rosenfeld, Monika Sagon, Heinz Samm, Jean-Laurent Sasportes, Janusz Subicz, Meryl Tankard, Heide Tegeder

1980
MITARBEIT: Hans Pop, Klaus Morgenstern. MUSIK: John Dowland, John Wilson, Ludwig van Beethoven, Claude Debussy, Johannes Brahms, Edward Elgar, Francis Lai, Benny Goodman, Lieder mit den Comedian Harmonists und andere. BÜHNE: Peter Pabst (nach einem Entwurf von Rolf Borzik). KOSTÜME: Marion Cito. DRAMATURGIE: Raimund Hoghe. URAUFFÜHRUNG: 18. Mai 1980, Schauspielhaus, Wuppertal
DARSTELLER: Anne Marie Benati, Lutz Förster, Mechthild Großmann, Hans Dieter Knebel, Ed Kortlandt, Mari DiLena, Beatrice Libonati, Anne Martin, Jan Minarik, Vivienne Newport, Nazareth Panadero, Isabel Ribas Serra, Arthur Rosenfeld, Monika Sagon, Jean-Laurent Sasportes, Janusz Subicz, Meryl Tankard, Heide Tegeder, Ralf John Ernesto (Zauberer), Arthur Sockel (Violine), Max Walther (Turner am Barren)

Bandoneon
MITARBEIT: Matthias Burkert, Hans Pop. MUSIK: lateinamerikanische Tangos. BÜHNE: Gralf Edzard Habben. KOSTÜME: Marion Cito. DRAMATURGIE: Raimund Hoghe. URAUFFÜHRUNG: 21. Dezember 1980, Opernhaus, Wuppertal
DARSTELLER: Malou Airaudo, Anne Marie Benati, Mechthild Großmann, Urs Kaufmann, Hans Dieter Knebel, Beatrice Libonati, Anne Martin, Dominique Mercy, Jan Minarik, Vivienne Newport, Nazareth Panadero, Isabel Ribas Serra, Arthur Rosenfeld, Jean-Laurent Sasportes, Janusz Subicz, Meryl Tankard, Heide Tegeder, Christian Trouillas

Walzer
MITARBEIT: Matthias Burkert, Hans Pop. MUSIK: Franz Schubert, Robert Schumann, Nationalhymnen, lateinamerikanische Tanzmusik und andere. BÜHNE: Ulrich Bergfelder. KOSTÜME: Marion Cito. FILM: Frédéric Leboyer. DRAMATURGIE: Raimund Hoghe. URAUFFÜHRUNG: 17. Juni 1982, Theater Carré, Amsterdam

Darsteller: Malou Airaudo, Jakob Andersen, Anne Marie Benati, Bénédicte Billiet, Matthias Burkert, Josephine Anne Endicott, Mechthild Großmann, Urs Kaufmann, Ed Kortlandt, Beatrice Libonati, Jan Minarik, Nazareth Panadero, Helena Pikon, Hans Pop, Arthur Rosenfeld, Monika Sagon, Jean-Laurent Sasportes, Janusz Subicz, Meryl Tankard, Christian Trouillas, Francis Viet, Vitus Zeplichal

Nelken
Mitarbeit: Matthias Burkert, Hans Pop. Musik: Franz Schubert, George Gershwin, Franz Lehár und andere. Bühne: Peter Pabst. Kostüme: Marion Cito. Dramaturgie: Raimund Hoghe. Uraufführung: *1. Fassung:* 30. Dezember 1982, Opernhaus, Wupprtal; *2. Fassung:* 16. Mai 1983, Zelt im Englischen Garten, München
Darsteller (30. Dez. 1982): Jakob Andersen, Anne Marie Benati, Bénédicte Billiet, Matthias Burkert, Lutz Förster, Kyomi Ichida, Urs Kaufmann, Ed Kortlandt, Anne Martin, Dominique Mercy, Jan Minarik, Nazareth Panadero, Helena Pikon, Hans Pop, Jean-Laurent Sasportes, Janusz Subicz, Francis Viet

Auf dem Gebirge hat man ein Geschrei gehört
Mitarbeit: Matthias Burkert, Hans Pop. Musik: Henry Purcell, Heinrich Schütz, Felix Mendelssohn Bartholdy, Gerry Mulligan, Johnny Hodges, Lieder mit Fred Astaire und Edith Piaf, irische Dudelsackmusik und andere. Bühne: Peter Pabst. Kostüme: Marion Cito. Dramaturgie: Raimund Hoghe. Uraufführung: 13. Mai 1984, Schauspielhaus, Wuppertal
Darsteller: Jakob Andersen, Anne Marie Benati, Bénédicte Billiet, Matthias Burkert, Jean-François Duroure, Dominique Duszynski, Josephine Anne Endicott, Lutz Förster, Kyomi Ichida, Urs Kaufmann, Silvia Kesselheim, Ed Kortlandt, Beatrice Libonati, Melanie Karen Lien, Elena Majnoni, Anne Martin, Dominique Mercy, Jan Minarik, Nazareth Panadero, Helena Pikon, Arthur Rosenfeld, Jean-Laurent Sasportes, Janusz Subicz, Francis Viet, Seniorenorchester Musikverein Marion

Two Cigarettes in the Dark
Mitarbeit: Matthias Burkert. Musik: Claudio Monteverdi, Ludwig van Beethoven, Maurice Ravel, Hugo Wolf, Henry Purcell, Ben Webster, Minnelieder und andere. Bühne: Peter Pabst. Kostüme: Marion Cito. Dramaturgie: Raimund Hoghe. Uraufführung: 31. März 1985, Schauspielhaus, Wuppertal
Darsteller: Jakob Andersen, Bénédicte Billiet, Jean-François Duroure, Dominique Duszynski, Josephine Anne Endicott, Mechthild Großmann, Kyomi Ichida, Dominique Mercy, Jan Minarik, Helena Pikon, Francis Viet

Viktor
Mitarbeit: Matthias Burkert, Marion Cito. Musik: Pjotr Tschaikowski, Dietrich Buxtehude, Antonín Dvořák, Aram Chatschaturjan, mittelalterliche Tanzmusik, russische Walzer, New-Orleans-Musik, Tanzmusik der dreißiger Jahre, traditio-

nelle Musik aus der Lombardei, der Toskana, Süditalien, Sardinien und Bolivien. BÜHNE: Peter Pabst. KOSTÜME: Marion Cito. DRAMATURGIE: Raimund Hoghe. URAUFFÜHRUNG: 14. Mai 1986, Schauspielhaus, Wuppertal
DARSTELLER: Jakob Andersen, Anne Marie Benati, Bénédicte Billiet, Rolando Brenes Calvo, Antonio Carallo, Finola Cronin, Dominique Duszynski, Jean-François Duroure, Kyomi Ichida, Urs Kaufmann, Silvia Kesselheim, Ed Kortlandt, Beatrice Libonati, Melanie Karen Lien, Anne Martin, Dominique Mercy, Jan Minarik, Helena Pikon, Monika Sagon, Jean-Laurent Sasportes, Mark Sieczkarek, Julie Anne Stanzak, Francis Viet

Ahnen
MITARBEIT: Hans Pop. MUSIK: Claudio Monteverdi, John Dowland, Lieder und Instrumentalmusik aus Mittelalter und Renaissance, traditionelle Musik der Nubier, der Hamar, der Senufo, Volksmusiken aus der Schweiz, Italien, Spanien und der Karibik, frühe jüdische Instrumentalmusik, Rock- und Schlagermusik aus Japan, Tanz- und Unterhaltungsmusik der zwanziger und dreißiger Jahre mit Fred Astaire, Ella Fitzgerald und Billie Holiday. MUSIKALISCHE MITARBEIT: Matthias Burkert. BÜHNE: Peter Pabst. KOSTÜME: Marion Cito. DRAMATURGIE: Raimund Hoghe. URAUFFÜHRUNG: 21. März 1987, Schauspielhaus, Wuppertal
DARSTELLER: Jakob Andersen, Bénédicte Billiet, Rolando Brenes Calvo, Matthias Burkert, Antonio Carallo, Finola Cronin, Dominique Duszynski, Josephine Anne Endicott, Lutz Förster, Kyomi Ichida, Urs Kaufmann, Ed Kortlandt, Beatrice Libonati, Melanie Karen Lien, Anne Martin, Dominique Mercy, Jan Minarik, Helena Pikon, Monika Sagon, Jean-Laurent Sasportes, Mark Sieczkarek, Julie Anne Stanzak, Francis Viet

Die Klage der Kaiserin (Film, 1989)
MITARBEIT: Matthias Burkert. KOSTÜME: Marion Cito. DRAMATURGIE: Raimund Hoghe. KAMERA: Martin Schäfer, Detlef Erler. TON: Michael Felber. SCHNITT: Nina von Kreisler, Michael Felber, Martine Zevort
DARSTELLER: Mariko Aoyama, Anne Marie Benati, Bénédicte Billiet, Rolando Brenes Calvo, Finola Cronin, Dominique Duszynski, Mechthild Großmann, Barbara Hampel, Kyomi Ichida, Urs Kaufmann, Ed Kortlandt, Beatrice Libonati, Anne Martin, Dominique Mercy, Jan Minarik, Helena Pikon, Dana Robin Sapiro, Jean-Laurent Sasportes, Mark Sieczkarek, Julie Anne Stanzak, Mark Alan Wilson, Peter Kowald (Kontrabaß), Ilse Schönemann, Rodolfo Seas Araya, Alois Hoch, Josef Ratering

Palermo Palermo
MUSIK: Edvard Grieg, Niccolò Paganini, traditionelle Musik aus Sizilien, Süditalien, Afrika, Japan und Schottland, Renaissancemusik, Blues und Jazz aus Amerika und andere. MUSIKALISCHE MITARBEIT: Matthias Burkert. BÜHNE: Peter Pabst. KOSTÜME: Marion Cito. URAUFFÜHRUNG: 17. Dezember 1989, Opernhaus, Wuppertal

251

Darsteller: Mariko Aoyama, Anne Marie Benati, Matthias Burkert, Antonio Carallo, Finola Cronin, Thomas Duchatelet, Barbara Hampel, Kyomi Ichida, Urs Kaufmann, Ed Kortlandt, Beatrice Libonati, Bernd Marszan, Dominique Mercy, Jan Minarik, Nazareth Panadero, Jean-Laurent Sasportes, Julie Shanahan, Julie Anne Stanzak, Janusz Subicz, Quincella Swyningan, Francis Viet, Mark Alan Wilson

Tanzabend II (Madrid)
Musik: traditionelle Musik aus Spanien, Italien, Marokko, Ägypten, Zentralafrika, Argentinien und Brasilien, mittelalterliche Musik, Jazz der dreißiger und vierziger Jahre, Diamanda Gala, Peter Kowald, Lamentos aus Spanien und Italien. Musikalische Mitarbeit: Matthias Burkert. Bühne: Peter Pabst. Kostüme: Marion Cito. Uraufführung: 27. April 1991, Schauspielhaus, Wuppertal
Darsteller: Jakob Andersen, Mariko Aoyama, Anne Marie Benati, Matthias Burkert, Finola Cronin, Thomas Duchatelet, Barbara Hampel, Kyomi Ichida, Urs Kaufmann, Beatrice Libonati, Marigia Maggipinto, Bernd Marszan, Dominique Mercy, Jan Minarik, Nazareth Panadero, Dulce Pessoa, Julie Shanahan, Geraldo Si Loureiro, Julie Anne Stanzak, Janusz Subicz, Quincella Swyningan, Francis Viet, Mark Alan Wilson

Das Stück mit dem Schiff
Musik: Christoph Willibald Gluck, Georg Friedrich Händel, Walther von der Vogelweide, Matthias Burkert, klassische indische Musik, Tanz- und Liebeslieder aus Äthiopien, Marokko, Namibia, Nigeria und Peru, Hörner der Bronzezeit aus Schottland, Gesänge ungarischer Zigeuner, litauisches Gebet, Geräusche vom Amazonas, aus Kambodscha, Nepal und Südflorida, spanisches Lamento, Pavanen der Renaissance, Unterhaltungsmusik der vierziger und fünfziger Jahre. Musikalische Mitarbeit: Matthias Burkert. Bühne: Peter Pabst. Kostüme: Marion Cito. Uraufführung: 16. Januar 1993, Opernhaus, Wuppertal
Darsteller: Ruth Amarante, Jakob Andersen, Mariko Aoyama, Hans Beenhakker, Matthias Burkert, Thomas Duchatelet, Barbara Hampel, Urs Kaufmann, Beatrice Libonati, Marigia Maggipinto, Bernd Marszan, Dominique Mercy, Jan Minarik, Nazareth Panadero, Helena Pikon, Felix Ruckert, Jean-Laurent Sasportes, Julie Shanahan, Geraldo Si Loureiro, Julie Anne Stanzak, Janusz Subicz, Quincella Swyningan, Aida Vainieri, Francis Viet

Ein Trauerspiel
Musik: Franz Schubert, sephardische Lieder aus Spanien, ungarisches Zigeunerlied, jiddisches Lied, Tanzmusik aus Argentinien und Polen, Gesänge aus Äthiopien, Gabun, Indien, Sibirien und der Türkei, Jagdhornmusik, Renaissancemusik, italienische Tarantella, Jazz mit Louis Armstrong, Duke Ellington und Django Reinhardt, russische und japanische Unterhaltungsmusik. Musikalische Mitarbeit: Matthias Burkert. Bühne: Peter Pabst. Kostüme: Marion Cito. Uraufführung: 12. Februar 1994, Schauspielhaus, Wuppertal

DARSTELLER: Regina Advento, Ruth Amarante, Hans Beenhakker, Thomas Duchatelet, Barbara Hampel, Daphnis Kokkinos, Beatrice Libonati, Marigia Maggipinto, Bernd Marszan, Dominique Mercy, Jan Minarik, Cristiana Morganti, Nazareth Panadero, Helena Pikon, Felix Ruckert, Julie Shanahan, Julie Anne Stanzak, Quincella Swyningan, Aida Vainieri

Danzón
MITARBEIT: Marion Cito, Jan Minarik. MUSIK: Francesco Cilea, Umberto Giordano, Gustav Mahler, Henry Purcell, Camille Saint-Saëns, Lieder aus Mexiko, Argentinien, Griechenland und Portugal, Ben Webster, Billie Holiday, Johnny Hodges, amerikanische und japanische Unterhaltungsmusik. BÜHNE: Peter Pabst. KOSTÜME: Marion Cito. URAUFFÜHRUNG: 13. Mai 1995, Opernhaus, Wuppertal
DARSTELLER: Regina Advento, Andrey Berezin, Antonio Carallo, Mechthild Großmann, Barbara Hampel, Daphnis Kokkinos, Marigia Maggipinto, Dominique Mercy, Jan Minarik, Cristiana Morganti, Aida Vainieri

Nur Du
MITARBEIT: Jan Minarik, Marion Cito, Irene Martinez-Rios. MUSIK: Matthias Burkert, indianische Flötenmusik, mexikanische und brasilianische Walzer, argentinische Tangos, Lieder mit Simon Diaz, Alfredo Marceneiro, Elis Regina, Amália Rodrigues, Rhythm & Blues der fünfziger Jahre, Schlagzeugmusik mit Chico Hamilton, diverse Unterhaltungsmusik, Jazz mit Harry Cormick jun., Duke Ellington, Sidney Bechet, Dinah Washington, Joe Mooney, Harlan Leonard & his Rockets, Albert Mangelsdorf und andere. MUSIKALISCHE MITARBEIT: Andreas Eisenschneider. BÜHNE: Peter Pabst. KOSTÜME: Marion Cito. URAUFFÜHRUNG: 11. Mai 1996, Schauspielhaus, Wuppertal
DARSTELLER: Elena Adaeva, Regina Advento, Ruth Amarante, Rainer Behr, Andrey Berezin, Stephan Brinkmann, Chrystel Guillebeaud, Barbara Hampel, Kyomi Ichida, Daphnis Kokkinos, Bernd Marszan, Eddie Martinez, Dominique Mercy, Jan Minarik, Nazareth Panadero, Helena Pikon, Julie Shanahan, Julie Ann Stanzak, Fernando Suels, Aida Vainieri, Jean Guillaume Weis, Michael Whaites

Der Fensterputzer
MUSIK: chinesische Lieder und Unterhaltungsmusik, chinesische, indische und mexikanische Trommelmusik, traditionelle rumänische Zigeunermusik, Fado, argentinische und kapverdische Lieder, iranische Gitarrenmusik, Liebeslieder des 13. und 16. Jahrhunderts, Jazz mit Dizzy Gillespie, Pat Metheny, Nenna Freelon, Al Copper, Barney Kessel, Jo Stafford, Frantic Faye Thomas und dem Jesse Powell Orchestra und andere. MUSIKALISCHE MITARBEIT: Matthias Burkert, Andreas Eisenschneider, Marion Cito, Irene Martinez-Rios, Jan Minarik. TEXT: Péter Esterházy, Silja Walter, Wislawa Szymborska. BÜHNE: Peter Pabst. KOSTÜME: Marion Cito. URAUFFÜHRUNG: 12. Februar 1997, Opernhaus, Wuppertal
DARSTELLER: Regina Advento, Ruth Amarante, Rainer Behr, Andrey Berezin, Stephan Brinkmann, Raphaëlle Delaunay, Mechthild Großmann, Chrystel Guille-

beaud, Na Young Kim, Daphnis Kokkinos, Beatrice Libonati, Marigia Maggipinto, Bernd Marszan, Eddie Martinez, Dominique Mercy, Jan Minarik, Cristiana Morganti, Nazareth Panadero, Helena Pikon, Jorge Puerta Armenta, Anne Rebeschini, Michael Strecker, Fernando Suels, Aida Vainieri, Michael Whaites

Masurca Fogo
MITARBEIT: Marion Cito, Irene Martinez-Rios, Jan Minarik. MUSIK: Alexander Balanescu, Tangomusik mit Gidon Kremer, Fado, kapverdische Musik, portugiesische Trommelmusik mit der Gruppe Rui Junior, brasilianischer Walzer, diverse Percussionmusik, Jazz mit Duke Ellington und andere. MUSIKALISCHE MITARBEIT: Matthias Burkert, Andreas Eisenschneider. BÜHNE: Peter Pabst. KOSTÜME: Marion Cito. URAUFFÜHRUNG: 4. April 1998, Schauspielhaus, Wuppertal
DARSTELLER: Regina Advento, Ruth Amarante, Rainer Behr, Stephan Brinkmann, Raphaëlle Delaunay, Chrystel Guillebeaud, Daphnis Kokkinos, Beatrice Libonati, Dominique Mercy, Jan Minarik, Cristiana Morganti, Nazareth Panadero, Jorge Puerta Armenta, Anne Rebeschini, Julie Shanahan, Michael Strecker, Fernando Suels, Aida Vainieri, Michael Whaites

O Dido
MITARBEIT: Marion Cito, Irene Martinez-Rios, Jan Minarik. MUSIK: Gustavo Santaolalla, sephardische Lieder, angolanische Bonga, mexikanische Lhasa, Tangomusik mit Gidon Kremer, Instrumental- und Vokalmusik mit Cyro Baptista, Nenna Freelon, João Gilberto, Bobby McFerrin, Portishead, Marc Ribot, Virginia Rodrigues, John Zorn, Jazz mit Chet Baker, Eartha Kitt und Royal Crown Revue, Hip-Hop mit Assalti Frontali und andere. MUSIKALISCHE MITARBEIT: Matthias Burkert, Andreas Eisenschneider. BÜHNE: Peter Pabst. KOSTÜME: Marion Cito. URAUFFÜHRUNG: 10. April 1999, Opernhaus, Wuppertal
DARSTELLER: Ruth Amarante, Rainer Behr, Andrey Berezin, Stephan Brinkmann, Raphaëlle Delaunay, Chrystel Guillebeaud, Na Young Kim, Daphnis Kokkinos, Jan Minarik, Cristiana Morganti, Nazareth Panadero, Jorge Puerta Armenta, Julie Shanahan, Shanatala Shivalingappa, Fernando Suels, Aida Vainieri

Wiesenland
MITARBEIT: Marion Cito, Irene Martinez-Rios, Jan Minarik, Robert Sturm. MUSIK: Unterhaltungsmusik mit Vera Bila, Romano Drom, Ghymes, Taraf de Haidouks, Fanfare Ciocarlia, Peace Orchestra, Elektrotwist, Bohren & the Club of Gore, Bugge Wesseltoft, Sidsel Endresen, Hermenia, Caetano Veloso, José Afonso, René Lacaille, Lil Boniche, Rex Steward, Mel Tormé und Götz Alsmann. MUSIKALISCHE MITARBEIT: Matthias Burkert, Andreas Eisenschneider. BÜHNE: Peter Pabst. KOSTÜME: Marion Cito. URAUFFÜHRUNG: 5. Mai 2000, Schauspielhaus, Wuppertal
DARSTELLER: Ruth Amarante, Rainer Behr, Stephan Brinkmann, Raphaëlle Delaunay, Barbara Hampel, Na Young Kim, Daphnis Kokkinos, Eddie Martinez, Dominique Mercy, Pascal Merighi, Jan Minarik, Helena Pikon, Fabien Prioville, Jorge

Puerta Armenta, Julie Shanahan, Julie Anne Stanzak, Michael Strecker, Fernando Suels, Aida Vainieri

Água
MUSIK: brasilianische Unterhaltungsmusik mit Baden Powell, Caetano Veloso, David Byrne, Gilberto Gil, Bebel Gilberto, Nana Vasconcelos, António Carlos Jobim, Louiz Bonfa, Bob Brookmeyer, Tom Zé, Grupo Batuque, Carlinhos Brown und Rosanna & Zélia, Unterhaltungsmusik mit Susana Barca, Amon Tobin, Bugge Wesseltoft, Sidsel Endresen, Julien Jacob, Mickey Hart, Tom Waits, Lura, The Tigerlillies, St. Germain, Leftfield, Troublemakers, P. J. Harvey, Kenny Burrell und Ike Quebec. MUSIKALISCHE MITARBEIT: Matthias Burkert, Andreas Eisenschneider. MITARBEIT: Marion Cito, Irene Martinez-Rios, Robert Sturm. BÜHNE: Peter Pabst. KOSTÜME: Marion Cito. VIDEO: Peter Pabst. URAUFFÜHRUNG: 12. Mai 2001, Opernhaus, Wuppertal
DARSTELLER: Regina Advento, Rainer Behr, Silvia Farias, Ditta Miranda Jasjfi, Na Young Kim, Daphnis Kokkinos, Eddie Martinez, Melanie Maurin, Dominique Mercy, Pascal Merighi, Cristiana Morganti, Helena Pikon, Fabien Prioville, Jorge Puerta Armenta, Azusa Seyama, Julie Shanahan, Michael Strecker, Fernando Suels, Kenji Takagi, Aida Vainieri, Anna Wehsarg

Für die Kinder von gestern, heute und morgen
MITARBEIT: Marion Cito, Daphnis Kokkinos, Robert Sturm. MUSIK: Unterhaltungsmusik mit Felix Lajko, Nana Vasconcelos, Caetano Veloso, Bugge Wesseltoft, Amon Tobin, Mari Boine, Shirley Horn, Nina Simone, Lisa Ekdahl, Gerry Mulligan, Uhuhboo Project, Cinematic Orchestra, Goldfrapp, Gotan Project, Guem, Hughscore, Koop, Labradford, T.O.M., Prince und Marc Ribot. MUSIKALISCHE MITARBEIT: Matthias Burkert, Andreas Eisenschneider. TEXT: Péter Esterházy, Michael Caduto, Joseph Bruchac. BÜHNE: Peter Pabst. KOSTÜME: Marion Cito. URAUFFÜHRUNG: 25. April 2002, Schauspielhaus, Wuppertal
DARSTELLER: Rainer Behr, Alexandre Castres, Lutz Förster, Ditta Miranda Jasjfi, Melanie Maurin, Dominique Mercy, Pascal Merighi, Nazareth Panadero, Helena Pikon, Fabien Prioville, Azusa Seyama, Julie Anne Stanzak, Fernando Suels, Kenji Takagi

Nefés
MITARBEIT: Marion Cito, Helena Pikon, Robert Sturm. MUSIK: Unterhaltungsmusik mit Mercan Dede, Birol Topaloglu, Burhan Öçal, Istanbul Oriental Ensemble, Replicas, Bülent Ersoy, Candan Erçetin, Suren Asaduryan, Yansimalar, Amon Tobin, Arild Andersen, Bugge Wesseltoft, Chris McGregor's Brotherhood of Breath, Dr. Rockit, Elektrotwist, Inner Zone Ochestra, Koop, Mardi Gras B B, Astor Piazzolla, Tom Waits und Uhuhboo Project. MUSIKALISCHE MITARBEIT: Matthias Burkert, Andreas Eisenschneider. BÜHNE: Peter Pabst. KOSTÜME: Marion Cito. VIDEO: Peter Pabst. URAUFFÜHRUNG: 21. März 2003, Opernhaus, Wuppertal

255

DARSTELLER: Ruth Amarante, Rainer Behr, Andrey Berezin, Alexandre Castres, Silvia Farias, Ditta Miranda Jasjfi, Na Young Kim, Daphnis Kokkinos, Melanie Maurin, Pascal Merighi, Cristiana Morganti, Nazareth Panadero, Fabien Prioville, Jorge Puerta Armenta, Azusa Seyama, Shantala Shivalingappa, Michael Strecker, Fernando Suels, Kenji Takagi, Anna Wehsarg